全国中国特色社会主义政治经济学研究中心（福建师范大学）2022年重点项目研究成果

全国经济综合竞争力研究中心2022年重点项目研究成果

福建省"双一流"建设学科——福建师范大学理论经济学科2022年重大项目研究成果

福建省社会科学研究基地——福建师范大学竞争力研究中心2022年资助的研究成果

福建省第一批重点智库建设试点单位——福建师范大学综合竞争力与国家发展战略研究院2022年研究成果

福建省首批高校特色新型智库——福建师范大学综合竞争力与国家发展战略研究院2022年研究成果

中国特色社会主义政治经济学教学研究丛书

外国经济学
名著名篇选读

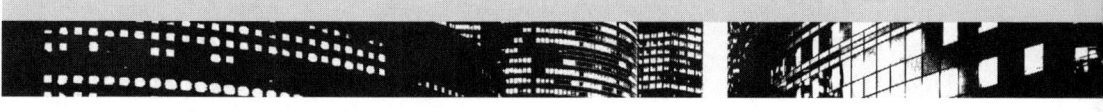

主编：李建平 黄瑾
执行主编：郑蔚

中国财经出版传媒集团
经济科学出版社
Economic Science Press

图书在版编目（CIP）数据

外国经济学名著名篇选读/李建平，黄瑾主编；郑蔚执行主编. -- 北京：经济科学出版社，2022.11（2024.5 重印）
（中国特色社会主义政治经济学教学研究丛书）
ISBN 978 - 7 - 5218 - 4246 - 3

Ⅰ.①外… Ⅱ.①李…②黄…③郑… Ⅲ.①经济学 - 名著 - 介绍 - 世界 Ⅳ.①F0

中国版本图书馆 CIP 数据核字（2022）第 210944 号

责任编辑：孙丽丽 纪小小
责任校对：刘 娅
责任印制：范 艳

外国经济学名著名篇选读

主　编　李建平　黄　瑾
执行主编　郑　蔚
经济科学出版社出版、发行　新华书店经销
社址：北京市海淀区阜成路甲 28 号　邮编：100142
总编部电话：010 - 88191217　发行部电话：010 - 88191522
网址：www.esp.com.cn
电子邮箱：esp@esp.com.cn
天猫网店：经济科学出版社旗舰店
网址：http://jjkxcbs.tmall.com
北京季蜂印刷有限公司印装
710×1000　16 开　20.25 印张　290000 字
2023 年 4 月第 1 版　2024 年 5 月第 2 次印刷
ISBN 978 - 7 - 5218 - 4246 - 3　定价：80.00 元
（图书出现印装问题，本社负责调换。电话：010 - 88191545）
（版权所有　侵权必究　打击盗版　举报热线：010 - 88191661
QQ：2242791300　营销中心电话：010 - 88191537
电子邮箱：dbts@esp.com.cn）

目 录

星球城市化时代城市研究范式的反思
　　——读《叛逆的城市：从城市权利到
　　　　城市革命》/郑　蔚　蔡镕闪　杨柯銮　林豪杰 …………… 1
资本与经济危机的反思
　　——读《资本之谜：人人需要知道的资本
　　　　主义真相》/戴双兴　郑益萍　林彩斌 ……………………… 14
把握马克思主义政治经济学的真理性与时代性
　　——读《马克思的〈资本论〉》/陈凤娣　高晓杰　张阳涛 ………… 35
资本主义经济的繁荣与衰退
　　——读罗伯特·布伦纳的《全球动荡的
　　　　经济学》/叶　琪　张婧歆　王嘉欣　李雅红 ……………… 52
布雷弗曼劳动理论及其当代价值
　　——读哈里·布雷弗曼《劳动与垄断资本
　　——二十世纪中劳动的退化》/杨　强　郑凯轩　朱晨暄
陈芳怡　胡雨婷 …………………………………………………… 73
资本主义社会的宏微观经济
　　——基于安瓦尔·谢克作品的分析/魏国江　邹　悦
王名菊　梁婉彬 …………………………………………………… 95
科技创新，推动农业高质量发展
　　——读速水佑次郎、弗农·拉坦《农业发展：国际前景》/罗正月
郑巨微　蒋迁迁 …………………………………………………… 111

各国不平等的跨世纪审视
　　——《21世纪资本论》研究述评/许彩玲　刘　铿　张　霞 …… 125
地理学家心目中的《资本论》
　　——读《跟大卫·哈维读〈资本论〉（第二卷）》/孙晓军
　　徐容菲　林龙翔 ………………………………………………… 144
资本主义双重危机的理论与启示
　　——读詹姆斯·奥康纳的《自然的理由——生态学马克思
　　主义研究》/黎元生　刘琪琛　刘思明　李丽燕 ……………… 161
历史唯物主义空间转向的当代价值及其限度
　　——读大卫·哈维《资本的限度》/陈晓枫　钱　翀　陈晶晶
　　曾冠豪　陈其源　赵婼婷 ……………………………………… 184
由价值规律扩展到对外贸易
　　——读安瓦尔·谢克的《对外贸易与价值规律》/陈伟雄
　　蔡静妮　杨锦妮 ………………………………………………… 216
《为什么美国没有社会主义》
　　——桑巴特"美国例外论"释析/白　华　丘雅琪
　　林嘉雯　陈芷楦 ………………………………………………… 231
系统研究劳动价值学说的一部重要著作
　　——读罗纳德·米克《劳动价值学说的研究》/陈美华
　　翁昀诗　彭之晴　郑若男 ……………………………………… 252
驳马克思主义终结论与实践有害论
　　——读特里·伊格尔顿《马克思为什么是对的》/张宝英
　　毛颖珂　喻　文　王乃馨 ……………………………………… 275
解读资本主义危机的另一种思路
　　——读卡尔·波兰尼《大转型：我们时代的政治与经济起源》/黄　瑾
　　王　敢　吴远泽　郑沿钊　王艺璇 …………………………… 291

后记 …………………………………………………………………… 313

星球城市化时代城市研究范式的反思
——读《叛逆的城市：从城市权利到城市革命》

郑　蔚　蔡镕闪　杨柯銮　林豪杰[*]

一、写作背景和主要内容

（一）写作背景

1968年，以法国"五月风暴"事件为开端，西方发达资本主义国家围绕种族、住房、就业、教育等问题发生了一系列大规模城市暴动，城市日益成为政治行动和反抗运动的重要场所。西方新马克思主义城市学派开创了以空间维度考察资本主义城市问题的研究范式。作为当代西方地理学家中以思想见长并影响极大的一位学者，戴维·哈维（David Harvey，又译作大卫·哈维）创造性地将马克思主义与空间地理相结合，透过城市日常生活，着重考察城市工人阶级的生活状况，探寻资本主义城市解放的可能性。戴维·哈维历经被"二战"炮火摧毁的西方资本主义城市衰败期、战后重建的高速发展期以及日渐频发的经济危机，将研究重点从对地理学的整体考察逐渐转向对城市本质的探寻。《叛逆的城市：

---

[*] 郑蔚，福建师范大学经济学院副教授、硕士生导师；蔡镕闪，福建师范大学经济学院本科生；杨柯銮，福建师范大学经济学院本科生；林豪杰，福建师范大学经济学院本科生。

从城市权利到城市革命》①一书正是哈维立足社会现实，以《资本论》为基础，继承和发展马克思主义的立场、观点和方法，对资本主义市场经济条件下的城镇化进行批判，并尝试解决资本主义城市问题的一本著作。

"二战"结束后，西方资本主义国家百废待兴，战后重建成为当时最为棘手的议题。各国纷纷加快工业化和城镇化建设进程，经济、政治、文化等均得到了高速发展。然而，到了20世纪60年代，西方发达资本主义国家开始普遍陷入城市危机之中。具体表现为：

第一，大城市中心区衰落与郊区化兴起下贫富差距加剧。战争后，从前线撤回的大量官兵导致人口激增，而原应承载人口的大城市却大多在战争中遭到毁灭性破坏，因此住房问题成了各国亟须解决的重要事宜。各国纷纷选择重新规划城市用地，在成本考量下尤为倾向在郊区开发新地，如英国率先开启了"新城运动"，即围绕伦敦另辟新地进行城市建设。随着城市规模的逐渐扩大和公共基础设施的日益完善，投资者在郊区发现了大量投资机会。在工业体系转移和人口外迁的双重影响下，大城市中心区引资能力下降，工厂倒闭、工人失业、就业率降低、劳动力贬值、政府税收减少、公共服务质量下降，很多城市相继出现财政赤字。

第二，生态环境日益恶化。郊区化的发展侵占大量农业用地，土地被征收后建成商品住宅。农村原有的生态环境遭到破坏，取而代之的是价格不菲的人工景观。郊区化的发展透支了土地的修复能力，破坏了经济可持续发展能力；大量的工业垃圾和污染物，在一定程度上影响了城市边缘群体的身体健康。资本主义的城市发展与生态环境之间形成了对立，进一步加剧了社会矛盾。

第三，城市社会运动频发。为加速城市重建以及为积累的过剩资本谋求出路，各国政府开始干预国家经济，大规模地加大基础设施投资和旧城改造力度，打造了诸多集金融、信贷、生活等于一体的商业圈，努力"挽救"已经衰落的城市中心区。商业圈的发展带动了周边房价的飙

---

① [美]戴维·哈维著，叶齐茂、倪晓晖译：《叛逆的城市：从城市权利到城市革命》，商务印书馆2016年版，第3~26页。

升,富人阶级享受着便利的生活条件,而中低收入者反而被重建后的高额房租驱逐至城市边缘,无力再重回城市中心区生活。特别是被占用土地的农民丧失了赖以生存的土地,又没有其他生存技能,被迫成为无家可归的人。20世纪60年代中后期以来,多个西方资本主义国家的城市中接连发生抗议示威活动,如法国声势浩大的"五月风暴"、墨西哥以社区为基础反抗政府不良决策的全国性群众运动、美国底特律的城市骚乱等。

面对不断爆发的西方城市危机,以列斐伏尔、戴维·哈维、卡斯特等为代表的西方新马克思主义城市学派从马克思资本批判视角出发,揭示资本、城市空间与城市革命之间的关系,为城市研究注入了新活力。在戴维·哈维看来,西方发达资本主义国家的一系列城市暴动,不仅是城市社会运动,更是城市权利运动。而要理解城市权利问题,首先要理解资本主义城市化进程。城市化进程不仅能够实现资本积累与进行阶级斗争,还能够形成独立的城市政治意识。因此从20世纪80年代起,戴维·哈维对资本主义城市化进程进行深度剖析,相继出版了《资本的城市化》与《意识与城市经验》等相关著作,着重阐释资本积累过程、空间组织关系的变革以及不平衡地理发展导致的地理冲突等问题。2008年的金融危机波及全球,各国经济皆受重创,资本主义国家的中产阶级面临失业返贫风险,不断萎缩甚至被逐步边缘化。学界普遍将这场危机视作新自由主义在全球扩张所导致的恶果。私有化、市场化、自由化加剧了资本主义体系的内在不稳定性,使社会分配状况更加不均。戴维·哈维对城市权利的直接讨论便始于此次金融危机。戴维·哈维认为,新的时代条件下人们需要对城市管理拥有更多民主,因此城市革命的目标就是争取城市权利。在城市化进程中,对城市的摧毁重建使得大众的城市权利被肆意剥夺,而真正人性化的城市需要探索出一种革命理论以适应城市居民的生存发展。为此,戴维·哈维在现存的资本主义框架内进行了空间性想象,尝试设计出将集体力量凝聚在一起的方案:以社区为基本单位组建同盟,通过可跨越空间将整个城市组织起来以打破垄断权力,创建城市共享资源,重塑公民意识,形成反资本主义斗争的革命队伍。

（二）主要内容

《叛逆的城市：从城市权利到城市革命》一书中汇集了戴维·哈维有关城市理论（城市阶级冲突、建筑环境的政治经济学和城市社会运动）的学术论文（第一部分）和有关重大城市社会运动理论解释的报纸评论（第二部分），是其运用马克思主义方法探索城市、城市化和城市发展的导论。该书将城市置于资本和不同阶层之间争夺资源斗争的中心，对城市权利、资本主义危机的城市根源、地租的艺术、资本主义斗争的城市、占领华尔街等话题进行了探讨，以反对资本主义为基调，试图探讨一个更为公平、人与人之间获得的权利差异性减少的社会。

戴维·哈维向霸权自由主义和新自由主义的市场逻辑、新自由主义的合法性和国家行动模式提出了挑战。在第一章中，他首先指出城市权利的自发性："城市权利这个概念不是源于各式各样的思想火花和一时风尚，而是源自城市的街头巷尾，是受压迫人民在绝望时刻寻求帮助和寄托的一种哭泣。"[①] 因此城市权利是在服从资本逻辑的时代，人们长期于某一地域共同生活、共同经历、共同塑造、不断演化的产物，是被压迫人民的诉求。据此，戴维·哈维提出一个重要的命题："城市权利是一种按照我们的愿望改造城市同时也改造我们自己的权利。"[②] 城市权利并不仅是获得城市资源的个人权利，而是一种集体权利。这种集体权利体现为对城镇化过程，即建设城市和改造城市方式的某种控制权，而实现这种对城市的控制权需要采用一种根本的和激进的方式。

戴维·哈维在该书第二章中以虚拟资本的流动以及美国的城市危机为例探讨了资本主义危机的城市根源，并由此提出论断：在整个资本主义历史中，城市化从来都是吸收剩余资本和剩余劳动力的关键手段。戴

[①] ［美］戴维·哈维著，叶齐茂、倪晓晖译：《叛逆的城市：从城市权利到城市革命》，商务印书馆2016年版，第v～vi页。

[②] ［美］戴维·哈维著，叶齐茂、倪晓晖译：《叛逆的城市：从城市权利到城市革命》，商务印书馆2016年版，第4页。

维·哈维进一步用历史证明，创造和建设空间与场所的活动最初是用来消除资本过度积累的举措。资本不断生产剩余产品，不断利用城市化吸收剩余产品，城市在不断扩大其地理范围，通过不断变更空间和场所的使用功能，实现空间垄断及其垄断地租，进一步推动资本积累，城市化与资本积累表现出一种内在的深层次的联系，这一联系的代价是一个不断建设性的摧毁的过程，资本完成自身的更新与循环。值得思考的是，对城市建设及其他基础设施的投资，在一定程度上伴随危机性，资本自身的不断更新与循环容易面临重复过度积累的风险。在戴维·哈维的论述中，充满了对城市困境的担忧和城市建设的反思。在资本的逻辑下，城市化是吸收剩余资本的重要手段。但城市建设过程中对大众权利的剥夺必然伴随着对城市权利的争取的反抗。在资本自身循环与城市化建设的对抗性矛盾中，戴维·哈维深入思考如何构建一种不再陷入资本横行困境的城市。

戴维·哈维在第三章提出一个重要的尺度问题，即"创造城市共享资源"。在戴维·哈维看来，共享资源并不是一种特定的事物、资产甚至社会过程，而是一种不稳定但却可以持续发展的社会关系。创造共享资源的核心基于以下原则：社会集团和作为共享资源对待的环境之间的关系是集体的和非商品化的，不受市场交换和市场估价规则限制。因此，共享资源是为了不同于公共物品的方式创造和使用的。但在城市化的过程中，即使共享资源由集体劳动不断地创造出来，但其正在被圈占起来，并被资本以商品化和货币化的形式所占有。据此，戴维·哈维提出，要将生产、保护共享资源用于社会利益的政治认知作为抵制资本家权力和重新思考反资本主义整治的框架。一方面要推动国家为了公共目的提供更多的公共物品，另一方面需要将全体人口自我组织起来，占有、使用和补充公共物品，以扩大非商品再生产的共享资源和环境共享资源。

戴维·哈维在第四章"地租的艺术"中讨论了使用文化生产文化产品和获取垄断地租的方法。在戴维·哈维看来，独特性、真实性、特殊性和一种特定文化的审美观是获得垄断地租的基础，很多垄断地租是建立在"集体符号资本"——即对历史的叙述、集体记忆的解释和意义，以及重要的文化实践等的基础之上的。因此，通过寻求真实性、地方性、历史、文化、集体记忆和传统的价值，资本家们打开了一个政治思想和行动的空间，但与此同时，文化生产和改革的进步力量也可以从中找到一个关键的希望空间以占领和削弱资本的力量。

在第五章至第八章中，戴维·哈维回顾了以城市为基础的阶级斗争史，主张在具有摧毁性的资本主义城市化的废墟上，集体地建设社会主义城市。并进一步强调通过城市网络，将削弱和推翻资本主义价值规律、在世界市场上主宰工作和生活社会关系的反资本主义力量推向全球协调的方向。

二、重点选文与解读

城市是一个复杂的有机体，探索城市的发展与变革在一定程度上能够挖掘出制度、文化等多方面内容的深层次内涵，发现人与城市的互动过程中存在的问题，以此寻求解决问题的更为恰当的机制。《叛逆的城市：从城市权利到城市革命》重新审视城市权利和城市革命这两个由列斐伏尔而起的概念，认为强调保护私有财产的理念加剧了城市社会的断裂，而要解决这一问题，其关键是建立城市权利，创造由社区集团掌握的城市共享资源，因此城市革命是必然结果。

首先，资本主义危机具有城市根源。在资本主义工业社会，城市既是生产中心，也是掠取剩余价值的中心。资本主义一直在生产城市化要求的剩余产品，而城市化也一直在吸收剩余资本。因此，城市化是规避和延缓资本主义经济危机的重要方式。但与此同时，郊区化、市中心地租提高和人口外迁等使得城市底层人民的权利受到严重影响，并使其成为反资本主义潮流的潜在力量。因此资本主义城市中又在孕育新的经济危机。

其次，城市是阶级斗争和革命的场所。城市是通过剩余产品的地理和社会聚集而发展的，来自农村的和工厂的财富汇聚在城市并且通过城市建筑、巨大的市集、城市公共物品、城市政治和城市文化生活方式得到物化。然而，不同的阶级社会里，对剩余产品的控制和对支配权的定义从来都不是同质的，城市也毫无例外。谁来控制、谁来支配、谁来掌控这些集中堆砌起来的剩余产品，这是一个政治性的阶级问题。资本主义的发展要求对剩余产品做新的形式的吸纳，而这种吸纳需要全新的城市组织形式，即一种新的阶级控制模式来实现。第二帝国时期的巴黎通过新的金融体制和借贷方式改善城市基础设施，从而达到解决剩余资本的出路问题。战后的纽约则通过债务融资建设的高速公路系统和基础设施改造，通过郊区化，通过对城市和整个都市区域的重新建设来吸收剩余产品，进而解决剩余资本的吸收问题。这种建立在金融基础上的城市化改造意味着让城市来适应地价，其结果就是有钱者得以随意选择其住宅，有资本者可以自由地享受现代城市生活。但这样一种对私人住宅和"自由不受拘束"的生活方式的追求，实际上是把原来属于居民们相互交流和共同栖息的公共空间改造成封闭的区隔开的私人场所，把原来的公共共享资源用货币来夺走。由此，城市成为社会政治动员的所在地，孕育革命观念、革命理想和革命运动的摇篮，城市居民取代工人阶级成为革命主体。

　　再次，城市社会运动是阶级斗争的一部分。城市社会运动存在革命性变革的潜力，与反资本主义斗争紧密相连。资本主义是贫困、社会不公、失业、居住隔离、财政危机等诸多城市问题的罪魁祸首，只有推翻资本主义才能解决这些问题，而城市革命是摆脱资本主义的城市化和城市生活的重要手段。通过建立不同的社会关系、改变与自然的关系、改变思考和生存的方式，从而"在资本主义城市化的废墟上，集体地建设社会主义城市"①。

　　最后，戴维·哈维进一步探讨了如何从垄断权力手中重新夺回公共空间和共享资源的可能性。"占领一个中心公共空间，一个公园或一个广

---

① ［美］戴维·哈维著，叶齐茂、倪晓晖译：《叛逆的城市：从城市权利到城市革命》，商务印书馆2016年版，第155页。

场,靠近多种权力集中的地方,让那些地方挤满了人,把公共空间转变成为政治共享资源。"[①] 并且,他仍旧以列斐伏尔式的革命情怀来歌颂一种公开的、集体的现实行动,而不是那种龟缩在网络空间里的不满情绪——"正是街头的和广场上的人们才真正有左右,而不是在'推特'和'脸书'上发泄的情绪"[②]。戴维·哈维进一步剖析了资本控制和改造城市与生产城市化的居民自主选择城市生活之间的矛盾冲突,列举了各国动机和目标大相径庭的城市抗争与社会运动,并由此提出了四个问题:一是城市社会运动能否、为何以及如何导向城市革命?二是多元城市居民是否能像工人阶级意识那样建立"城市意识"以形成凝聚的阶级?三是城市革命能否实现夺取城市权利的目标?四是城市权利如何在现实中得以实践?

三、当代价值

随着科技与经济的发展,人们带着启蒙以来的理性基于资源最优配置的思考,建立了一个个城市,却发现它们逐渐走向我们的反面。正如戴维·哈维在书中所说:"老巴黎和新巴黎有着巨大的反差,意大利广场周围高耸的建筑巨人和可怕的蒙帕纳斯大楼携起手来,向老巴黎进军,左岸的高速公路、街区建起的高层公共住宅,街上充斥着价格被垄断的商品,曾经围绕着马莱区小手工艺作坊的那些生机勃勃的街区生活已经完全解体。"[③] 这段哀伤的描述体现了对现代都市的疏离恐惧与对老城区生活的留恋不舍。当疏离与危机已经成为常态,我们就更需要重视对城市权利的讨论。相较于城市规划技术专家把城市看作客体与机器,将任何对于

---

① [美]戴维·哈维著,叶齐茂、倪晓晖译:《叛逆的城市:从城市权利到城市革命》,商务印书馆2016年版,第162页。
② [美]戴维·哈维著,叶齐茂、倪晓晖译:《叛逆的城市:从城市权利到城市革命》,商务印书馆2016年版,第162~163页。
③ [美]戴维·哈维著,叶齐茂、倪晓晖译:《叛逆的城市:从城市权利到城市革命》,商务印书馆2016年版,第 i 页。

空间的改变都归功于资源与功能优化，戴维·哈维更偏向于将城市视作被市民的要求、伦理和美学组织起来并加以调整的市民的作品。城市权利是居民控制空间社会生产的权利，是一种居民能够参与使用和制造城市空间的可能性，由此强调了市民及其诉求在城市建设中的重要作用。

哈维突破了历史唯物主义的局限，将空间纳入资本主义批判的领域，并将城市与阶级相连，使得批判更有现实冲击力，也在一定程度上延展了马克思主义的边界。城市化是解决资本主义内部积累过度问题的方式，也是掠夺性积累资本的路径。资本主义永远都在生产城市化所需要的剩余产品，也需要城市化来吸收生产出来的剩余产品。全球性城市化使这一过程更加迅猛，城市完成一轮轮更新、底层大众一次次被剥削，资本完成自身的复制与循环再生。垄断也进一步在文化、空间上扩展，使得民众进一步丧失空间权利。因此，城市化的过程意味着对城市权利的剥夺，由此也导致周期性的反抗。城市化是社会生产和创造空间的过程，而空间也反过来作用于社会生产过程，城市的空间不仅是社会关系的表现，也影响着社会关系。因此，改变不公正和不平等的现象必须改变空间，实现空间公正。

在《叛逆的城市：从城市权利到城市革命》一书中，戴维·哈维以《资本论》为基础，坚持并发展了马克思主义的立场观点和方法，对全球普遍存在的城市化问题提供了参考借鉴，对我国社会主义市场经济条件下的城市化发展也提供了新的思路。在我国城市化建设中，应立足于基本国情，秉承"取其精华，去其糟粕，结合自身，因地制宜"的思路来解决城市权利问题。

首先，注重推进城市权利的公平化、规范化。戴维·哈维提出"对城市的权利是一种按照我们的愿望改造城市同时也改造我们自己的权利"①。城市权利是居民能够改造和利用城市资源的权利，处于非平等地位的公民为了获得社会资源，必然组织起来进行各种形式的城市斗争，

---

① ［美］戴维·哈维著，叶齐茂、倪晓晖译：《叛逆的城市：从城市权利到城市革命》，商务印书馆2016年版，第4页。

这也反映出在城市化进程中牺牲社会公平带来的一系列社会问题和不必要的损失,因此,在城市化过程中,应该妥善处理好外来人口与城市原有居民之间的权利平衡问题,完善户籍管理制度,在社会资源的使用上切实保障外来人口应有的权利,享有平等的公共服务。

其次,要保障农民的基本权益,切实维护农村农民的权利问题。城市权利是集体的权利,而非个人的权利,在城市社会化进程中不可避免地依赖集体力量的运用,因此,更应注重城市化成果的集体共享,在城市化进程中,应尽量避免出现低成本征用农民集体土地、宅基地等情况,维护农民相关权益,避免发生强拆现象。

最后,要强化全局思维,推进建设区域总体规划。城市权利不仅意味着大城市、特大城市的城市权利,也意味着小城市的城市权利。因此,在城市化过程中,应着力解决区域发展不平衡与区际分工协作问题,妥善处理城镇等级之间的协调关系,完善小城市的公共服务设施,提高其吸纳力,分散大城市职能,预防"城市病"。

四、拓展性阅读文献

[1] [法] 亨利·列斐伏尔著,刘怀玉、张笑夷、郑劲超译:《都市革命》,首都师范大学出版社 2018 年版。

[2] M. Castells. *The Urban Question*: *A Marxist Approach*. Cambridge, MA: MIT Press, 1977.

[3] [美] 戴维·哈维著,胡大平译:《正义、自然和差异地理学》,上海人民出版社 2010 年版。

五、读 书 心 得

改革开放以来,随着我国城市化进程的加快以及"市民意识"的觉醒,"城市权利"逐渐被人们所了解。"城市权利"最早源于列斐伏尔对公正、民主和市民权利的寻找,"城市权利是关于城市市民的权利,是在城市空间分配和创造中提出、声明和更新的群体的权利"。城市作为各类资源、信息、人口的集合地,个体或部分群体为了寻求更高的利益将城市权利占为己有,进而出现贫穷、失业、边缘化等城市问题,导致人们为寻求民主、平等、公正而展开潜在的斗争。在《叛逆的城市:从城市权利到城市革命》这本书中,戴维·哈维主张以马克思唯物主义为理论依据,探究城市化过程中对剩余资本的管理,以建立城市权利,试图探讨一个更为公平、人与人之间的权利差异不断减少的社会。

在戴维·哈维看来,城市权利是一种按照我们的愿望改造城市同时也改造我们自己的权利。当我们思考要生活在一个什么样的城市时,就需要先思考我们要做什么样的人,以何种生活方式生活,我们与自然、社会的关系。同时,城市的权利也是对城市化过程的控制权,对建设城市和改造城市方式的控制权,只有以激进的方式才能从根本上实现对城市的控制权。因此,作者首先通过奥斯曼在第二帝国时期的巴黎改造以及1942年美国摩西提出的郊区化(郊区化使市中心地租提高,市中心人口外迁,从而抬高房价,推动城市建设,吸收剩余,而底层人民受到资本的摆布和剥削)等案例,指出城市化始终都是吸收剩余资本和剩余劳动力的关键手段,其凭借不断变更空间和场所的使用功能,实现空间垄断,进一步推动资本积累。历史证明,创造和建设空间与场所的活动最初是用来消除过分积累状态的,但长期来看,常常会出现因极度的过度积累造成的风险危机。所以,城市和其他形式的基础设施投资都具有易发危机的特征,如1973年源于全球房地产市场崩盘的危机。要阻止这种危机以及争取所有人的"城市权利",其根本就是对城市创造"共享资源"的寻求。共享资源并不是一种特定的事物、特定的资产甚至特定的社会过程,而是一种不稳定的、可以继续发展的社会关系;当社会力量为了相互的利益,使用、保护某种公共物品时,这种公共物品便成了一种共享资源。新自由主义伦理成为人格社会化的模板后,常常出现城市共享资源的创造与利用经常被具有更多财富的资本家所占有,劳动者付出劳动力，但最后获取更多资源的却是另一个少数群体这样不平等的现象。解决此现状的办法就是"改变资本家、政治权利很容易利用共享资源的现象，关键在于找到使用集体劳动的力量去争取共同利益的创造性方式，将生产出的价值保留在生产者手中"。

谈及城市革命，哈维认为矛盾的存在是进行城市革命的基础。开拓一个反资本主义斗争的城市，需要产生有效的反资本主义运动，需要先评估反资本主义策略。如世界各大城市爆发的城市革命——占领华尔街、伦敦暴动等都是城市居民和各个团体对政府政治及资本主义的反抗。现实中，生活在某一共同空间的人们，当他们共同创造的共享资源遭遇侵犯时，会团结起来进行斗争的思维逻辑具有一定合理性，但是建设理想中的城市，实现人们城市生活的理想，不能简单地依赖某一城市地理空间内人们共同形成的社会关系、生活方式而脱离统一的革命原则、脱离领导阶级，否则革命就只能是个别的、局部的、分散的甚至脆弱的。资本对城市空间的分割、对普通人城市权利的掠夺、对生活场所和生活方式的改变，源于资本主义生产方式，所以不动摇资本主义生产方式，就难以从根本上实现城市权利，保障共享资源。

总的来说，城市的革命不是区域的、部分的，而是对整体而言。想要真正做到城市革命要从全球的视角出发，而不是在区域、地方制造混乱影响整体社会的安定繁荣。只有全球范围内的城市思想运动风潮才能从根本上呼唤非暴力的、文明的、全民性的城市革命。通过创造完整的城市革新法案，让生活在城市中的人共享所创造的资源，充分解放生产力，从而创造共享资源、促进城市革新、推动人类发展。

【参考文献】

[1] [美] 戴维·哈维著，叶齐茂、倪晓晖译：《叛逆的城市——从城市权利到城市革命》，商务印书馆2012年版。

[2] 张佳：《大卫·哈维的历史—地理唯物主义理论研究》，人民出版社2014年版。

[3] 韩淑梅：《资本逻辑的空间化批判——大卫·哈维空间生产理论

实质评析》，载于《山西师大学报》（社会科学版）2015年第3期。

［4］张佳：《全球空间生产的资本积累批判——略论大卫·哈维的全球化理论及其当代价值》，载于《哲学研究》2011年第6期。

［5］崔柏慧：《大卫·哈维城市革命理论研究》，大连理工大学硕士学位论文，2019年。

［6］李晓乐、王英、王志刚：《环境·正义·阶级——略论戴维·哈维的空间正义思想》，载于《自然辩证法研究》2012年第11期。

［7］阎嘉：《戴维·哈维：从地理学家到新马克思主义旗手》，载于《甘肃社会科学》2013年第5期。

资本与经济危机的反思

——读《资本之谜：人人需要知道的资本主义真相》

戴双兴　郑益萍　林彩斌[*]

一、写作背景和主要内容

（一）写作背景

《资本之谜：人人需要知道的资本主义真相》（以下简称《资本之谜》）是在什么背景下诞生的呢？以下将从理论背景、时代背景与研究背景三个维度进行阐述。

从理论背景来看，大卫·哈维对马克思主义政治经济学保持着强烈的兴趣，其以马克思的《资本论》为精神涵养，充分吸收其中关于资本主义经济危机的重要论述与基本理论以解释当今世界经济危机。作为当代重要的马克思主义政治经济学继承者，面对资本主义的新发展，哈维致力于填补《资本论》中的理论空缺。因此，在《资本之谜》中我们能够清楚地看到哈维将多因果、实证等分析方法与马克思的经济危机理论相结合，并试图通过资本这一社会经济血脉的流动机制来寻找有效的危

---

[*] 戴双兴，福建师范大学经济学院教授、博士生导师；郑益萍，福建师范大学经济学院本科生；林彩斌，福建师范大学经济学院本科生。

机应对之策。

从时代背景来看，全球性金融危机爆发，大部分著作（南希·弗雷泽《正义的尺度》；奥康纳《国家财政危机》；杰罗姆·鲁斯《主权债务简史：金融的结构性权力和国际危机管理》等）都试图从某一视角研究本次危机，如认为它起源于资本主义内部的某种金融机构或者资产阶级的政治权力；还有一部分著作（大卫·科茨《金融化与新自由主义》；伯南克《大萧条》；保罗·克鲁格曼《现在，终结萧条!》等）则从总体上分析引起这场危机的各种因素。而《资本之谜》将分析镶嵌于更加广阔的研究框架中，认识到了2008年经济危机爆发条件的独特性和表面偶然性掩盖下的资本主义经济危机发生的必然性与普遍性。全球性金融危机爆发实质上产生于资本的流动性危机，哈维带领我们回归到"资本"——问题的起点与本质，在危机修复领域中发出其特别的声音。

从研究背景来看，《资本之谜》强调了新自由主义的缺陷，这与哈维此前著作所秉持的基本理念一脉相承。哈维认为新自由主义经济学的局限性日趋凸显，作为其理论基础的正统古典经济学缺乏揭开资本之谜的理论品格，这一弱点的客观存在使得资本引致经济危机的内在机理仍得不到根本的回答。多年来从事马克思主义地理学和经济学的研究历程与取得的丰硕研究成果，使哈维能够从更深的层次了解资本主义及其未来的发展趋势，并以人文地理学家时空观的新方位剖析经济危机。

（二）主要内容

该书第一章以2008年的经济危机为切入点，介绍当今资本主义经济存在危机的必然性。大卫·哈维试图以马克思主义的视角去寻找出现这次经济危机的缘由，应用传统的马克思主义思想方法研究有关资本流动的形式、结果等。2008年的经济危机爆发，是由于不再进行住房抵押贷款赎回所导致的房价大幅度波动，且相关方面未能及时地发出明确和有效的警示信号，直到开始波及所谓的经济繁荣地区，美国政府和主流媒体才逐渐重视这一事件，这一切都为时已晚。次贷危机对美国乃至全球的经济都造成了极大的破坏。按照哈维的话来说,"这一危机使得美国经济的每一个组件都陷入了深深的麻烦之中"①。之后,其他国家也被卷入这场主要由美国金融体系崩溃引起的"地震"中来。"我们能否以一种不同的方式走出这次危机,很大程度上依赖于各利益集团之间的较量。"②在20世纪的60年代,劳动因素是决定资本能否保持持续的积累和资产阶级的政权能否得到有效巩固的主要因素。然而,随着资本主义工业化的不断发展,资本开始过剩,因此很多美国企业开始尝试在海外投资,很多国际产品涌现出来。在全球化的推动下,资本丰裕国充足的资本和劳动丰裕国廉价的劳动力终于在世界范围内实现了完美的结合,全球的经济得到了极大的发展。随着资本主义经济的不断演进发展,现如今,劳动力的可得性已经不再是问题。然而,随着工人权力的逐渐丧失,这同时意味着他们只能够接受低工资。低工资水平的贫困工人阶级已不再是一个有能力的消费群体,贫困恶性循环使得劳动者越来越穷。跟企业生产的不断扩大相比较,劳动者的购买力,即有效需求出现了不足。就此哈维引出关于如何解决有效需求不足的思考。哈维提出,漂亮的公寓又该卖给谁呢?这一问题形象地体现出当时美国的有效需求不足问题。2008年金融危机的起因就是金融机构的过度放贷,通过向开发商和消费者们同时放贷。可以说金融机构"一只手"控制着房屋的供给,同时"另一只手"又操纵着房屋的需求,暗藏着极大的危险,最终以经济危机的形式呈现了出来。在哈维看来,流动性过剩使得资本获利的空间越来越小。资本的流动性过剩,人们不愿意进行投资或者说扩大再生产于实体经济,出于人们的投机心理以及金融业的高速膨胀,越来越多的流动资本进入金融体系,而与此同时却没有真正的实体产业去支撑金融的过度膨胀,因此产生了越来越大的泡沫,资本主义的弊端又一次表现出来。从中资本主义者们应该要反思他们一直信奉的新自由主义是否真的能够

---

① [美] 大卫·哈维著,陈静译:《资本之谜:人人需要知道的资本主义真相》,电子工业出版社2011年版,第7页。

② [美] 大卫·哈维著,陈静译:《资本之谜:人人需要知道的资本主义真相》,电子工业出版社2011年版,第13页。

使得经济一直保持高速的腾飞？又或者一切都只是假象呢？总的来说，随着经济全球化的不断推进，生产活动的地理分布和政治经济权力的分配出现了巨大的变迁。危机已经蔓延到一个又一个领域，与此同时一个又一个国家或地区接二连三地被危机俘获，引发了一系列看似无法控制的连锁反应和恶性循环。

第二章想要告诉我们，资本主义是如何发展到今天的，以及为什么说它本身就蕴涵着危机的种子。一开始哈维就带我们回顾了马克思的资本周转与循环理论，强调资本循环的连续性和资本家对周转的强烈追求，进一步论证资本循环和周转的中断将会引发巨大的损失。同时，通过回顾资本主义的发展史，我们发现资本家们总是试图通过减少各种空间的障碍，从而加速资本的流动。在笔者看来，这同样也是美国等发达国家出现产业空心化的原因。他们希望在追求劳动力相对较低的同时，能够直接消除各种空间壁垒，并试图以资本输出的方式从其他落后国家身上赚取更多的超额利润。资金、生产资料、产品流动越来越快，不同地区之间的联系越来越紧密。金融危机虽然是资本主义发展史上长期以来时有发生的事情，但是由于近年来出现了很多规避现有制度安排或监管规定的金融创新，所以很多金融机构逃脱了国家的监管，自由且无所顾忌地进行金融扩张。当那些被监管者反过来控制了国家的监管机构时，那么这个世界的控制权很可能落入银行家手中，而不是工人阶级手中。资本主义是以低监管为主要方式进而发展到今天的，所以说它本身就蕴含着危机的种子。

第三章哈维主要论述的是资本进入生产过程的条件的短缺会引起生产难题的路径。具体分为以下 4 个方面，包括劳动力的供给不足问题、生产资料短缺问题、生产方式和组织形式过时问题以及生产过程效率低下问题。劳动力是资本主义能够不断进行生产的要素之一。哈维认为在具体的资本主义生产过程中，扩大劳动力供给可以采取的措施有两种，分别是通过鼓励生育使得劳动力的数量增加，以及通过引导等手段使得哪些原本被人们忽视、不被认为是工业劳动力的农民、女性来承担新的劳动力角色。劳动力需求的缩小方面，资本家们所采取的最为直接和有效的方法就是促进劳动节约型技术的开发与应用。同时，哈维认为资本是控制着劳动力的供给和需求两方面的因素。在劳动生产率不变的条件下，资本积累将使得当地劳动力市场实现充分就业。资本主义再生产的扩张所需要的不仅是资本和劳动，并且还需要生产资料。生产资料一旦出现了短缺，资本的流通就会受阻，危机进而被引起并爆发，在全球化的今日，波及的范围极其的大，影响极其的深远。跟其他的生产方式一样，资本主义也是依赖于大自然的恩赐。资本主义生产可以再进行的保证条件还包含自身在生产过程中所创建的基础设施。基础设施就是书中所说的"第二自然"。要完成资本的进一步积累需要建设更前沿、更新的基础设施，使得生产的效率提高。技术创新和组织创新可以有效地化解资本与劳动、资本与资源的矛盾，但是与此同时不合理的创新也可能带来破坏性后果。劳动节约型的技术创新使得投入生产过程中的劳动力数量减少，从长远来看，这必然会对利润率产生负面影响，技术进步使得对劳动力的需求下降，工人的收入减少，消费又成了一大问题。通过作者以上的分析论述，我们可以明确资本的再生产所需要的条件是多样的，环环相扣，如果在某个环节发生缺失，那么资本的再生产也就难以实现。

第四章主要论述了有效需求不足和实现再投资的三个基本条件。如果生产出来的某一种商品没有一定的社会需求，那么利润就无法实现，投入生产过程中的资金减少，人们对于投资生产的意愿就会下降。哈维指出，"有效需求之谜的解决之道在于资本家的消费"①。在本书中资本家的消费可以分为两大类：一部分是用于传统的消费，也就是用于资本家自身的享受；另一部分是用于再投资，也就是投资消费。对于有效需求的促进，毕竟资本家占少数部分，其自身的消费并不占据社会的大部分消费，因此我们可以发现前者对于经济增长的作用是极其有限的，而后者则有很大的发展空间。哈维认为实现扩大再投资有三个基本条件，一是资本家们有信心顺利进行再投资。二是昨天的超额产出和今天的再投

---

① ［美］大卫·哈维著，陈静译：《资本之谜：人人需要知道的资本主义真相》，电子工业出版社2011年版，第110页。

资之间的时间差能够通过信贷体系来弥补。资本主义的扩大再生产是依托信贷机制来进行的，因此可以说信贷机制就是资本主义生产的关键。一旦信用体系出现问题，资本主义的生产、再生产都会受到极大的创伤，将陷入深渊。三是再投资领域必须是实体经济。着眼于实体经济可以创造出新的就业岗位，而投资于股票、基金等投机性领域，并不能给有效需求带来任何实质性的提高，相反会使得社会出现大量的失业人员。正如凯恩斯在谈到"流动性陷阱"时所说，有效需求下降越大，生产再投资活动的利润也就越低，最终结果是经济将进入下行通道。

第五章主要通过分析社会发展中的七大活动领域及其相互影响以进一步说明资本主义发展遵循的规律。[①] 哈维假定资本在一些相互联系但又存在差异的"活动领域"中不断演化。通过一系列分析，书中提出他所认为的影响资本主义发展历程的七大活动领域，即技术与组织形式、社会关系、制度和行政框架、生产与劳动过程、人与自然的关系、日常生活和人类的再生产，以及人类对世界的感知。[②] 如哈维所想，这七大活动领域的关系错综复杂。它们虽都以独特的方式进行演化，但各自的演化方式却呈现出相同的特征。同时，各领域之间的发展不均衡产生的张力决定着它们之间的关系的总体基调是和谐平稳的，但有时也会出现紧张甚至敌对的小插曲。而这些小插曲往往伴随着资本主义发展过程中的一些激烈的变革和扰动。[③] 总之，资本的演化与这七大活动领域密不可分。不论是发展初期抑或是当资本主义站稳了脚跟时，它都注定要参与到七大活动领域永无止境的演化过程中。这也启示我们只有在各个领域及其内部之间活动，反对资本主义运动的革命才有成功的可能性。

第六章主要通过介绍资本主义地区间的不平衡发展及其地理特征以

[①] ［美］大卫·哈维著，陈静译：《资本之谜：人人需要知道的资本主义真相》，电子工业出版社2011年版，第118页。

[②] ［美］大卫·哈维著，陈静译：《资本之谜：人人需要知道的资本主义真相》，电子工业出版社2011年版，第122～123页。

[③] ［美］大卫·哈维著，陈静译：《资本之谜：人人需要知道的资本主义真相》，电子工业出版社2011年版，第130页。

进一步剖析资本主义经济发展与经济危机。① 2007 年，在美国爆发的次贷危机的蔓延给世界各国带来不同程度和不同层面的影响。在此，哈维希望通过一种关于资本主义区域不平衡发展的理论来解释危机向不同地区蔓延的因素以及危机发展的原因。② 在此背景下，哈维提出了三个地理学方面的准则来帮助理解以上问题。一是打破资本积累的地域限制，资本必须努力打破阻碍其流通的各种障碍且利用时间来占领空间；二是恰当的时间和地点，生产所需的要素需要会汇集到某个特定的地点生产出新产品，新产品再被运送到某个特定的地点进行销售以降低成本、提高利润；三是经济活动集中在某地区，资本家的趋利性总是会驱使其把经济活动集中在可以获得最大利润的地方。③ 总的来说，资本演化的地域分布不平衡催生了地区之间发展的不平衡。同时，这种资本主义区域不平衡发展也与资本积累、资本主义生产方式等因素挂钩。哈维通过分析这种不平衡发展的成因来剖析资本主义的一些内部矛盾和固有特征。

第七章指出，为了创造更多的剩余价值，资本必须打破阻碍其流通的限制。在这个过程中，资本主义促进了人与人之间交互作用的空间关系的革新。但实际上，在革新的过程中不可能不出现矛盾。在此，哈维就指出时空布局过程中出现的严重错位是危机产生的一个重要因素。同时哈维还指出，"尽管人们总结出了当前这场危机和 20 世纪 30 年代的大萧条之间的诸多共同之处，但是仍有一些非常重要的共同点被忽视了，那就是国际协调机制失灵，各国在地缘政治中成为彼此的对手，以及人类历史上最严重的一次创造性毁灭——第二次世界大战所带来的灾难"④。

第八章表明，经济危机的爆发暴露出资本主义制度的许多不合理之处。资本主义的固有问题致使经济危机将不可避免。然而在资本主义框

---

① [美] 大卫·哈维著，陈静译：《资本之谜：人人需要知道的资本主义真相》，电子工业出版社 2011 年版，第 137 页。
② [美] 大卫·哈维著，陈静译：《资本之谜：人人需要知道的资本主义真相》，电子工业出版社 2011 年版，第 141 页。
③ [美] 大卫·哈维著，陈静译：《资本之谜：人人需要知道的资本主义真相》，电子工业出版社 2011 年版，第 152~162 页。
④ [美] 大卫·哈维著，陈静译：《资本之谜：人人需要知道的资本主义真相》，电子工业出版社 2011 年版，第 207 页。

架内，任何大修大补都是无法根除其弊端的。在历来各种反资本主义运动中，尽管反资本主义运动已然出现但这些运动却没有撼动资本主义的发展。但尽管如此，哈维还是表明我们都潜意识地认为共产主义是可以替代资本主义的，即未来世界是充满各种可能的，我们不能因为未来的不清晰而放弃做些什么。因此，哈维认为如果要真正的改变，我们一要以新的视角看待经济问题；二要重视弱势群体的反抗运动；三要开展有组织的变革运动以联合全世界的无产者为了所有人的长远利益控制过剩产品的组织、生产和分配；四要发挥好五种革命力量的作用，即重视来自非政府组织，来自无政府主义者、自治主义者和草根组织，来自转型后的传统劳工组织和左派政党，来自符合一些特定条件的所有社会运动以及来自围绕身份问题进行的解放运动这五种革命力量。①

二、重点选文与解读

前文已简要概括了《资本之谜》每章的主要内容，以下将就哈维在这本书中提到的几个关于资本主义及其变革的重要理论做一个详细解读。

（一）资本生产理论

哈维在《资本之谜》一书的第二、第三、第四章提出了自己的资本生产理论。该理论主要可分为三个阶段，一是前期准备阶段：资本集中、资本积累；二是中期生产阶段：资本进入生产过程；三是后期实现阶段：关于有效需求的探讨。事实上哈维的资本生产理论也就是他以 2008 年的经济危机为出发点，对于资本主义危机成因的探讨。

考察资本在生产中的循环过程揭示了 6 个对资本积累来说需要解决

---

① ［美］大卫·哈维著，陈静译：《资本之谜：人人需要知道的资本主义真相》，电子工业出版社 2011 年版，第 241～245 页。

的难题：①原始资本不足；②劳动力供给不足；③生产资料，包括所谓的"自然资源"的稀缺；④不合时宜的生产和组织形式；⑤生产过程的无效率；⑥市场上有效需求不足。上述 6 条中的任何一个出现阻滞，都会破坏资本流动的连续性，如果这种状况持续较长的一段时间，最终就会导致危机的爆发。[①]

纵观历史，发达国家的原始资本积累大多是通过暴力、掠夺来完成的。随着资本主义经济的不断发展壮大，资本主义的生产不断地扩大，资本主义现如今的再投资所投入的新增资本好似是由资本主义生产所创造的剩余资本转化而来的，今天所投入的资金就好似是来自昨天投资生产获得的利润。在这样的外表的欺瞒下，资本积累就变得不再像起初那样暴力。但在现如今看似合理、公平的背后实际上隐含着更强大作用的剥削。

在资本主义的发展过程中，劳资关系一直都扮演着关键的角色，甚至可能成为资本主义屡屡爆发的危机的根源。不过，事实表明，当前的主要问题是资本力量过于强大而劳方力量过于弱小，而不是相反。[②]

劳动力是进行资本主义生产的一大要素。在劳动生产率不变的条件下，资本积累将导致当地劳动力市场的相对充分就业。劳动力的相对稀缺意味着工资的上涨。因此，要么工资增长不影响资本积累的扩大，要么资本积累速度减慢，从而降低对劳动力的需求，进而导致工资下降。资本家通过提高失业率，迫使工人接受较低的工资水平。事实上资本同时控制着劳动力的供给和需求。所以在哈维看来，资本力量过于强大而劳方力量过于弱小，劳动者尚没有能力与资本家抗衡。

资本主义再生产的扩张，不仅需要资本和劳动力，而且需要生产资料，包括所谓的"自然资源"。土地、自然资源和劳动是财富生产的基础。同时，资本主义生产还受到自身创造的"第二自然"的制约。

---

① [美]大卫·哈维著，陈静译：《资本之谜：人人需要知道的资本主义真相》，电子工业出版社 2011 年版，第 50 页。
② [美]大卫·哈维著，陈静译：《资本之谜：人人需要知道的资本主义真相》，电子工业出版社 2011 年版，第 68 页。

各部门技术发展水平不一致也可能导致比例失调的螺旋式危机，进而引发工资商品（即生活必需品）和生产资料的产出水平失衡。交通和通信手段的进步引起的时空关系的急剧转变则会引起生产和消费活动在全球范围内重新布局，并因为地区发展的不平衡而演化为"转移危机"（即投资活动从一个热门区域向另一个区域的突然大规模转移）。[1]

通过技术创新和组织创新，可以在一定程度上缓解资本与劳动、资本与自然的矛盾。但它也可能产生毁灭性的后果。地域间的技术与组织形式创新发展的不平衡使得社会矛盾激化，引起生产的阻滞。由于地域间的劳动力需求不同所引致的失业问题、交通和通信手段创新导致的全球范围内生产和消费活动分布不平衡等问题在当代经济中屡见不鲜。

以上所提到的几点资本主义生产的条件，像原始资本、劳动力、生产资料、自然或"第二自然"资源以及组织创新所起的作用都是在资本主义生产的准备阶段和生产过程中，但是我们说资本主义生产最关键的就是资本生产的实现过程也就是流通过程，马克思将其称为"惊险的跳跃"。剩余价值的实现取决于这时市场上对于资本主义产品的有效需求有多少。

哈维指出，购买力最直接的来源是工人。[2] 同时哈维也直接点明，对于"有效需求的谜题，解决之道在于资本家的消费"[3]。对于工人的生产性的投资性消费是资本主义生产能够得到进一步的关键因素，要解决消费困境就必须促进资本的周转与再扩大。

哈维的资本主义生产理论就是在对资本主义危机起因的分析上总结出来的，同时也肯定了马克思对于资本主义生产的正确把握。深入研究探讨资本主义的危机缘由，在任何时候都不过时，时刻给我们的社会主义生产提供经验，并且认识到其中的弊端，对于增强我们的制度自信有

---

[1] [美]大卫·哈维著，陈静译：《资本之谜：人人需要知道的资本主义真相》，电子工业出版社 2011 年版，第 94 页。

[2] [美]大卫·哈维著，陈静译：《资本之谜：人人需要知道的资本主义真相》，电子工业出版社 2011 年版，第 108 页。

[3] [美]大卫·哈维著，陈静译：《资本之谜：人人需要知道的资本主义真相》，电子工业出版社 2011 年版，第 110 页。

着很大的作用。

(二) 社会变革理论

1. 七大活动领域

"资本只有进入这七大活动领域中的一个或是几个，才可能完成周转和积累过程。如果资本在某一领域内部或者在两个领域的流动中间遇到瓶颈或障碍，必须想方设法逾越它们。当问题积累到一定程度时，危机就不可避免的要爆发了。"①

"各个领域发展的不均衡不仅会带来一些偶然状况，而且会使它们之间的关系变得紧张甚至出现矛盾，这有点类似于达尔文在进化论中提到的，毫无征兆的突变会带来偶然状况。"②

在马克思相关理论的基础上，哈维提出社会变迁共同演化理论最核心的要素——七大活动领域。他认为这七大活动领域之间的关系虽有和谐但也有敌对。它们之间发展的不平衡是这些领域在某阶段产生敌对紧张关系的关键原因。在各领域共同演化的过程中，出现某个领域由于发展迅猛而备受关注的现象是不足为奇的。但当这种情况发生时，某个领域的突出和变革势必会给其他相对稳定领域带来冲击。面对这种情况，其他领域要么不断调整自身以迎头赶上，要么奋起反击以阻挠变革。而资本主义危机往往就发生在这些突变时刻。③

2. 革命战略

"资本主义取代封建主义，并不是依靠哪一种单一的力量、通过迅速的革命性转折就实现的。"④"不管是从哪个角度来考量，革命都必须是一场'运动'。如果不能在各个领域内部、各个领域之间自由活动，革命最

---

① [美] 大卫·哈维著，陈静译：《资本之谜：人人需要知道的资本主义真相》，电子工业出版社 2011 年版，第 124 页。
② [美] 大卫·哈维著，陈静译：《资本之谜：人人需要知道的资本主义真相》，电子工业出版社 2011 年版，第 128 页。
③ 张佳：《论大卫·哈维的社会变迁共同演化理论》，载于《哲学动态》2017 年第 6 期。
④ [美] 大卫·哈维著，陈静译：《资本之谜：人人需要知道的资本主义真相》，电子工业出版社 2011 年版，第 134 页。

后将一事无成。认识到这一点，将不同领域的推崇者、信奉者联结在一起就是势在必行的了。"①

哈维以资本主义取代封建主义为例类比说明反资本主义的革命并非一蹴而就，而是一个长远的过程。七大活动领域的共同演化和不平衡发展给资本主义取代封建主义的进程带来了繁杂的阻碍，这同样也预示着社会主义取代资本主义的曲折性与复杂性。就七大活动领域之间错综复杂的关系而言，这拉长了我们变革资本主义的时间线，但也暗示着革命的突破口并非唯一，任何一个领域都有可能成为革命的中心力量。如果我们能够联合不同活动领域以及不同空间规模上的革命力量，那么反资本主义运动就事倍功半了。

（三）不平衡地理发展理论

"资本积累过程离不开它们所处的地理环境，而这些环境本质上存在着巨大的差异。"②

"人们为自己选择了不同的地理位置，在那里，七大活动共同作用，创造了质量显著不同的空间。"③

"要素的联结方式不同导致各个地区的发展呈现出极为不均衡的态势，地区之间有着天壤之别。"④

在马克思主义解释框架内，哈维指出七大活动领域是共同的，这个过程创造出各地区人类居住地的差异性。但哈维所指的不平衡发展并不仅仅局限于人类住所的多样性和差异性问题，其更多的是指由资本主义的积累体制造成的现代社会的不平衡。同时，资本主义和不平衡发展之间的关系并非只是简单的因果关系。就其双方的影响机制而言，不平衡

---

① ［美］大卫·哈维著，陈静译：《资本之谜：人人需要知道的资本主义真相》，电子工业出版社2011年版，第136页。
② ［美］大卫·哈维著，陈静译：《资本之谜：人人需要知道的资本主义真相》，电子工业出版社2011年版，第141页。
③④ ［美］大卫·哈维著，陈静译：《资本之谜：人人需要知道的资本主义真相》，电子工业出版社2011年版，第145页。

发展产生的最深层次的原因在于资本主义以剩余价值为核心的资本积累体制。而资本主义为了创造更多的剩余价值必须打破阻碍其流通的区域障碍,由此产生更多的不平衡发展问题。双方不断循环往复,资本主义的本质决定着不平衡发展无可避免。①

三、当代价值

(一) 加深对资本主义社会生产的理解

1. 加深对资本生产的理解

(1) 资本集中与资本积累方面,哈维在全面审视马克思的积累理论的基础上拓宽了空间向度,将空间与资本紧密相连,对空间这一马克思论述较少的维度加以扩充,成为马克思理论的重要补给。其以地理学的分析范式,阐述资本的一般积累过程,并进一步考察流动金融资本与固定生产资本的内在联系。城市化进程的发展与城市工程的建立皆是剩余资本增长的重要场所,同时两者加速了依托资产抵押保障等方式存在的信贷扩张。

(2) 资本生产方面,哈维详细阐明了资本顺利进入生产的必备条件。资本家畅想资本原始积累完毕后,将产业后备军与生产资料相结合,再充分发挥指挥和控制劳动者的能力,生产便能如预想中顺利展开。然而,资本生产的环节是紧密相扣的,资本与劳动、资本与自然之间的矛盾不可避免,一旦某一环节出现问题,那该如何应对?哈维信奉的是马克思在其所有著作中贯彻的一个永恒主题——"现代工业从来不把某一生产

---

① 冉璐:《解读新时代中国特色社会主义的主要矛盾——以大卫·哈维的不平衡地理发展理论为视角》,载于《南方论刊》2018 年第 4 期。

过程的现存形式堪称和当作最后的形式"①，也就是说必须认清这么一个事实——资本主义内部本身就蕴藏着变革的种子，资本家们狂热地迷恋技术和组织变革，企图依靠创新来谋得更多的超额利润和解决一切矛盾，却忽略了技术和组织形式的创新也可能带来创造性甚至毁灭性的后果。然而，利润率下降的事实摆在眼前，哈维在马克思所列的阻止利润率下降的途径清单中做出了进一步的说明：一是新产品和新生产线已经达到了令马克思等人难以察觉的重要地位，二是弱化竞争的法律与强官僚色彩的政府干预将影响创新的步调，三是阶级斗争如广泛的抵抗运动是值得加以探讨的因素。

（3）资本与国家、资源方面，过剩资本问题已经敲响了资本主义的丧钟，哈维强调依靠"空间修复"来解决资本扩张带来的剩余资本问题，如过剩产能的处理。所谓时空修复，即当资本在某一地区实现增值饱和时，就会流向其他地区来消化过剩资本的危机化解机制。时空修复理论将在城市化治理、全球化深化中得到更好的印证。

"国家的形成是资本主义发展过程中不可分割的一部分"②，哈维将国家的制度和行政安排列为其所提出的相互独立的七大活动领域之一，而这恰恰是马克思在《资本论》第二卷第15章中涉及对达尔文进化论的简要说明的脚注里没有明确提及的。国家从社会关系中产生，而人们判断某个国家或地区是否成功却是围绕"资本"来展开的：人们强烈关注国家为资本流入、资本积累创造了哪些优势条件，并在多大程度上提高了居民的生活水平。因此，资本主义的政治组织内部总是面临着这样一个困境：权力庞大的国家与不考虑空间障碍、自主追求利润的个体之间的关系不稳定，甚至存在严重问题。在资本家长久操控的政治体系下，资本积累衍生出副产品，即居住地群众的归属感和忠诚度。这种特定的历

---

① ［美］大卫·哈维著，陈静译：《资本之谜：人人需要知道的资本主义真相》，电子工业出版社2011年版，第145页。
② ［美］大卫·哈维著，陈静译：《资本之谜：人人需要知道的资本主义真相》，电子工业出版社2011年版，第191页。

史的传统因素使"华尔街党"①、私人公司等权力顶层总是能看到他们所想看到的景象（如美国的全民医保计划②）。

国家力量的对比体现在经济、政治、军事、文化等方面的控制力，资本生产在扩张过程中总是希望控制更多空间，攫取更多财富，因此充满了侵略性。而一个国家所积聚的政治和军事力量在资本主义社会中往往被依靠资本积累积攒在私人手中的强大货币权力监督甚至压制，使生产与政治均为整个统治阶级服务。全球大竞争时代，地缘政治观念易大行其道并产生致命影响（如美国对伊拉克与阿富汗事务的干预），国家权力的扩张要求在其境内积蓄起尽可能多的货币和财富，不少国家实行贸易摩擦等逆全球化措施，并开始出现普遍化趋势，给生产带来了极大的不确定性。

2. 加深对资本主义经济危机的理解

《资本之谜》延续了《资本的限度》在危机理论中的"三个层次"（长期衰退所强化的周期性危机、资本与信贷金融、资本的空间发展维度）的分析，哈维回顾 2008 年经济崩溃的历史，梳理为应对失衡的资本主义，资本家在资本与劳动力、金融信贷方面的惯常举措，并再次尝试从利润率、盈余处理、资本的空间观这三个维度进一步剖析危机机理。

第一个维度：哈维从利率或地租这些复杂事物中抽象出涉及"长期衰退"所进一步强化的"周期性危机"③。在这一层次的分析上，哈维并未耗费太多力气，不过对于马克思的利润率下降规律，哈维抱以审慎的态度，"由于创新不仅带来了劳动力的节约，还带来了资本和生产资料的节约（例如：通过提高能源的利用效率），所以很难将马克思的这一思想应用于实际经济运行当中"④。只要资本节约型投资、劳动力节约型投资

---

① "华尔街党"可以理解为在美国资本主义体系下利用资本左右选举政治、两党竞争的聚集在华尔街的金融巨鳄、行业寡头。

② 大卫·哈维著，陈静译：《资本之谜：人人需要知道的资本主义真相》，电子工业出版社 2011 年版，第 194 页。

③ 上海市哲学社会科学规划办公室、上海社会科学院信息研究所：《2012 国外社会科学前沿》，上海人民出版社 2013 年版，第 35 页。

④ [美]大卫·哈维著，陈静译：《资本之谜：人人需要知道的资本主义真相》，电子工业出版社 2011 年版，第 95 页。

能足够地提高生产力，这种模式便会广泛使用。资源的节约离不开创新，哈维认为由于技术和组织的变革有着两层复杂的含义，这使得资本家无法永远依赖技术手段消除不稳定性因素：一是创新的范式化过程，大量过剩资本投机性地涌入创新领域，哈维所说的"国家—金融节"与"国家—企业节"① 就交织起来，大量风险资本的投入与创新的凸显总是相伴而生的；二是技术和组织方式的变迁的阶级意义，新产品、新组织方式不过是统治阶级为敛聚财富和权力以巩固统治地位的工具，而这种变革并不总是温和的。因此，哈维认为有必要用一种更普遍的观点来替代马克思利润率趋于下降的规律。

第二个维度：在哈维看来，必要的创新和积累会导致资本过剩。在《资本之谜》中他探讨了与这一观点相关的盈余处理问题。与马克思《政治经济学批判大纲》中"资本必须打破阻碍其流通，即兑换的每一个障碍，并且征服整个世界"② 相符，资本积累必须打破地域限制。在大量过剩资本存在的情况下，资本家征服世界的本能冲动更加强烈，资本流动的速度越来越快，全世界范围内的金融衍生品就是该动机下的产物，高度金融化等资本积累、盈余处理的表征实际上都潜伏着危机。资本、资源与国家相互交织，各种形式的"国家—金融节"和"国家—企业节"涌现，国家在支配资本与资源的过程中形成政治与经济两种权力逻辑。以地区使命感和政治利益来表达民众诉求的区域逻辑与以追求利润空间最大化的资本权力逻辑，形成两股相互对抗的力量，并构成了以央行为代表的"国家—金融节"，央行在危机的全程中扮演的角色也颇具复杂性。

第三个维度：哈维从资本的空间发展维度——资本主义地理学的角度，在经济危机方面做出独特贡献。哈维将空间上升为本体论，从时空观的角度阐述"时空紧缩"状态下的地理重构主义——"空间修复"。哈

---

① "国家—金融节"指国家和金融权力的融合点，是信贷体系的核心；"国家—企业节"指国家与企业技术研发能力的融合点，是生产体系的核心。
② [美] 大卫·哈维著，陈静译：《资本之谜：人人需要知道的资本主义真相》，电子工业出版社2011年版，第152页。

维指出竞争和经济危机才带来资本积累"事后"的合理化和地理重组①，也就是说危机一定程度上推动了资本主义的演化。在市场经济中空间竞争的垄断因素具有深远意义，寻找最佳生产点带来积极外部性的同时也不可避免地出现地方性的经济危机，就像资本地域分布的特例"城市化建设"过程中出现的"城市病"那样，时空布局的错位也成了危机的另一种解读。

（二）为社会主义经济建设提供理论借鉴

1. 充分论证中国特色社会主义道路的优越性

（1）充分论证社会主义替代资本主义的必然性。

大卫·哈维在书中以经济危机为起点来论述资本的本质，使人们可以清晰看到经济危机所暴露出的资本主义的固有问题，如剩余资本与剩余劳动力并存等矛盾。危机使人们的生活被打乱并产生许多不便。哈维在剖析国际金融危机的资本因素后，将视线锁定在了社会民主和社会主义模式的国际失败经历上。其以为，因拘囿于资本主义既定的思维模式，人们对于"做什么""怎么做"的展望远远不够，从而使全球反资本主义运动受到了很大程度的束缚，这也就是哈维所指的"双重障碍"：替代性理念和对抗性运动的双重缺乏在封闭空间内相互制约。②这间接地说明社会主义替代资本主义已是必然趋势，只不过这种替代力量在目前还不够强大，哈维称之为"新世界的呼唤"，并在《资本之谜》一书结尾处，坚定地写道，"资本主义永远不会自行消亡，只能依靠外力来推倒它"③。如果要改变现状，使资本主义制度能够从目前的创伤中摆脱，则必然要求劳动人民无偿地向统治阶级让渡劳动成果，这便是社会主义替代资本主

---

① ［美］大卫·哈维著，陈静译：《资本之谜：人人需要知道的资本主义真相》，电子工业出版社2011年版，第157页。

② ［美］大卫·哈维著，陈静译：《资本之谜：人人需要知道的资本主义真相》，电子工业出版社2011年版，第227页。

③ ［美］大卫·哈维著，陈静译：《资本之谜：人人需要知道的资本主义真相》，电子工业出版社2011年版，第247页。

义的最直接契机。同时哈维提到必须建立关于制度安排、精神理念等方面的革命的、反资本主义的共识并形成相应的大规模运动,才可能建立起新世界。无政府主义与新共产主义理念相互融合的革命组织精神或许意味着马克思主义将在我们的时代得到更好的彰显。

（2）社会主义制度能够有效克服资本主义的天然缺陷。

大卫·哈维在此书中的分析涉及资本的演化和资本演化的地域分布。资本高度膨胀的金融化资本主义框架下总是包含着不稳定性和矛盾：泡沫经济破裂,世界危机频发,国家深陷对立、剥削、不平等的境地。无论是次贷危机,还是更加严重的主权债务危机,资本主义制度依靠紧急经济政策幸存,而在幸存之后金融资本主义又继续为新自由主义经济服务,这使得资本的泛滥永远得不到彻底的控制。马克思主义政治经济学指导下的中国特色社会主义制度,具备天然的制度优势能够有效避免资本泛滥。我国是社会主义国家,绝不会任由资本泛滥,而是会充分发挥国家宏观调控职能,在中国共产党的领导下,合理批判并正确引导资本的空间化过程。在摆脱封闭僵化的"左"的教条主义之后,我们要坚决破除对资本主义、新自由主义教条的迷信,坚定不移地走中国特色社会主义道路。

2. 为我国生态文明建设实践提供理论借鉴

建设生态文明,关系人民福祉,关乎民族未来。党的十八大把生态文明建设纳入中国特色社会主义事业"五位一体"总体布局,明确提出大力推进生态文明建设,努力建设美丽中国,实现中华民族永续发展。① 哈维在《资本之谜》中对于资本主义生产过程中资本家们对自然资源的滥用、自然环境的破坏行为提出了强烈的批判,对资本家们企图将危机的根源归咎于所谓的自然资源数量的限制进行批驳。资产阶级的很多政策,都希望可以实现大自然轻松地为人类所用。资本主义的经济发展是以过分地榨取自然的价值为手段,这必将会引起环境的"报复"。

---

① 高敬、王立彬、史卫燕：《党的十八大以来我国生态环境保护成就综述》,新华社,2018年5月17日,https://mq.mbd.baidu.com/r/dVh4wB7bOw?f=cp&u=7449b1f95a3d34ca2018.05.18/2020.12.04。

哈维指出，我们应该从各个方面进行调整，不是单纯的只有政府主导，而是全社会共同努力，在各个方面共同建设我们的美丽国土。发达国家在工业化发展初期，过分追求产量、对资源毫无节制的榨取和不计代价的使用所带来的环境污染与生态破坏已经给现如今的我们敲响了警钟。我们必须绕开传统的先污染后治理的工业化道路，不能简单地以国内生产总值（GDP）来衡量经济发展，而是应该把环境指标纳入经济发展指标体系。

3. 为我国解决发展不平衡问题提供理论借鉴

我国广袤的地域造就的自然地理、社会习俗等多方面的差异是导致发展不平衡的根本原因。受资本逻辑影响的市场经济进一步使发展不平衡问题主要表现为区域和资源配置上的不平衡。其中，区域空间发展不平衡以东西部发展不平衡和城乡发展不平衡为典型代表。虽然资本在推动城镇化上具有不可磨灭的作用，但其也带来一些无可避免的消极影响，主要表现为城乡发展不平衡带来的劳动力外流严重、乡村衰败。而资源配置不平衡问题则主要表现为日益严峻的住房问题、被挤占的公共空间日益增加等民生问题。① 哈维从历史地理唯物主义的角度将资本积累体制与不平衡发展问题联系在一起，分析全球地区发展差异极大的原因。同时其相关理论可为我们解决上述发展不平衡问题提供一些理论借鉴。

一是坚持以人民为中心的发展思想，防止资本僭越。哈维认为不平衡地理发展问题产生的最根本的原因就是资本积累体制。中国是一个社会主义国家，公有制的前提下实行市场经济的独特性决定着我们仍需要与资本打交道。我们必须以人民对美好生活的需求为导向，避免泛资本化加剧地区之间发展不平衡的鸿沟。以资本逻辑为根本只会导致全社会陷入追逐利益最大化、利润低的民生产业供需不匹配、政府滋生腐败与公共服务能力降低等困境，最终与资本主义无异。我们要正确处理资本与社会主义经济建设的关系，避免资本的逐利性渗透到社会建设的每一

---

① 杨玉文：《中国视域下的大卫·哈维空间正义思想探析》，载于《西安建筑科技大学学报》（社会科学版）2019 年第 6 期。

个模块。①

二是坚持政府宏观调控,建设有为政府。在市场经济的框架内,政府作为经济建设的"大家长",对我国社会主义建设起宏观调控作用,通过运用法律法规、政策等多种手段对经济运行状态进行监督和调控。在面对不平衡发展问题时,政府更应始终坚持对经济大局的宏观调控,科学规划经济建设进程,对市场上泛资本化等乱象进行监督和纠正,采取相应的政策引导规范资本的流向。同时,政府也要积极提高公共服务能力,建设有为政府。一要充分利用公共政策合理配置资源,通过对人们行为的引导以解决利益分配问题,从而缩小地区之间的资源配置差异。二要充分利用网络等互联网信息技术,通过互联网构建政府与民众的联系平台,给弱势群体的发声提供渠道,为其他群众表达自己对空间规划、社会建设等方面的建议提供桥梁。②

四、扩展性阅读文献

[1] [美] 大卫·哈维著, 刘英译:《跟大卫·哈维读〈资本论〉》, 上海译文出版社 2014 年版。

[2] [美] 大卫·哈维著, 王志弘、王玥民译:《资本的空间:批判地理学刍议》, 群学出版社 2010 年版。

[3] [英] 大卫·哈维著, 初立忠、沈晓雷译:《新帝国主义》, 社会科学文献出版社 2009 年版。

[4] [英] A. T. 卡利尼科斯著, 罗汉译:《反资本主义宣言》, 上海译文出版社 2005 年版。

[5] [法] 托马斯·皮凯蒂著, 巴曙松等译:《21 世纪资本论》, 中

---

① 冉璐:《解读新时代中国特色社会主义的主要矛盾——以大卫·哈维的不平衡地理发展理论为视角》, 载于《南方论刊》2018 年第 4 期。

② 杨玉文:《中国视域下的大卫·哈维空间正义思想探析》, 载于《西安建筑科技大学学报》(社会科学版) 2019 年第 6 期。

信出版社 2014 年版。

五、读书心得

  大卫·哈维的《资本之谜：人人需要知道的资本主义真相》引入 2008 年的经济危机，说明当今资本主义本身就蕴含着危机的种子，深入阐述资本主义经济危机产生的根源。哈维对资本主义的演进历程、资本运行背后的规律做了深入分析。在哈维看来，经济危机是资本主义社会发展过程中不可避免的现象，也可以说在资本主义发展过程中是不可或缺的。在此基础上，哈维指出，危机还可以解读成时空布局的错位，次贷危机的产生与信贷市场依赖的时空逻辑出现混乱密不可分。经济危机暴露了资本主义制度的诸多不合理之处。虽然已有许多反资本主义运动，但这些运动不彻底。哈维指出，要尽快建立一个人人公平、全社会负责任、可持续发展的新社会秩序。

  在这本书中，哈维有三个重要观点特别值得我们借鉴。一是哈维从历史地理唯物主义的角度，剖析了资本主义的经济危机产生的根源（资本主义本身就内涵孕育危机的种子），这不仅让我们更加深刻地理解资本主义经济危机理论，也充分认识到了中国特色社会主义道路的优越性。二是哈维提出，随着社会生产力的提高，人类活动不断对自然环境造成越来越多的"创造性毁灭"，保护生态环境刻不容缓，应当正确处理人与环境之间的关系，保护生态环境，共同建设美丽家园。三是哈维提出，要积极建设有为政府，加强政府宏观调控，运用法律政策等调控工具对经济运行状况进行调控，充分利用公共政策和互联网平台等多种手段合理配置资源。

  总之，通过阅读哈维的这本书，收获颇多，加深了我们对资本主义经济危机的理解，更加深刻意识到中国特色社会主义道路的优越性。

把握马克思主义政治经济学的真理性与时代性

——读《马克思的〈资本论〉》

陈凤娣　高晓杰　张阳涛[*]

一、写作背景和主要内容

《马克思的〈资本论〉》(*Marx's Capital*)一书，是对卡尔·马克思最重要的著作——《资本论》的介绍。该书是本·法因[①]在20世纪70年代为伦敦大学伯贝克学院教授"马克思主义经济学"和"收入及财富分配"课程准备的讲义的公开出版物。

---

[*] 陈凤娣，福建师范大学经济学院讲师，经济学博士、硕士生导师；高晓杰，福建师范大学经济学院本科生；张阳涛，福建师范大学经济学院本科生。

[①] 本·法因1948年在考文垂（Coventry，英国英格兰西米德兰郡城市）出生，后跟随其父亲在牛津大学学习数学，于1968年毕业。后来在牛津大学还受教于詹姆斯·莫里斯（James Mirrlees，1936~2018年），并获得经济学学位。1974年，在阿马蒂亚·森（Amartya Sen，1933年~）的指导下，获得伦敦经济学院经济学博士学位。本·法因曾是英国食品标准局社会科学研究委员会的成员，该委员会一直开会到2016年。此外，他还为联合国的贸发会议、经社部、开发计划署、社发所和乐施会提供咨询，并担任曼德拉总统（1995~1996年）南非劳动力市场委员会的专家顾问。目前，本·法因是伦敦大学亚非学院经济系的经济学教授，主讲课程"马克思主义政治经济学基本原理""马克思主义政治经济学及全球发展"，还是英国皇家艺术、商业和制造业协会公民经济理事会的经济学家监督小组的成员。

本·法因在社会资本理论和经济帝国主义理论方面做出突出贡献，代表作有《社会资本理论》（*Theories of Social Capital*：*Researchers Behaving Badly*，Pluto，2009）、《从经济学帝国主义到魔鬼经济学》（*From Economic Inperialism to Freakonomics*，[with D Milonakis] Routledge，2009）、《从政治经济学到经济学》（*From Political Economy to Economics*，[with D Milonakis] Routledge，2009）等。

《马克思的〈资本论〉》是时代的产物。经历了数年以"冷战"为借口的压制，在英国及其他地方，人们重燃对马克思政治经济学的兴趣。这一兴趣逐渐增长，并在席卷全球的左翼运动、世界资本主义经济的明显衰落以及否定对战后繁荣崩溃的主流解释中得以滋养。情况发生了诸多变化，本书的后续版本以自身方式反映了政治经济学的命运转折。2004年，《马克思的〈资本论〉》第四版使这本小册子又进入新的时代并拥有新的读者。20世纪八九十年代，新自由主义的兴起重塑了资本主义世界，它将全球资本的主导（地位）扩展到了几乎世界每个角落，甚至重塑了支持全球资本（主导地位）的政治体制。对经济、政治和社会变革的各种预期也逐渐被压制。随着20世纪七八十年代大规模运动的远去，希望、需求和期望都大为减少的一代成长起来。从19世纪中叶开始，资本主义似乎是无法替代的，例外的选择（总是边缘的）只是在美丽的全球化新世界的空隙中不安地存在。

面对这些巨大变化的新挑战，该书第四版本意图做出些许贡献，这一版本在多个国家深受欢迎。第五版的出版希望以自身的方式预见政治经济学尤其是马克思主义政治经济学的复兴。此种乐观基于诸多因素。第一，主流经济学以毫不宽容的态度强化了对这门学科的控制，以数学和统计学严谨程度不达标为因，排斥非主流学说，因此对正统学说的不满正在增加，研究经济学和其他社会科学的人们正在积极地寻找替代途径。第二，随着后现代主义逐渐占据优势，尤其是由于新自由主义在整个社会科学中确立知识议程，人们开始反对它们在理论和实践方面的过度极端。批判性思维已经转向理解当代资本主义的本质，最明显地体现于诸如全球化和社会资本这种概念的兴起。不可避免的结果是，要在经济学学科之外想出经济问题，并从政治经济学中获得指导。第三，现实中的种种变动，重新唤起了大众对政治经济学的重视。比如，越来越多的人意识到，环境恶化尤其是全球变暖，与资本主义有直接关系；苏联解体的后果以及承认资本主义并没有提供有效解决办法，即使是在狭义上；帝国主义侵略和战争的爆发，尽管其打着反恐或人权保护的旗号。第四，战后经济繁荣结束后的长期停滞，以及后现代主义和新自由主义的兴起，使资本主义经济出人意料地被认为一如既往地有效，即使是在萧条期。金融危机的爆发，尤其是2007年中爆发的危机，粉碎了这一观点，并使金融这一角色在当代资本主义处于首要地位。金融和工业或经济其他方面之间的系统联系，应当在政治经济学主题中占据突出地位。社会主义需要被前所未有地证明，这要基于马克思主义的分析，包括对资本主义的批判以及对其可替代性的阐明。

该书第五版中，这些问题都被或深或浅的重新评价。但是该书的主要目的仍然是在马克思观点允许的复杂性下，对马克思的政治经济学进行简单、准确的说明。该书由于字数所限，观点被浓缩，但内容仍然简单；不过有些材料需要仔细阅读，尤其是后面几章。随着有关马克思政治经济学本身及其时代性这些相关话题的加入，该书经过不同版本后篇幅有所增加，从最初的25000单词增加到两倍多，这不足为奇。此外，每一章始终都有具体的附录，包括争议的焦点、辩论的问题以及进一步阅读的建议，这将对那些对学术文本感兴趣的读者提供指导。遗憾的是，这也使后续版本没有早先的简易，但是，为了便于阅读，该版本依然省略脚注。当涉及马克思的政治经济学如何区别于正统经济学的时候，这些困难（希望是较小的）或许会更复杂，对非经济学家来说会感到有些压力。不过，希望这些复杂性在必要时能被忽略，或能提供补偿性见解。

完全修订后的第五版产生于一个极具挑战性的时刻。新自由资本主义正被一场空前的经济危机所折磨，危机不仅揭示了自由化金融的局限性，而且更明显的是，第一次使全球的新自由主义计划置于守势。现在，人们有可能公开怀疑新自由主义的一致性和持续性，以及资本主义自身的愿望。这些呼声渐起的争论，以及与之相伴随的经济放缓、激进的社会运动与组织，无不使人们意识到残酷的现实，即资本主义已经在根本上破坏了地球的环境，并对无数物种的生存产生威胁，包括人类自己。《马克思的〈资本论〉》并不是一本关于环境或新自由主义的书，尽管书中包括了有关环境的简短章节以及有关当前金融危机的新的一章。本书的目标比较狭窄，同时也更抽象和更有雄心：《马克思的〈资本论〉》回顾和解释了最早由马克思阐述的作为一个体系的资本主义所具有的持续、一致和坚定的关键特征。今天，正当资本主义在为遏制它的最新危机而苦苦挣扎时，马克思的著作更有现实意义和迫切需要，这些著作的吸引力也确实在增加。

《马克思的〈资本论〉》一书基于马克思的方法论，对马克思主义政治经济学理论进行了简单扼要而又深入的介绍和阐述，该书概括了马克思经济理论的总体框架，深刻解读了《资本论》的核心范畴和基本原理，并讨论了马克思主义经济学在21世纪的发展和应用，有助于读者更好地理解《资本论》的理论精髓及马克思主义政治经济学的真理性和时代性。作者还通过大量实例，对马克思的方法和术语进行细致探讨，力图减少理论的抽象性，使之更具现实性和可读性。

作者在《资本论》的基础上，在每一章章末都设置了"问题和补充书目"部分，因此笔者将在此就每一章的重点和存在争议的地方进行总结，并将前后章节相关的内容整合，以便于阅读。以下是主要内容：第一章"历史和方法"讲述了马克思的哲学、马克思的方法论和马克思的经济学。特别需要理解的是，在《资本论》中，马克思采用唯物辩证法准确描述了资本主义的本质特征及主要矛盾。解释了资本主义生产方式的结构和动力机制，找出了历史变化的潜在根源。具体来讲就是马克思的研究系统阐明了更加复杂和具体的概念，这些概念被用来在思维中重塑资本主义的现实，有助于解释资本主义的历史发展并指出其关键的弱点。第二章"商品生产"提出了有关劳动价值论的各种问题，总结来说，马克思价值理论的目标是，使在资本主义社会占优势的主要经济关系、过程及结构在思维中再现。该目标反对一种检验方式：对价值理论及相关解读进行论断。当价值理论展开并面对资本主义自身的复杂性时，它将更加丰富和复杂。第三章"资本和剥削"中马克思指出，资本是自我增殖的价值。只有当货币被用于剩余价值生产时，货币才充当资本的角色。马克思认为，所有的价值都是由劳动创造的，剩余价值产生于对活劳动的剥削，即资本是支撑价值自我增殖的基础，或者说，是剩余价值产生、迁移和积聚的社会关系。

第四章"产业资本的循环"主要分析了货币资本的循环、产业资本的总体循环，而作为总体循环的资本循环由资本的三个循环构成，同时货币循环中提出了交换模型，即生产和交换在结构上是分开的，却通过资本循环在整体上相互联系。第五章"经济再生产"主要包括简单再生产、扩大再生产和社会再生产。本章考察了作为一个整体的资本的再生产过程。第六章"资本积累"主要包括原始积累、资本主义生产的发展以及竞争和资本积累。对于原始积累，我们要明白资本主义的一个本质特征是劳动力作为商品存在，劳动力成为商品的必要条件是劳动与生产资料所有权分离。同时在阅读过程中我们要意识到英国资本主义的产生与其他地方相比有很大差别，其对农民土地的强制剥夺要比欧洲其他地方更加广泛，而且它的特征与世界其他有相似的发展路径的地方极其不同。在英国，很大比例的人口被转化成了工人，数量较少的贵族拥有大多数私有土地。而在欧洲其他地方以及美国东北部，农民或者农业部门被证实可以通过占有小块的土地很好地保卫自身，从而可以在很大程度上让自身脱离雇佣劳动。

第七章"资本主义与危机"中作者认为资本主义扩张是因为它释放的经济动力迫使每个资本家以及部分工人按照有助于总体资本积累的方式行动。不管这种内在一致的程度有多大，资本主义依然存在深深的、不可救药的缺陷，因为人类需求对利润动机的附属会引起限制资本主义生产范围的危机和矛盾。总结来看就是危机可能由各种原因产生，对具体的危机进行解释的关键是，危机背后的潜在原因——使用价值生产对剩余价值生产的附属——通过比例失调、生产过剩、消费不足和利润率下降显现出来。

第八章和第九、第十章关系密切。第八章"资本构成"作为第九章和第十章研究利润率趋向下降的规律（LTRPF）和转型问题的前奏，解释了马克思的资本的技术构成、有机构成和价值构成的概念。第九章"下降的利润率"讲了利润率趋向下降规律本身和抵消的趋势，规律的内部矛盾、规律的经验意义和危机理论。其中马克思利润率趋向下降的规律（LTRPF）理论向来是极有争议的，争议集中在该理论的有效性、理解和意义方面。该章概述了马克思的这一规律并回应了针对该理论的一些批评。第十章"所谓的转型问题"主要讲述了从价值到生产价格（对于不同经济部门产业资本间剩余价值的分配），马克思分析后得出结论——产出并不是以价值交换而是以生产价格交换，以及马克思的转型和对它的批判。该章的论述阐明，在转型问题上，马克思要讨论的并不是主流经济学（以及许多对马克思理论的常见的解释）所认为的均衡价格理论，而是生产与价格形成不同或变化之间的联系。

第十一章"商业资本"主要在交换领域概述马克思的资本理论。该章解释商业资本范畴、修改的生产价格以及更复杂水平上的商业资本。第十二章"银行资本和理论"中货币资本变成了一种特殊类型的商品，它同时为贷出者和借入者提供自我增殖的使用价值，前者得到了利息，后者通过使用借来的货币资本生产剩余价值，并得到了支付利息后余下的企业利润。第十三章"马克思的农业地租理论"包括两个重要并密切相关的理论——级差地租理论和绝对地租理论。第十四章"马克思和21世纪"主要讲述了关于阶级、国家和全球化、资本的环境等理论，该章的目的是，在讨论具体危机之前，论证马克思政治经济学对当代问题研究的持续显著性。第十五章"金融化、新自由主义和危机"讲述了金融化的危机、新自由主义和危机、面对危机的马克思主义以及危机和阶级斗争。这一章的目的是将政治经济学应用于在作者写作时候正在发生的资本主义全球危机中，这次危机的发生似乎主要是源于金融系统内部的功能失调，对整个经济和社会再生产的每个方面都带来了毁灭性的影响。按照马克思主义者及他人的观点，理解毁灭金融系统的需求比实现它或将其与更深层次、更有效和更安全的经济与社会改革运动联系起来要容易得多。在危机和阶级斗争中，马克思主义的分析和阶级斗争经验的贡献是不可缺少的，正如马克思评论费尔巴哈论文的第十一条提纲："哲学家们只是用不同的方式解释世界，而问题在于改变世界。"①

---

① 《马克思恩格斯文集》（第1卷），人民出版社2009年版，第502页。

二、重点选文与解读

选文1

"对马克思来说,劳动价值论不能通过概念的魔法或者科学(或数学)技巧证明是正确的。马克思价值理论的目标是,使在资本主义社会占优势的主要经济关系、过程及结构在思维中再现。"①

解读:第一,马克思劳动价值论扬弃了英国古典政治经济学的观点,为剩余价值论的创立奠定了基础。马克思在继承古典政治经济学劳动创造价值的理论的同时,创立了劳动二重性理论,第一次确定了什么样的劳动形成价值,为什么形成价值及怎样形成价值,阐明了具体劳动和抽象劳动在商品价值形成中的不同作用,从而为揭示剩余价值的真正来源、创立剩余价值论奠定了基础。此外,马克思的资本有机构成理论、资本积累理论、社会资本再生理论等政治经济学的一系列重要理论的创立也都同劳动二重性学说有关。因此,劳动二重性理论成为理解政治经济学的枢纽。

第二,马克思劳动价值论揭示了商品经济的一般规律,为社会主义市场经济发展提供了理论指导。马克思劳动价值论是在对资本主义商品经济的分析中得到的,但是如果撇开其中的制度因素,它包含的关于价值的本质和价值量的规定的理论,关于价值形式的演变以及货币的产生与其本质的理论,关于价值规律的理论等,都是对商品生产、商品交换和市场经济发展最一般规律的揭示。

选文2

"马克思的《资本论》被支持者和反对者都承认的优点之一是,指出了资本主义的系统特征和本质特点。同样的是,除了作为社会主义长远

---

① [美]本·法因、阿尔弗雷多·萨德—费洛著,王娟、邱海平译:《马克思的〈资本论〉》,贵州教育出版社2018年版,第11~12页。

战略的一部分，马克思主义对改良主义的厌恶，是基于改良主义和资本主义界限内不可避免的局限性。"①

解读：马克思的价值理论在其支持者和反对者中都备受争议。评价这些争论的首要起点是李嘉图和马克思观点的区别，很多人都错误地认为两者的观点是一样的，都坚持了劳动价值论。但是，李嘉图只是简单地通过计算劳动时间来解释价格，没有研究为什么产品表现为商品。后者恰是马克思的出发点，他证明了他的观点中价值范畴的合理性，因为通过资本主义生产过程和市场，社会自身承担着（具体）劳动时间质和量的对比。马克思的价值理论最先使资本主义实际组织社会再生产所必需的商品和服务的生产方式，在人的思维中得以重现。它承认作为使用价值的商品之间的关系（相对价格），是商品生产者之间潜在的社会关系的产物，这种社会关系表达了不同的具体劳动间的抽象劳动的等价性。重要的一点是，数量关系不是交换、价格和价值之间唯一、首要的关系；它们三者之间的关系反映的是生产、分配和交换之间明确的社会关系。这些才是需要被理解的。

选文 3

"马克思指出，资本是自我增殖的价值。只有当货币被用于剩余价值生产时，货币才充当资本的角色。马克思认为，所有的价值都是由劳动创造的，剩余价值产生于对活劳动的剥削。劳动力在生产中创造的价值是工人为获得工资回报而付出的劳动时间。马克思对生产劳动和非生产劳动的区分，本身是他剩余价值理念的一个推论。而生产与非生产劳动之间的区别主要是针对资本主义劳动，它由执行劳动的社会关系所决定，而不是由行动结果决定。"②

解读：资本是支撑价值自我增殖的基础，或者说，是剩余价值产生、迁移和积聚的社会关系。马克思指出，资本是自我增殖的价值。只有当

---

① [美]本·法因、阿尔弗雷多·萨德—费洛著，王娟、邱海平译：《马克思的〈资本论〉》，贵州教育出版社2018年版，第21页。
② [美]本·法因、阿尔弗雷多·萨德—费洛著，王娟、邱海平译：《马克思的〈资本论〉》，贵州教育出版社2018年版，第27页。

货币被用来产生更多的货币，或者更准确地说，只有当货币被用于剩余价值生产时，其才充当资本的角色。资本呈现出各种具体的形式并通过这些形式承担不同的功能，对资本本质的这一基本理解，使资本从这些形式和功能中区别开来，无论它是货币、要素投入还是商品，只有当它能直接使之前的价值扩大时才是资本。当作为资本执行职能的时候，它和执行如支付手段、贮藏手段或生产资料的特殊职能是一样的。

选文 4

"危机可能由各种原因产生，对具体的危机进行解释的关键是，危机背后的潜在原因——使用价值生产对剩余价值生产的附属——通过比例失调、生产过剩、消费不足和利润率下降显现出来。"①

解读：资本主义扩张是因为它释放的经济动力迫使每个资本家以及部分工人按照有助于总体资本积累的方式行动。不管这种内在一致的程度有多大，资本主义依然存在深深的、不可救药的缺陷，因为人类需求对利润动机的附属会引起限制资本主义生产范围的危机和矛盾。目前有大量的文献是有关因生产过剩、消费不足、比例失衡和利润率下降而产生的危机理论；但是，孤立地来看，这些观点又都是有限的，它们可以作为马克思资本主义危机理论的组成部分被更有效地分析，而不是被介绍为反对马克思危机理论的理论。

选文 5

"将利润率趋向下降的规律（LTRPE）作为一个抽象的规律来思考并不排斥它的经验意义。马克思在《资本论》这一部分的主要结论是——规律和抵消趋势不能和谐相处，有时必然会产生危机。这需要详细解释，因为没有危机必然性的公理推导。但是马克思在这里提出了危机固有的可能性，就如他在《资本论》第二卷中指出的，是由于基于不变价值的买卖分离原则的有限可能性。"②

---

① ［美］本·法因、阿尔弗雷多·萨德—费洛著，王娟、邱海平译：《马克思的〈资本论〉》，贵州教育出版社2018年版，第72页。
② ［美］本·法因、阿尔弗雷多·萨德—费洛著，王娟、邱海平译：《马克思的〈资本论〉》，贵州教育出版社2018年版，第88页。

解读：马克思利润率趋向下降的规律（LTRPF）理论向来是极有争议的，争议集中在该理论的有效性、理解和意义方面。第九章"下降的利润率"概述了马克思的这一规律并回应了针对该理论的一些批评。在文献中经常能看到对 LTRPF 的两方面误解。一方面，马克思的这个贡献被移入高级哲学领域，在这个领域中利润率趋向下降的规律（LTRPF）呈现出抽象事实的特点，也就是该规律来自资本本身的逻辑，这是不可否认的，但也缺乏任何经验意义。另一方面，马克思的分析被当作一组经验主义的命题对待，这些命题或许是正确的，也可能是错误的，这取决于分析者的偏好和所选经济模型的含义。

选文 6

"马克思主义的流行和突出伴随着知识潮流与世界事件的旋律而起落，这两种影响远非彼此独立，而且对马克思主义的内容和重点的理解同样会随着时间、地点和背景的变化而变化。马克思主义的范围从资本主义的批判（在当前的假设为全球化的时代更为显著）到为资本主义提供选择，正如（先前的）社会主义国家及构建资本主义的后殖民替代选择的斗争。马克思主义也涉及大量社会科学领域的主要学术争论，尽管它存在的重要性和内容会随着时间、主题和规则的变化而改变。"[1]

解读：第十四章"马克思主义和 21 世纪"的目的是在讨论具体危机之前，论证马克思政治经济学对当代问题研究的持续显著性。当然，它只是启发性的观点并且覆盖范围有限。虽然该书的主体涵盖了政治经济，但现在焦点转向"非经济"问题。自 20 世纪六七十年代经历过马克思主义流行的高峰后，一个恰当的起点是西方对马克思主义的重大学术攻击。除了宣扬凯恩斯主义几乎解决了资本主义危机问题的神秘观点外，反马克思主义通过暗示马克思主义是肤浅而教条的得以兴盛。其中两个直接相关的问题尤为引人注目——一个是关于阶级的性质，另一个是关于（资本主义）国家的性质。对马克思主义关于阶级问题的主要批判是它不

---

[1] ［美］本·法因、阿尔弗雷多·萨德—费洛著，王娟、邱海平译：《马克思的〈资本论〉》，贵州教育出版社 2018 年版，第 132 页。

能处理晚期资本主义社会阶级关系的复杂性和多样性。该批判由两部分构成：一部分是有关阶级结构的；另一部分是有关阶级结构影响的。简言之，该批判是因为马克思宣称阶级结构会逐渐分化。

选文7

"当前的危机既不是与过去的一次急性脱离，也不能将其狭隘地定义为经济问题。的确，危机趋于凸显并（在某种程度上）揭示我们生存的社会的本质和矛盾，这一点尤其可以通过金融行业魅力下跌得以很好的说明。但是，金融危机闪耀的残忍的光芒显然不会使当代资本主义如一本摊开的书一样，用大号字印刷，可以从头到尾很轻松地读完。因此，当新自由主义除遭受经济危机外，也明确地遭遇到合理性危机时，在知识和政治领域以及马克思主义自身内部，经济危机的原因以及解决危机的提议依然备受争议。在危机和阶级斗争中，马克思主义的分析和阶级斗争经验的贡献是不可缺少的。正如马克思评论费尔巴哈论文的第十一条提纲：'哲学家们只是用不同的方式解释世界，而问题在于改变世界。'①"

解读：按照马克思主义者及他人的观点，理解毁灭金融系统的需求比实现它或将其与更深层次、更有效和更安全的经济和社会改革运动联系起来要容易得多。每次危机都有其独有的特征，不论是经济、意识形态、政治体制的影响，还是由于每个国家部门间或工人阶级间的差异影响，或者是其他原因。马克思的理论在21世纪依然有效，它总结了资本主义社会产生的矛盾和不公平，是通过最好的社会科学工具进行的研究，最重要的是，通过在各种团体、协会、工会、政治组织和数以百万群众的阶级斗争中获得了实践经验。

三、当代价值

第一，《马克思的〈资本论〉》（第五版）基于《资本论》的理论和

---

① ［美］本·法因、阿尔弗雷多·萨德—费洛著，王娟、邱海平译：《马克思的〈资本论〉》，贵州教育出版社2018年版，第144页。

方法，对资本主义发展的新表现进行了分析和重新评价，有利于读者充分认识《资本论》所具有的当代价值。该书的创作基于以下几个相关因素：一是现实中的种种变动，重新唤起了大众对政治经济学的重视；二是战后经济繁荣结束后的长期停滞，以及后现代主义和新自由主义的兴起，使资本主义经济出人意料地被认为一如既往的有效，即使是在萧条期。然而，金融危机的爆发，不仅揭示了自由化金融的局限性，而且使新自由主义受到了前所未有的挑战，彻底粉碎了前面的这一观点。现在，人们有可能公开怀疑新自由主义的一致性和持续性，以及资本主义自身的愿望。这些呼声渐起的争论，以及与之相伴随的经济放缓、激进的社会运动与组织，无不使人们意识到残酷的现实，即资本主义已经在根本上破坏了地球的环境，并对无数物种的生存产生威胁，包括人类自己。尤其是在第十四章"马克思和21世纪"以及第十五章"金融化、新自由主义和危机"这两部分，在新的历史进程中突出了《资本论》在解释并解决当代问题上的持续显著性。

第二，马克思主义政治经济学是伴随社会历史时代变化而不断发展的科学的理论体系。当今我们所处的社会历史时代，是马克思所阐述的人类社会历史从资本主义向共产主义社会过渡的历史时代。当今世界从总体上而言仍然是资本主义占主导和统治地位的时代。无论资本主义发展到什么新阶段，无论资本主义创造了多少先进技术，但是只要资本主义社会的基本矛盾依然存在，只要资本主义社会制度的根本性质没有发生变化，马克思主义政治经济学关于资本主义本质的理论就依然没有过时，我们今天研究资本主义经济历史、发展现状以及未来趋势就仍然要以马克思主义政治经济学为唯一科学的理论依据。马克思主义政治经济学是一个开放的、与时俱进的，在实践中不断得到丰富和发展的科学的理论体系。

《马克思的〈资本论〉》（第五版）这本书从《资本论》的核心思想和基本原理出发，简要概括了马克思主义政治经济学的总体框架，回顾解释了最早由马克思阐述的作为一个体系的资本主义所具有的持续、一致和坚定的关键特征，深入分析了《资本论》对经济、政治和人类历史所产生的广泛影响。显然，它不是要也绝不能取代原著，它的存在是用来帮助读者阅读概览《资本论》的主题和结论，从而使读者更好地认识《资本论》的历史地位、当代价值及马克思主义政治经济学的有效性和时代性。

正如习近平总书记在纪念马克思诞辰200周年大会上的讲话："在人类思想史上，就科学性、真理性、影响力、传播面而言，没有一种思想理论能达到马克思主义的高度，也没有一种学说能像马克思主义那样对世界产生了如此巨大的影响。"①"马克思主义就是我们党和人民事业不断发展的参天大树之根本，就是我们党和人民不断奋进的万里长河之泉源。"②"我们要坚持用马克思主义观察时代、解读时代、引领时代，用鲜活丰富的当代中国实践来推动马克思主义发展。"③《马克思的〈资本论〉》在新时代的中国仍具有当代价值。

四、拓展性阅读文献

[1] Aston, T. H. and Philpin, C. H. E. (eds). *The Brenner Debate: Agrarian Class Structure and Economic Development in Pre-Industrial Europe.* Cambridge: Cambridge University Press, 1985.

[2] Benton, T. (ed.). *The Greening of Marxism.* London: Guilford Press, 1996.

[3] Blackledge, P. *Reflections on the Marxist Theory of History.* London: Palgrave Macmillan Press, 2006.

[4] Burkett, P. *Marx and Nature: A Red and Green Perspective.* New

---

① 《习近平向各国共产党赴华参加纪念马克思诞辰200周年专题研讨会致贺信》，环球网，2018年5月29日，https://baijiahao.baidu.com/s?id=1601713043339182534&wfr=spider&for=pc。
② 《习近平主持中共中央政治局第四十三次集体学习》，中华人民共和国中央人民政府网站，2017年9月29日，http://www.gov.cn/xinwen/2017-09/29/content_5228629.htm。
③ 习近平：《在纪念马克思诞辰200周年大会上的讲话》，人民出版社2018年版。

York: St Martin's Press, 1999.

［5］Byres, T. *Capitalism from Above and Capitalism from Below*. London: Macmillan, 1996.

［6］Brenner, R. *The Boom and the Bubble: The US in the World Economy*. London: Verso, 2002.

［7］Brewer, A. *Marxist Theories of Imperialism: A Critical Survey*. London: Routledge, 1989.

［8］Brighton Labour Process Group, The capitalist labour process. *Concepts & Connections*, 1977, Vol. 1.

［9］Brown, A. , Fleetwood, S. and Roberts, J. M. (eds). *Critical Realism and Marxism*. London: Routledge, 2002.

［10］Chattopadhyay, P. *The Marxian Concept of Capital and the Soviet Experience: Essay in the Critique of Political Economy*. Westport, Conn: Praeger, 1994.

［11］Clarke, S. (ed.). *The State Debate*. London: CSE/Macmillan, 1991.

［12］Fine, B. (ed.). *The Value Dimension: Marx versus Ricardo and Sraffa*. London: Routledge & Kegan Paul, 1986.

［13］Fine, B. "On The Falling Rate of Profit", in G. A. Caravale (ed.) *Marx and Modern Economic Analysis*. Aldershot: Edward Elgar, 1992.

［14］Harvey, D. *Introduction to Marx's Capital*. London: Verso, 2009.

［15］Hilferding, R. *FInance Capital*. London: Routledge & Kegan Paul, 1981.

［16］Konings, M. and Panitch, "L. US Financial Power in Crisis", *Historical Materialism*, 2008, Vol. 16, No. 4, pp. 3 – 34.

［17］Lebowitz, M. *Following Marx: Method, Critique and Crisis*. Leiden: Brill, 2009.

［18］Lenin, V. *The Three Sources and Three Component Parts of Marxism*, Moscow: Progress Publishers, 1977.

[19] Marx, K. "Critique of the Gotha Programme", in The First International and After. Harmondsworth: Penguin, 1974.

[20] Mark, K. and Engles, F. The Communist Manifesto, in K. Marx and F. Engles, Classics in Politics (CD – ROM). London: Electric Book Company, 1998.

[21] Milonakis, D. New Market Socialism: A Case for Rejuvenation or Inspired Alchemy?. Cambridge Journal of Economics, 2003, Vol. 27, No. 1, pp. 97 – 121.

[22] Saad – Filho, A. "Introduction", in A. Saad – Filho (ed.) Anti – Capitalisn: A Marxist Introduction. London: Pluto Press, 2003.

[23] Bina, C. Some controversies in the development of rent theory: the nature of oil rent. Capital & Class, 1989, Vol. 39, No. 1, pp. 82 – 112.

[24] Wood, E. M. The Pristine Culture of Capitalism. London: Verso, 1991.

[25] Wajcman, J. "Addresssing Technological Change: The Challenge to Social Theory". Current Sociology, 2002, Vol. 50, No. 3, pp. 347 – 64.

五、读 书 心 得

《马克思的〈资本论〉》的作者是伦敦大学亚非学院的本·法因（Ben Fine）和阿尔弗雷多·萨德—费洛（Aliredo Saad – Filho）两位教授。《马克思的〈资本论〉》自1975年出版第一个版本以来，多次修订再版，至2022年为止已出版了六个版本，而读者此次阅读的是出版于2018年的中文版第五版。作为《资本论》的入门读物，该书被翻译成多种语言在全世界得到广泛流传，这个事实本身就已经说明了这本书的高质量及其在宣传马克思的经典著作——《资本论》中所占有的独特地位。

《马克思的〈资本论〉》最初是本·法因在20世纪70年代为伦敦大学伯克贝克学院教授"马克思主义经济学"课程准备的讲义，所以该书具有作为教学工具的简明扼要的特性。作者写作该书的主要目的是,基于马克思的观点,对《资本论》所蕴含的马克思主义政治经济学进行简单、准确的说明。尽管该书没有涵盖马克思的《资本论》的全部内容,但是在重要概念、细节和深度之间达到了良好的平衡性,使该书具备很强的可读性。

《马克思的〈资本论〉》全书可分为三个部分,从历史与方法开始,首先从马克思的哲学、方法论以及经济学三个方面简短地回顾了马克思的知识发展和方法的主要特征;其次大致遵循《资本论》三卷的结构和顺序来对《资本论》的各篇章内容进行简要的概括、说明与讨论;最后在该书的最后两个章节——第十四章"马克思主义与21世纪"和第十五章"金融化、新自由主义和危机",作者运用马克思在阶级、国家和全球化、资本的环境、危机等方面提出的理论并结合该书创作时的背景,既论证了马克思主义政治经济学对当代问题研究的持续显著性,又将马克思主义政治经济学应用于解释在作者写作时候正在发生的资本主义全球危机。

笔者认为,《马克思的〈资本论〉》一书的首要特点和贡献是对马克思在《资本论》中所阐释的资本主义体系的关键特征进行了精准的概括,从而有利于读者把握《资本论》的主旨和精髓。其次,该书全面地分析了《资本论》对经济、政治和人类历史所产生的广泛影响,并适当地在正文和每一章节后面的问题与补充中阐述学者们关于《资本论》中一些具体内容的争论与分析,包括争论的焦点、所探讨的问题及进一步阅读的建议,并随着版本的更新不断添加新的研究进展和文献,从而有利于读者深化对《资本论》的历史地位的认识,这可以视作本书及其作者的第二个方面的贡献。最后,该书还运用了《资本论》的理论和方法,对当今世界的重要现象,例如全球化、气候变化、帝国主义侵略和战争等资本主义发展的新表现进行了分析和重新评价,从而有利于读者充分认识《资本论》所具有的当代价值,进一步证明了马克思主义政治经济学的时代性和持久的生命力,这可以视作本书的第三个特点和贡献。

当前,世界正处于百年未有之大变局中,变局之下,世界各国都需要运用科学的理论来分析和认识世界和本国发展的规律与趋势,以应对来自各方面的挑战,使人类朝着更加健康和可持续的方向发展。毫无疑问,在众多的理论中,马克思主义理论是最具历史穿透力的理论;在众多的经济学理论中,马克思在《资本论》中所阐述的政治经济学理论仍然是最具时代性的经济学理论。2020年是《资本论》第一卷出版153周年。虽历经时代变迁,但这一马克思主义政治经济学的经典著作在今天依然闪耀着真理的光芒。今天的世界与马克思生活的时代相比已经有了很大的变化,《资本论》的时代性和当代价值一直是一个不断被追问的话题。《马克思的资本论》的作者从核心概念和基本原理出发,囊括了《资本论》的总体框架,讨论了这本著作的有效性和重要性。该书对马克思主义政治经济学本身的理解及其时代性话题的加入,有助于读者更好地理解《资本论》的当代价值及马克思主义政治经济学的有效性和时代性。

资本主义经济的繁荣与衰退

——读罗伯特·布伦纳的《全球动荡的经济学》

叶 琪　张婧歆　王嘉欣　李雅红[*]

马克思第一次从理论上揭示了资本主义平均利润率的下降规律，他在《资本论》第三卷中指出："资本主义生产，随着可变资本同不变资本相比的日益相对减少，使总资本的有机构成不断提高，由此产生的直接结果是：在劳动剥削程度不变甚至提高的情况下，剩余价值率会表现为一个不断下降的一般利润率……尽管这个规律经过上述说明显得如此简单，但是我们在以后的一篇中将会看到，以往的一切经济学都没有能把它揭示出来……由于这个规律对资本主义生产极其重要，因此可以说，它是一个秘密，亚当·斯密以来的全部政治经济学一直围绕着揭开这个秘密兜圈子，而且亚当·斯密以来的各种学派之间的区别，也就在于为揭开这个秘密进行不同的尝试。"①

《资本论》第三卷出版后，关于资本主义利润率下降是暂时的现象还是永恒的规律的争论随之而来，以日本经济学者柴田敬、置盐信雄，英国经济学者多布、迪金森、吉尔曼，美国经济学者沃尔夫等为代表的一批经济学家围绕着引发资本主义利润率变化的因素或进行理论拓展，或进行实证检验，他们在对影响利润率下降规律的因素分析上，除了考虑资本积累、剩余价值率等因素外，还纷纷把劳动生产率、生产性劳动和

---

[*] 叶琪，福建师范大学经济学院副教授，经济学博士，硕士生导师；张婧歆，福建师范大学2018级国家经济学基础人才培养基地学生；王嘉欣，福建师范大学2018级国家经济学基础人才培养基地学生；李雅红，福建师范大学2018级国家经济学基础人才培养基地学生。

① 《资本论》（第三卷），人民出版社2004年版，第237~238页。

非生产性劳动的比例变化、真实工资率、社会制度、人口变化等因素也考虑在内，得出资本主义一般利润率或上升，或下降，或具有不确定性等多种不同的观点和结论，对马克思关于资本主义一般利润率趋于下降的观点或肯定，或否定，或加以条件限制。

现任美国加州大学洛杉矶分校罗伯特·布伦纳教授也加入了有关资本主义一般利润率变化趋势的讨论中，他是当代美国著名的马克思主义者、经济学家和历史学家。不同于其他学者的论证视角，他试图从全球市场以及过度竞争的角度来揭示资本主义利润率下降的原因所在，他的观点主要体现在《全球动荡的经济学》这本书中。《全球动荡的经济学》对第二次世界大战以来资本主义经历了繁荣到低迷再到长期低迷的变化轨迹进行了解读，并以资本主义生产中的无政府状态和竞争作为起点，通过阐释过剩产能和利润率下降来论述产生这一轨迹的原因。通过对这本书的阅读和思考，一方面希望可以更好地领会布伦纳教授用科学的分析方法、辩证的思维、严密的论证来传承、发展和创新马克思主义的基本理论；另一方面也希望能着眼于当前资本主义的发展现状思考资本主义的发展趋势。

一、写作背景和主要内容

（一）《全球动荡的经济学》的写作背景

《资本论》中，马克思对资本主义的描述、批驳生动形象而一针见血，"资本来到世间，从头到脚，每个毛孔都滴着血和肮脏的东西"[①]，资本剥削劳动、列强掠夺弱国是资本主义的本质。资本主义经济危机爆发

[①] 《资本论》（第一卷），人民出版社2004年版，第871页。

的根本原因在于生产资料私有制和生产社会化矛盾带来的生产过剩、资本家剥削剩余价值导致大众贫困、资本家追逐利润造成的商品价格偏离价值规律等。美国20世纪30年代的大萧条和70年代的滞胀等危机的爆发原因均是如此，资本主义的基本矛盾没有得到妥善解决，金融危机才会一而再、再而三地呈周期性爆发。新自由主义化、金融深化、全球经济虚拟化是20世纪70年代以来资本主义发展出现的三大新变化，这些变化也导致了资本主义不平等问题日益严重、经济出现停滞、泡沫经济和金融危机频发等一系列危机，一定程度上动摇了发达国家在国际上的霸权主义地位。这些危机已不只是资本主义国家范围内的危机，而是伴随着经济全球化对全球经济发展产生了重要影响，演变为全球性的危机。

第二次世界大战以来，发达资本主义经济的演化分成两个阶段，第一个阶段是从20世纪40年代后期到1973年的繁荣时期；第二个阶段是从1973年开始的增长下降和越来越动荡的时期，出现了金融危机。要对战后发展的演化过程进行系统阐述是困难的，布伦纳认为正统经济学难以解释资本主义经济发展的这一特征和趋势，而且因为缺乏关于资本积累的理论故无法解决上述问题。虽然也出现在劳动反对资本的权力压力下探讨从繁荣到低迷的根源的一些理论观点，而在20世纪70年代和80年代期间劳动和资本的斗争严重弱化而又不能恢复整个制度的经济活力情况下，这些理论观点也受到质疑。因而，迫切需要能解释资本主义为什么从繁荣到衰退的科学合理的理论。布伦纳认为要从分析利润率的实现途径来进行解释——比较历史分析，他认为使美国、欧洲和日本开始出现战后繁荣并持续很长时间的因素就是利润率在20世纪30年代和40年代末之后得到提高并在随后的20年中持续下去。引起战后繁荣终结的因素是发达资本主义国家在1965～1973年间的利润率单独地和集体地大幅下降，这种下降集中在制造业，然后扩散到整个私人经济，并且从美国开始扩散到西欧和日本。同时，在这个阶段国际竞争也日趋激烈，国际竞争通过形成一种不断递增的使价格降低的压力，使得现存的固定资本中很大部分无法保持自身价值的稳定，在很短的时间内，使得世界经济从长期繁荣走向长期衰退。为了阻止经济衰退，资本主义公司在政府的支持下，通过降低成本、改善经营方式等来恢复利润，他们通过使商品和劳动力的市场放松管制、国有企业私有化、金融部门自由化等使全球经济成为新自由主义经济，同时迫使不发达国家开放商品、外商直接投资、金融服务和短期资本的市场，从而使资本从制造业进入金融服务业，越来越转向投机，最终造成全球范围内经济活力不断下降，以及更具有破坏性的资产价格泡沫、金融不稳定和严重的周期性衰退，1997~1998年东亚金融危机爆发就是其后果之一，长期衰退在生产供给过剩的背景下仍在持续。

正是在资本主义经济仍处于衰退的背景下，罗伯特·布伦纳创作了《全球动荡的经济学》一书，从国际制造业周期性的过剩产能的持续解释制造业的利润率和发达资本主义国家经济中的私人经济总体下降得以持续的原因。

（二）《全球动荡的经济学》的主要内容

《全球动荡的经济学》以大量的数据和极为详细的资料为基础，以美国、欧盟和日本三大经济体为分析对象，详细描绘了1945~2005年发达资本主义国家经济由长期繁荣到长期衰退的过程，并对其竞争和发展态势进行深入研究。该书认为发达资本主义国家资本积累与总需求长期衰弱、经济危机爆发的根源在于整个经济体系资本回报率严重而无可挽回地下降和经济活力的衰退，其根本原因是全球制造业生产能力的持续过剩。同时该书也进一步阐述了导致生产过剩这一现象发生的因素以及这一现象是如何在危机中发生作用的，指出资本主义的衰退趋势跨越了各个经济周期一直延续至今。

（三）读《全球动荡的经济学》的时代背景

"冷战"结束后，尤其是进入21世纪以来，人类社会全球化进程急剧加快，迫切需要重建一种整体的视野来认识不断演变中的全球历史。

曾几何时，以美国为首的资本主义国家阵营陶醉在所谓"自由""民主"的意识形态欢愉中，"历史终结论"应时而出，宣告美国模式的"自由民主制"已成为人类的"普世价值"和唯一制度选择。但2008年由美国蔓延开来的国际金融危机，宣告了"历史终结论"的终结。自2008年国际金融危机爆发以来，许多资本主义国家经济增长乏力、贫富分化严重、政治极化现象加剧，同时民粹主义高涨、贸易保护主义抬头、右翼极端主义思潮沉渣泛起，深刻表明了当代发达资本主义国家的内部矛盾日益激化，资本主义制度无法摆脱危机困扰，只会在危机的泥潭里越陷越深。

面对经济社会乱象丛生，西方国家的应对策略也乏善可陈，尽管前美国总统奥巴马费尽心思振兴经济、增进党派间合作，但均徒劳无功。资本主义潜在的问题和矛盾不断被激化，不仅经济增长迟缓、失业率高居不下，而且各种错综复杂的系统性危机也应运而生。马克思在分析资本的历史命运时深刻指出："当资本开始感到并且意识到自身成为发展的限制时，它就在这样一些形式中寻找避难所，这些形式虽然看来使资本的统治完成，同时由于束缚自由竞争却预告了资本的解体和以资本为基础的生产方式的解体。"① 在全球金融危机大背景下，资本强烈地意识到自身成为发展的限制，它被迫在加强政府管制、反全球化、助长民粹主义等形式中寻找"避难所"，但终究不能扭转资本主义走向没落的历史大趋势。相比之下，我国科学有效地把握好政策取向、力度和重点，在国际金融危机冲击最严重时，果断实施积极的财政政策和适度宽松的货币政策，综合运用多种财政政策工具，同时又根据宏观经济形势变化及时调整宏观政策取向，有效地应对金融危机的冲击，实现经济平稳较快发展，以经济发展的实际成效凸显了社会主义经济发展的优越性。

当前，全球经济还没有从2008年金融危机中彻底恢复，高收入经济体，比如欧洲、北美、日本等的收入增长非常缓慢，尤其是居民收入在过去几年里不断下降，而突如其来的新冠肺炎疫情又为资本主义经济发

---

① 《马克思恩格斯全集》第46卷（下），人民出版社2003年版，第160页。

展蒙上新的阴影。全球经济低迷使很多产业发展陷入举步维艰的境地，甚至很多企业濒临破产。联合国 2021 年初发布的《世界经济形势与展望》报告显示，2020 年，全球经济萎缩 4.3%，是 10 年前金融危机期间的 2.5 倍以上，发达国家经济体和发展中国家经济降幅分别为 5.6% 和 2.5%，而中国 GDP 增长 2.3%，是全球唯一实现正增长的主要经济体。作为世界经济中心的美国，由于应对新冠肺炎疫情不利、近年来的贸易保护主义、强调美国优先等一系列逆全球化操作以及内部的种族主义矛盾等，从 2020 年初截止到同年 8 月，已有 400 多家美国公司申请破产[1]。2019 年，日本倒闭了 465 家百年企业，这些企业均是日本具有百年以上历史的企业，如今全部宣告破产。[2] 除了中小型企业外，越来越多实力雄厚的大型企业也加入了破产行列。

当前，全球经济正处于百年未有之大变局，全球经济秩序由于特朗普执政期间的对外政策调整而发生急剧变化，美国成为国际经济关系和全球治理体系中最大的不确定因素。一方面，美国作为世界头号资本主义强国频繁退出国际公约，大肆推行"美国利益优先"的外交政策，最大限度地为美国谋取利益而不惜逃避国际义务与责任。另一方面，美国政府在全球范围内挑起经贸争端，不断撕裂现有的国际贸易秩序，中美关系面临前所未有的挑战，中美关系变化也成为百年未有之大变局中最主要的变量。在资本主义危机不断冲击着全球化运行秩序、中美两个不同社会制度的大国博弈充满不确定性的背景下，进一步审视当代资本主义发展趋势具有重要的时代价值。当代资本主义经济危机以及相伴随的多种危机并存，其原因已不仅仅是生产相对过剩的危机，"二战"以来资本主义发展在科技化、金融化等影响下呈现了许多新特征，也积累了许多新矛盾。要想探寻资本主义危机是否还在资本主义制度可以自我调整的范围内，要理解当代资本主义发展的趋势，就要深刻总结和把握当代

---

[1] 王逸群：《新冠肺炎疫情引发美企破产潮》，中青在线，2020 年 8 月 31 日，http://news.cyol.com/content/2020-08/31/content_18758553.htm。

[2] 《一年倒闭 465 家 日本百年老店出现倒闭潮》，参考消息网，http://www.cankaoxiaoxi.com/finance/20190730/2386817_2.shtml。

资本主义发展的内在逻辑以及当代资本主义发展出现的各种问题的原因所在。

二、重点选文与解读

罗布特·布伦纳依据"战后经济繁荣—20世纪60年代中期到70年代中期经济危机爆发—长期衰退"的时间脉络和逻辑思路,将《全球动荡的经济学》分为五个部分,以马克思的一般利润率趋向下降理论为基础和依据,重点分析了资本主义经济由繁荣转向长期衰退的原因。

(一) 资本主义长期衰退的新解释

罗伯特·布伦纳将利润率视为制度整体健康状况的核心决定因素,又将平均利润率近似地看作经济能够积累资本(投资)以及由此增加生产率和增长的能力。同时他还提出,如果利润率离差保持不变,利润率(变化)将决定处于存亡边缘的公司的比例,以及可能产生的严重衰退或萧条,因此平均利润率也表明该制度可能发生经济动荡的程度。布伦纳通过统计和对比分析得出,1970~1990年间七国集团(G7)经济中制造业的总体利润率低于1950~1970年间水平,1990年总体利润率也低于1973年,这些变化是经济在20世纪70年代初之后整体长期显著恶化的信号和主要决定因素,他试图证明:发达资本主义世界的利润率下降是同一时期特别是制造业中投资增长率下降以及随之出现的产出增速减缓的基本原因。[1]

在统计并给出部分事实的基础上,罗布特·布伦纳批评了一部分加入自由主义者和保守主义者中的马克思主义者,他们认为资本有机构成

---

[1] [美]罗伯特·布伦纳著,郑吉伟译:《全球动荡的经济学》,中国人民大学出版社2016年版,第6页。

提高，生产率增长下降，本应减少实际工资的增长，但是这种反应受到日益壮大的工人力量和工人运动的消除，导致资本积累因利润率受工资挤压而下降，最终使得资本主义陷入长期衰退。布伦纳将这部分从供给角度研究资本主义经济危机的理论者称为"供给派"，并对他们的观点予以反驳，他认为利润率长期下降的原因不可能是工资的挤压，首先就时间而言，工人运动兴起和利润率下降这两个现象在20世纪50年代后从未同时出现，而且两者在逻辑上存在矛盾之处，当工资上涨对利润构成挤压时，资本家考虑到利润减少，便会削弱投资热情，减少资本投资。并且，投资下降以及货币紧缩等政策手段也会导致失业率上升，使得工资较难增长，从而缓解工资对利润的压力。布伦纳还进一步指出，供给派的理论家强调制度、政策和权力，分析过分依赖于国家间的关系，将世界经济看作一种国家经济的分散的结合，但是制度上的经济问题往往是由地方的问题汇聚起来的。

　　罗伯特·布伦纳进一步提出了他对资本主义长期衰退的新解释，他将利润率下降和资本主义的发展不平衡联系，从而以竞争视角对利润率下降的原因进行分析。他把"二战"后的世界主要经济体分为以美国为代表的先发国家和以德国、日本为代表的后起国家，两股竞争力量在抢夺市场份额中此消彼长。先发国家的优势是先进技术，后起国家的优势是丰富的劳动力，它们往往通过技术模仿并发挥比较优势，加大出口与先发国家争夺世界市场，市场竞争的加剧导致整体的利润率下降。在此之后，利润率却仍然长期无法得到恢复，罗伯特·布伦纳将此现象的原因归纳为长期过度竞争和生产过剩。后起国家的进入打破了原有的市场格局，产品价格被压低，先发国家的企业全部资本获取原有平均利润的基本愿望得不到保障，但即使如此，它们仍依恋着通过长期经营积累的行业信息、客户等无形的资产，只要流动资本能够获得正常利润，便不愿进行调整、退出市场，导致了生产过剩。

（二）资本主义利润率下降的具体原因剖析

在《全球动荡的经济学》一书的第二至第四部分中，罗伯特·布伦纳将20世纪后50年分为三个时期，20世纪50年代至60年代中期是战后资本主义国家经济长期繁荣阶段，20世纪60年代中期至1973年是危机爆发阶段，1974～1998年是资本主义国家长期衰退阶段，通过梳理三个阶段的史实和数据，对资本主义利润率下降的原因进行具体剖析。

1. 战后资本主义国家经济长期繁荣时期：20世纪50～60年代中期

此阶段经济增长各项指标都接近历史最高水平，失业率却非常低。在经济发展最快的德国和日本，供给方面的条件明显承担着经济发展动力。相反，对于美国经济而言，公共赤字和工资份额增长刺激了需求，但美国经济在20世纪50年代发展缓慢，此后遏制工资增长和通过强化劳动增加的生产率才很大程度上使得它在20世纪60年代上半期出现短暂的起飞。

罗伯特·布伦纳进一步解释了需求增长没有促成美国经济起飞的原因，他认为，需求增长确实是推动经济增长的重要因素，但是它在国内所起的效果小于国家间的效果。德国和日本担负起了以前由美国生产者提供的订单，以此提高其投资和产出，因此可以说德国和日本制造业的发展动力很大程度上是通过夺取美国和英国的国际市场份额获得的，同时它们还进入了美国本土市场。然而，德国、日本制造业产品出口竞争力的增强并没有对美国生产或者利润造成直接的负面影响，原因是德国、日本经济相对于美国经济来说太小了，所以占有美国相对很小的市场份额就会对德国和日本出口产生很大的积极影响，但对美国生产者产生的负面影响不大。

2. 资本主义经济危机爆发时期：1965～1973年

1965～1973年间，发达资本主义国家突然开始由繁荣陷入危机。以G7为例，其经济利润率不管是个体还是总体都急剧下滑，资本主义经济开始进入长期的利润率下降阶段。之后，投资增长率迅速下降，导致长期产出、生产率和实际工资增长的严重下滑，大幅提高的失业率和更严重的经济衰退也伴随而来。

在此期间，德国和日本的制造业者将相对先进的生产技术与相对较低的工资水平结合起来，以降低相对生产成本，从而提升竞争力，其结果是德国和日本的国际市场份额不断增加，它们还将相对低的价格强加于国际市场。这无疑加剧了这场经济危机的严重性，当它们的竞争对手发觉自己的产出要面对不变的生产成本和更低的市场价格时，一部分国家不得不选择退出国际市场，另一部分国家为继续存活，被迫接受大幅下降的利润份额、产出—投入比率和利润率。由于没有预料到德国和日本价格低廉的商品涌入国际市场，结果是制造业生产者（尤其是美国的生产者）形成过度投资，在这个意义上说他们不能得到配置资本和劳动力已经确定的回报率。最终，过度投资和生产过剩使 G7 制造业利润率总体下滑。①

3. 资本主义经济长期下降时期：1974～1998 年

此阶段投资增长异常缓慢，导致生产能力大幅下降，工资增速变缓，从而带来萧条性失业以及金融危机的产生。1974～1975 年的石油危机使世界范围内的经济困难更加恶化了，石油价格的增长波及整个发达国家，由于工资和技术没能随着能源成本的提高而及时调整，利润率进一步下降，通货膨胀进一步恶化。在这种情况下，各国政府的唯一选择就是经济"急刹车"，提升利率，限制信贷供给。然而，严重的通货紧缩在通货膨胀危机之后立即到来，导致利润率的进一步下降和自 20 世纪 20 年代以来的最大经济倒退。

罗伯特·布伦纳首先将资本主义经济衰退初期的原因归于资本主义世界性的能力过剩和生产过剩。而能力过剩和生产过剩的原因，从制造业的生产来看，主要在于资本家在竞争中采用新技术降低生产成本。个体资本家在无政府状态下进行生产，既不能控制也不能预见市场状况，

---

① [美] 罗伯特·布伦纳著，郑吉伟译：《全球动荡的经济学》，中国人民大学出版社 2016 年版，第 105 页。

唯一在竞争中取胜的出路,是冒着失败的风险投资更加先进的生产手段,并尽可能地降低工资,率先采用新技术的企业因成本下降获得了较高的利润率,但是高利润又会吸引新企业进入市场,新企业会和原有的厂商开展竞争。率先采用新技术的企业为夺取更大的市场份额,往往通过降价来打击竞争对手,导致普遍的利润率下降,受到冲击的先来者并不就此退出,在利润率已经下降的情况下苦苦维持,又在条件具备之时卷土重来。从世界范围来看,布伦纳将世界资本主义国家分为两方,以美国、英国为代表的老式资本主义国家和以日本、德国为代表的战后新兴国家。两方竞争在20世纪60年代末期达到白热化,德国和日本的制造商大举进入国际市场,尤其是日本的制造商,利用最先进的生产技术,以其低廉的生产成本和低工资优势,即使国际市场上已经发生供给过剩,也能获取可观的利润。德国和日本加入国际市场竞争,造成了1965～1973年间美国制造业利润率超过40%的下降。

罗伯特·布伦纳又拓展了资本主义经济衰退长期持续的原因,他认为市场调节机制和政府经济政策的失败使经济长期下降趋势得以延续。他还指出,由于规避萧条、防止衰退和复苏放缓、刺激通货膨胀等原因使得信用的扩张多少保证了些许稳定性,但也抑制了经济恢复,因为通过缩短衰退——以及更一般地使那些高成本、低利润公司继续存在,从而使过剩产能和过剩生产长期化,并阻碍平均利润的恢复。到了20世纪90年代中期,美国经济在某种程度上得到恢复,但这是以世界经济停滞的恶化为代价的。欧洲和日本都没有从20世纪90年代早期的衰退中摆脱出来,市场增长的收缩和贸易商品价格缓慢增长或者甚至下降对利润的向下压力在强化,使得国际上的过剩产能和过剩生产变得更具威胁性了。投资繁荣确实最终在美国变为现实,这也是对利润率蠕动式增长的反应,但能否足够强大和足够持久,这仍然是一个悬而未决的问题。

在2009年初的一次访谈中,罗伯特·布伦纳谈及:"2008年金融危机是一场马克思式的危机,因为危机的根源在于利润率的长期下降并难以恢复，这是资本积累速度长期减缓的根本原因。"① 他还进一步提出了"只有危机才能解决危机"的观点，2008年的金融危机使一些濒临灭亡的企业彻底消失，这在某种意义上解决了企业退出的困难，缓解了长期生产过剩和竞争过度，只有2008年金融危机才能解决20世纪60年代中期到70年代中期的经济危机。

（三）资本主义经济重返繁荣的可能性

直至今天，资本主义经济的衰退仍在延续，那么资本主义国家究竟能否最终跨越长期衰退，并进入一个新的长期繁荣？罗伯特·布伦纳的答案是否定的。

跨越长期衰退的基本条件是克服制造业过剩的产能和生产过剩的长期性难题②，但是这一难题目前仍未解决。资本主义国家为了刺激经济，投资过度，形成了过剩产能和过剩生产，而真正所需的投资却一直没能实现，从而总需求增长下降，过剩产能更加恶化，只能增加出口，部分主要资本主义国家也依旧采取出口导向型发展模式，内需与外需愈加失衡，经济发展的动力更加疲软。国际过剩产能和过剩生产的长期趋势的持续和加剧似乎是不可超越的，特别是东亚国家（包括日本）已经在美国的经济繁荣中吸引了1/4~1/3的美国制造业出口，因此可以看到美国海外销售的增长在随后时期中显著下降。③

竞争强化一定程度上会减少美国向亚洲的出口，增加亚洲向美国进口的市场和美国商品价格的压力，从而挤压制造业的利润。但是，如果制造业利润率下降，分化就会扩大，投资增长会下降，然后利润率增长也会下降，从而为工资增长对利润进一步挤压开辟道路。世界出口的加

---

① 蒋宏达、张露丹：《布伦纳认为生产能力过剩才是世界金融危机的根本原因》，载于《国外理论动态》2009年第5期。
② [美] 罗伯特·布伦纳著，郑吉伟译：《全球动荡的经济学》，中国人民大学出版社2016年版，第270页。
③ [美] 罗伯特·布伦纳著，郑吉伟译：《全球动荡的经济学》，中国人民大学出版社2016年版，第279页。

速供给在面对萎缩市场的时候，不是推动美国的利润上升和维持繁荣，而是削弱它们及其引起的复苏，并因此缩短制度层面的长期上升，从而使世界经济面临着新一轮严重下降的危险。① 基于此，罗伯特·布伦纳预测，经济下降和新的动荡比进入长期复苏更具有可能性。

三、《全球动荡的经济学》一书的当代价值

在《资本论》第三卷中，马克思详尽地分析了资本家之间的竞争，重点阐述了平均利润的形成过程和一般利润率趋向下降的规律，并提出资本主义必然出现经济危机。布伦纳从发达资本主义国家经济发展大量翔实数据的剖析中提出利润率的下降不是因为技术潜力的枯竭所引发的生产率增长放缓，或是因为强大的劳工力量所推动的实际工资的过快上涨，而是因为生产能力的不断提高和淘汰困难。② 《全球动荡的经济学》一书出版后不久，全球范围内就爆发了一场影响巨大的金融危机。因此，布伦纳的经济危机理论，特别是其提出的关于萧条性长波的解释，掀起了学术界的讨论热潮。③

华尔街是2008年全球经济危机的始发地，其崩溃对全球体系造成了毁灭性的打击。在提到经济衰退时，多位分析师总是从房地产泡沫的破灭，由住房抵押所支撑的证券市场的崩溃，以及随之而来的大银行破产开始分析，布伦纳认为这是可以理解的，然而前美联储主席本·伯南克和主流经济学家们几乎都否认应该深入金融与资产市场（也许还有国际金融体系的失衡）去探究这次危机背后的原因，他们都坚信实体经济（所谓的基本盘）依然坚不可摧。布伦纳的观点恰恰相反，他认为大衰退深深根植于发达资本主义经济体从20世纪70年代至今的长期疲软，根本

---

① [美] 罗伯特·布伦纳著，郑吉伟译：《全球动荡的经济学》，中国人民大学出版社2016年版，第279页。
② 毕丽华：《西方学者视野中的布伦纳经济危机理论》，载于《学理论》2013年第1期。
③ 胡莹：《马克思主义经济危机理论的发展轨迹与百年论争——纪念〈资本论〉第1卷出版150周年》，载于《国外理论动态》2017年第12期。

原因是利润率（尤其是在国际制造业中）持续下降并且无法恢复。生产性投资回报率的降低反映出需求不足的长期性难题，因为需求不足，为了使经济保持活力，政府不断培植资产泡沫，而资本流向金融领域以寻求高利润。然而，当泡沫经济与金融化都无法产生效果时，大衰退就无法避免地开始了，并且一直持续到现在。《全球动荡的经济学》一书的出版具有重要的理论意义和现实意义。

（一）理 论 意 义

《全球动荡的经济学》一书出版后，布伦纳的理论再次引发了学者们对利润率下降趋势理论的关注与重视，其理论是马克思的利润率下降趋势规律在当代的重新表述，是运用马克思式的思维来解释经济长波所作出的重要尝试，也是对曼德尔长波理论的进一步拓展和完善。[①] 众多学者都曾撰文对其进行研究和评论，如米歇尔·阿格利埃塔、本·法因等人对其进行质疑，以克里斯·哈曼为代表的西方左翼学者对布伦纳经济危机理论的肯定和发展。[②] 应当如何对资本主义国家的经济周期和长期趋势作出马克思主义的解释，是以布伦纳的理论为基础，抑或是从其他角度进行分析，需要当代学者进一步分析和不断探讨。《全球动荡的经济学》一书的理论意义主要体现在以下几个方面。

首先，布伦纳争论标志着西方马克思主义经济危机理论的复苏。西方马克思主义经济危机理论在经历了一段较长时间的沉寂后，《全球动荡的经济学》的出版并以动态的视角眼光对资本主义国家自20世纪50年代至1998年将近50年的经济变动规律进行深刻的总结和阐析，重新唤醒了西方理论界对马克思主义经济危机理论的讨论，一时间，各种评论文章接连不断，形成了20世纪末一场关于马克思主义经济危机理论空前广泛、热烈的讨论局面。

[①] 胡莹：《马克思主义经济危机理论的发展轨迹与百年论争——纪念〈资本论〉第1卷出版150周年》，载于《国外理论动态》2017年第12期。

[②] 毕丽华：《西方学者视野中的布伦纳经济危机理论》，载于《学理论》2013年第1期。

其次，拓宽了马克思主义经济危机理论的研究视野。作为历史学家的布伦纳，看问题具有历史性和全球性的眼光，西方马克思主义经济危机理论主要立足于国别经济分析的基础上探讨资本主义的问题。布伦纳第一次真正在全球化的框架下构建危机理论，一方面，他突破了过去以单个国家为研究样本的局限性，从经济全球化的视角对经济危机进行分析，超越国家界限的范畴。另一方面，布伦纳突破了部门的限制，从生产部门而不仅仅是金融部门本身展开对经济危机理论的研究。布伦纳比较全面地论述了经济危机演变的过程，同时也深刻阐明了金融危机会影响实体经济良性运行等观点，这是非常值得肯定的。《新左派评论》2008年11～12月号专门开辟了"布伦纳专题讨论"栏目，认为在"很少有经济学家具有历史的眼光，很少有历史学家受过经济学训练"的背景下，《全球动荡的经济学》"仍然是一道历史性的风景"。[1]《全球动荡的经济学》一书对我们正确认识当代资本主义经济自第二次世界大战以来的发展历史和未来走势，理解全球化背景下世界经济的矛盾及其解决办法，具有重要的参考意义。

最后，布伦纳以独特的视角分析了一般利润率趋向下降。在《全球动荡的经济学》中，布伦纳对20世纪70年代以来理论上陷入困境的经济危机理论进行了清算。他对利润率下降的分析，开拓了资本有机构成、工资挤占利润、劳动后备军枯竭等角度之外的一个新角度——生产能力的不断提高和淘汰困难。

（二）现实意义

通过学习布伦纳教授对当代西方资本主义国家经济发展周期研究的成果，可以深化我们对资本主义经济危机本质的认识，虽然马克思和布伦纳的经济危机理论都是针对资本主义社会提出的，但是对社会主义市

---

[1] 郑吉伟：《布伦纳与〈全球动荡的经济学〉》，载于《中国社会科学报》2011年10月25日，第14版。

场经济发展亦有借鉴意义。虽然社会主义市场经济与资本主义市场经济有本质区别，但就市场经济发展本身的规律和特征而言，又具有共性。如何克服市场经济的弊端，更好地发挥市场机制的积极作用，构建良好的市场竞争秩序是我国社会主义市场经济发展需要不断完善之处。布伦纳相关研究成果的得出对于推动我国经济持续高质量发展和良性有序运行具有重要的借鉴意义。

第一，有效发挥"有形之手"和"无形之手"的合力。在布伦纳看来，危机源于制造业的产能过剩和生产过剩。在我国，市场在资源配置中起着决定性的作用，它要求市场有充分的经济自由。但是由于市场存在着滞后性和盲目性，市场失灵的情况时有发生，这也是我国部分行业产能过剩的一个重要原因。因此，我国政府应该把握好经济发展方向，制订和完善国家计划、货币政策和财政政策等，将政府的"有形之手"与市场的"无形之手"形成合力，为经济发展提供内在动力。把握管理与放权的时机，做到统筹协调，不折不扣落实好各项改革措施，及时研究解决经济运行中的各种问题，有效减少经济发展中的"绊脚石"和"拦路虎"，重点克服市场存在的滞后性、盲目性和不确定性。在尊重市场经济原则的基础上，做好宏观调控，实现全社会对资源的有效利用及供求关系平衡，防止产能过剩和生产过剩进一步加深，真正实现创新、协调、绿色、开放、共享发展。①

第二，扩大国内有效需求，实现发展成果全民共享。从《全球动荡的经济学》中我们可以看到，当经济开始衰退时，雇主为了维持自己的利益，降低生产的成本，总会试图降低工人工资，然而这样做的后果是坚守个人的收入，抑制个人消费的增长，从而使得市场需求相对缩小，然而生产却一直在扩大，在供给大于需求的矛盾下，经济危机被进一步加深了。美国频繁地爆发经济危机的现实也可以证明这一观点。20世纪80年代初，美国开始推行新自由主义，反对政府对劳动力市场的干预，收入分配和资源配置都由市场进行调节，这项政策的实施使得美国工人

---

① 汪玉：《罗伯特·布伦纳的经济马克思主义理论探析》，江南大学硕士学位论文，2017年。

的工资增长放缓，收入总体上呈下降趋势，同时，加剧了分配的不均，拉大贫富差距，经济危机也就不可避免地爆发了。中国实行改革开放之后，也出现了收入分配逐渐拉大的现象，收入分配的不均衡使得整个社会消费潜力没有得到及时有效的释放。我国要吸取美国、德国和日本等资本主义国家经济危机的教训，把供给侧结构性改革和需求侧改革有效地对接起来，扩大国内有效需求，解决生产过剩。正如习近平主席提出的"要把满足国内需求作为发展的出发点和落脚点，逐步形成以国内大循环为主体、国内国际双循环相互促进的新发展格局"。我国应当坚持扩大内需这个战略基点，使生产、分配、流通、消费更多依托国内市场，形成国民经济良性循环。同时积极完善收入分配制度，均衡收入分配，实现发展成果全民共享，及时化解经济发展中各种风险和矛盾。①

第三，加强政府金融监管，防范和化解风险。在布伦纳的研究中我们可以发现，20 世纪 60 年代末，发达资本主义国家的繁荣发展阶段结束之后，投资和生产就处于停滞状态，为了弥补停滞带来的损失，资本主义推进了经济的金融化，这使得金融泡沫膨胀，最终导致了全球的金融危机。纵观美国历史，近几十年爆发的经济危机，在一定程度上是由政府对经济运行缺乏监管造成的。经济全球化是当今世界的大趋势，国家之间的联系日益紧密。我国积极顺应经济全球化，一方面加快我国经济融入世界经济的速度，加强与西方资本主义经济体联系的力度；另一方面也使世界经济的波动将直接或间接地影响我国经济发展，当其他国家发生经济危机的时候，就有可能把危机传给中国。在 2008 年世界金融危机中，我国经济没有受到猛烈冲击的一个重要原因，就是当时我国的金融市场还没有完全开放，政府对经济的监管力度相对来说还是比较大的，在经济危机来临之际采取了积极有效的措施，把危机带来的后果降到最低。因此我国政府要加强对金融的监管，尽量避免各种不良因素带来的影响。

《全球动荡的经济学》在一定程度上提高了我们的理论思维水平，有

---

① 汪玉：《罗伯特·布伦纳的经济马克思主义理论探析》，江南大学硕士学位论文，2017 年。

助于我们正确认识当代资本主义经济自"二战"以来的发展情况和未来的发展趋势,有利于拓宽我们学习马克思主义经济危机理论的视野。进入21世纪以来,中国的发展一日千里,世界的变化日新月异,机遇与挑战并存。面对百年未有之大变局,我们应当承担时代赋予的使命,始终站在学术前沿,立足当下,展望未来,不断汲取人类一切优秀的思想学术成果,以丰富自己的头脑,为推进中国和世界的发展提供理论智慧。

四、拓展性阅读文献

[1] [美] 大卫·哈维著,陈静译:《资本之谜》,电子工业出版社2000年版。

[2] [美] 罗伯特·布伦纳著,王生升译:《繁荣与泡沫:全球视角中的美国经济》,经济科学出版社2003年版。

[3] [美] 安瓦尔·谢克著,赵准、李连波、孙小雨译:《资本主义:竞争冲突和危机》,中信出版集团2021年版。

[4] 周思成:《欧美学者近期关于当前危机和利润率下降趋势规律问题的争论》,载于《国外理论动态》2010年第10期。

[5] 罗伯特·布伦纳:《全球生产能力过剩与1973年以来的美国经济史》,载于《国外理论动态》2006年第2期。

[6] [美] 安德鲁·克莱曼著,周延云译:《大失败——资本主义生产大衰退的根本原因》,中央编译出版社2013年版。

[7] [美] 艾伦·格林斯潘著,束宇译:《繁荣与衰退:一部美国经济发展史》,中信出版集团年2019年版。

[8] 骆桢:《有机构成提高导致利润率下降的条件及其背后的矛盾关系》,载于《当代经济研究》2016年第8期。

[9] 郑吉伟:《布伦纳与〈全球动荡的经济学〉》,载于《中国社会科学报》2011年第14期。

[10] 迈克尔·罗伯茨、宋阳旨:《从全球大衰退到长期萧条》,载于

《国外理论动态》2015 年第 2 期。

[11] 汪玉：《罗伯特·布伦纳的经济马克思主义理论探析》，江南大学硕士论文，2017 年。

[12] 胡莹：《马克思主义经济危机理论的发展轨迹与百年论争——纪念〈资本论〉第 1 卷出版 150 周年》，载于《国外理论动态》2017 年第 12 期。

[13] 毕丽华：《西方学者视野中的布伦纳经济危机理论》，载于《学理论》2013 年第 1 期。

[14] [美] 罗伯特·布伦纳著，张秀琴等译：《马克思社会发展理论新解》，中国人民大学出版社 2015 年版。

[15] 罗伯特·布伦纳：《高盛的利益就是美国的利益——当前金融危机的根源》，载于《政治经济学评论》2010 年第 2 期。

五、读书心得

读书心得一

一般利润率趋向下降的规律是马克思在《资本论》第三卷中揭示资本主义生产方式的一条重要的规律，这是资本主义无法克服和摆脱的"魔咒"，是资本主义走向灭亡的"催化剂"，为论证资本主义社会必然被社会主义社会所取代提供了有力的依据。马克思这一理论提出后受到了广泛的质疑和批判，也引发了学者们的讨论，后续的学者纷纷以发达资本主义国家为例进行实证探讨，从不同的角度或支持或反对这一观点。《全球动荡的经济学》以大量数据和极为详细的资料为基础对发达资本主义经济进行深刻剖析和论证，充分肯定了马克思关于资本主义一般利润率趋向下降规律的科学性和合理性，并从全球竞争和制造业生产过剩的独特视角为我们观察和分析当代资本主义生产方式及发展趋势提供了新的思路。作为西方马克思主义者，布伦纳教授敢于抨击资本主义经济运行的体制机制，敢于揭示当代资本主义经济发展的深层矛盾，并且能运用大量事实数据进行全面而深刻的分析，对试图为资本主义发展方式进行辩驳的观点进行有力反驳，其严谨的治学态度和科学的求真精神值得我们学习。同时，该书的观点也更加坚定了我们对马克思主义理论的传承，指引着我们运用马克思主义基本理论认清资本主义发展趋势。（叶琪）

读书心得二

"二战"后，凯恩斯主义盛行，资本主义国家纷纷加强对经济的干预。但由于凯恩斯主义没有触及资本主义的基本矛盾，因此也不能有效解决资本主义周期性和经济危机。而布伦纳站在政治马克思主义的视角，以美国、德国、日本三国为例，在深入探讨资本主义周期和危机产生的根源、未来发展趋势等问题的基础上，提出了自己的经济危机理论，回答了东欧剧变后资本主义的历史命运问题，具有很强的理论价值和现实意义。布伦纳将"过度竞争"视为由繁荣转入衰退的主要原因，这在当时具有一定的开创性，但不可否认，该理论也有一定的局限，比如布伦纳的理论没有涉及垄断和过度剥削，而仅仅进行世界市场秩序的调节是没有出路的，只有根本减轻或解除过度垄断和过度剥削，才可能结束这次萧条性长波，而这依赖于社会主义力量的增长。因此，有些评论者称布伦纳为"马克思主义衣钵的真正继承者"，这种言论也未免有点言过其实。我们还是应该在深入了解马克思主义政治经济学基本原理的基础上，批判性地吸收该书中的理论精华。另外，布伦纳运用大量的数据和图表作为论证的依据，打破了以往"政治经济学研究偏文字理论，西方经济学研究偏数理分析"的刻板效应，为我们提供了一个很好的研究思路和分析方法。（王嘉欣）

读书心得三

罗伯特·布伦纳认为，在长期生产过剩背景下，生产与消费的矛盾、金融化背景下投机与生产的矛盾、全球化背景下国家间的矛盾最终引发了经济危机，他的观点值得深思。改革开放以来，经济全球化使中国经济腾飞，但在辉煌的背后亦危险重重——世界经济的波动将直接或间接地影响我国经济发展，在后疫情时代，中国经济结构的改革显得更加迫切，扩大内需十分必要。因此，应积极探索国内国际经济双循环模式，以国内大循环为主体，发挥我国超大规模市场的潜力和优势，把发展的立足点更多地放到国内，实施扩大内需战略，更好联通国内市场和国际市场，更好利用国际国内两个市场、两种资源，培育新形势下我国参与国际合作和竞争新优势，为我国经济发展增添新动力。（张婧歆）

读书心得四

通过深入学习《全球动荡的经济学》，我受益匪浅。其中关于生产过剩的讨论部分引发了我的思考，无论是从马克思的经济危机理论还是布伦纳对经济危机的解读，都提到了"过剩"。实际上，我国也存在着生产过剩问题。特别是在钢铁、水泥、电解铝、平板玻璃、焦炭等传统产业中表现明显。我国的企业有相对较大的自主权，大多数企业生产的目的在于追求利益，为此很多企业扩大生产，有些企业盲目扩大，导致生产过剩。另外，市场的调节虽然高效，但也存在不足之处，政府应该发挥宏观调控的优势，及时伸出"有形之手"，配合"无形之手"，抵御危机。阅读这本书期间，我看到了布伦纳历史性和全球性的眼光，身为大学生，也应当以开阔的视野去学习与研究。（李雅红）

布雷弗曼劳动理论及其当代价值

——读哈里·布雷弗曼《劳动与垄断资本——二十世纪中劳动的退化》

杨 强 郑凯轩 朱晨暄 陈芳怡 胡雨婷[*]

《劳动与垄断资本——二十世纪中劳动的退化》（以下简称《劳动与垄断资本》）一书问世于 1974 年垄断资本主义盛行时期，用于解释 20 世纪生产对一般劳动技能的要求日益简单、熟练劳动力的百分比不断下降这样一个劳动退化现象。该书是对马克思《资本论》第一卷第四篇中劳动过程及其在工厂制度中的发展研究的继承，经济学家保罗·斯威齐在为本书撰写序言时说道："布雷弗曼的著作弥补了垄断资本主义时期，工人所特有的各种技术变化对工作性质、工人阶级的组成及分化所造成的这种影响探讨不足的缺陷"，[①] 并认为只有布雷弗曼这样既有丰富的工厂工作经验又熟悉马克思理论的学者才能对此问题作出成功回答。布雷弗曼运用马克思主义基本观点，以垄断资本主义条件下劳动过程的新变化为切入点对管理和科学管理等问题进行了深入研究，指出资本主义的劳动过程就是资本积累的过程，资本主义的"科学管理"缺乏人性，代表的不是人类的观点，而是资本家的观点，其要实现的是通过对工人劳动过程的控制，榨取工人最大的剩余价值。布雷弗曼的思想与当时许多流行的资产阶级经济学家的观点形成鲜明对比，对我们运用马克思主义理论考察分析垄断资本主义条件下的管理和科学管理等问题具有重要参考价值。

---

[*] 杨强，福建师范大学经济学院教授，经济学博士，硕士生导师；郑凯轩，福建师范大学经济学院本科生；朱晨暄，福建师范大学经济学院本科生；陈芳怡，福建师范大学经济学院本科生；胡雨婷，福建师范大学经济学院本科生。

[①] ［美］哈里·布雷弗曼著，方生等译：《劳动与垄断资本——二十世纪中劳动的退化》，商务印书馆 1979 年版，第 1 页。

一、写作背景与主要内容

（一）写作背景

布雷弗曼主要观点的形成，一方面源于所处时代的宏观经济背景。19世纪最后的30年间，生产高度集中，少数大资本以垄断组织为依托迅速成为取得统治地位的垄断资本形式，在资本主义基本矛盾的持续推演下，资本主义国家相继完成了从自由资本主义向垄断资本主义的过渡。当时，垄断组织数量的攀升、国际分工的蓬勃发展、帝国主义强权主义的盛行、世界市场和世界范围内的资本流动加速，以及西方主要国家权力结构的变化等方面的新现象，都意味着把资本主义的生产方式与管理方式推向革新浪潮的前端。期间，被称作"泰勒制"的管理理论与管理制度在众多新理论与新制度中突出重围，在资本主义劳动过程中占据统治地位，并迅速被各个生产领域广泛利用，给资本主义劳动过程带来了新变化，为垄断资本主义产生准备了条件。

另一方面源于其工人阶级的出身。长达14年的工厂工作经历、第一手的调查材料让他亲身感受到机器的"出场"、所谓的"科学管理"和科技革命的发展对工人阶级结构变化的影响，"科学、巨大的自然力、社会的群众性劳动都体现在机器体系中，并同机器体系一道构成'主人'的权力"①。在这个"主人"的权力面前，资产阶级社会中的民主与自由脱下了温情脉脉的面纱，取而代之是无情的专制，任何人本主义感伤都会被机器碾得粉碎。②

---

① 《资本论》（第一卷），人民出版社2004年版，第487页。
② 吴帆：《论泰勒制中的现代管理理论——读〈劳动与垄断资本〉之后感》，载于《中国市场》2014年第24期。

（二）主要内容

《劳动与垄断资本》立足于 20 世纪美国劳工阶级结构的变化和资本主义社会劳动过程的转型，探究了垄断资本主义条件下的劳动过程的特殊组织形式；着重关注资本及其代理人在具体的劳动过程中如何控制、监督雇佣工人，技术如何在资本的应用下进一步导致雇佣工人去技能化；探讨了劳动在各种职业内部的演变和在职业之间的转移、企业管理演变、科技革命的发展，以及工人阶级结构的变化等内容；同时指出各种演变的原因是资本追求最大的剩余价值。

布雷弗曼将实际经验与理论巧妙结合，重新把经济学界的关注重心转移到《资本论》及其手稿中的劳动过程理论，不仅从经济学的视角出发，而且注重汲取管理学、社会学等其他学科的营养。但正如斯威齐在该书的前言中所指出的，布雷弗曼对资本主义劳动过程的研究并没有涉及工人阶级发展的一些主观方面，因而本书的作用是提出问题，而不是解答问题，是开辟一向被忽视而需要研究和仔细推敲的探讨途径。全书共五个部分，下面主要就导言、劳动与管理、科学与机械化、垄断资本、工人阶级等内容进行介绍。

1. 导言

在"导言"中，布雷弗曼完全无视马克思主义发展的列宁主义阶段，认为自马克思去世以来没有任何一个马克思主义者对资本主义的生产过程、工业结构的演变等进行马克思主义分析，认为马克思主义的社会阶级结构分析跟不上迅速的变革进程；认为恩格斯在《论权威》中所表述的思想，把"权威"变成一个超历史的概念，是导致"技术决定论""机器专制主义"等混乱的根源；同时直白地评论了苏联体制，认为列宁对"泰勒制"所采取的一分为二的态度，导致当时苏联共产党人对资本主义抱有敬畏之心，去学习、借鉴资本主义的技术、管理等。

2. 劳动与管理

布雷弗曼认为通过何种方式将工人的劳动能力转化为实际劳动是资

本家购买劳动力后所面临的巨大问题与挑战，这种转化会受到多种因素的影响。因此，为了降低这种不确定性，资本家将劳动过程的控制权从工人手里转移到自己手里是非常必要的，为了在越来越少的劳动时间内生产出越来越多的产品，必须改进生产方式、提高机器生产效率，这是通过泰勒制或科学管理方法的应用，以及通过资本家对熟练工人的管理达到对劳动概念的占有来实现的，这一过程引起了劳动分工的进一步发展，雇佣工人的劳动被分解为一般的、不断重复的各种标准化动作。

（1）劳动与劳动力。

布雷弗曼在《劳动与垄断资本》第一章就重申了劳动与劳动力的差别，即工人出卖的和资本家购买的并不是双方同意的劳动量，而是双方同意的时期内的劳动力；同时指出人类劳动的重要意义，不仅在于劳动量具有很大的弹性，更在于人的劳动是自觉的、有目的的，而其他动物的劳动是本能的，指出在社会和文化发展影响下，受认识能力指导的人类劳动，可以从事更广泛的生产活动，且具有无穷的潜力。

（2）管理的起源。

由对劳动与劳动力的阐述，布雷弗曼引出了资本家对劳动过程支配、控制，对劳动进行组织、管理的必要性，表明了劳动力成为商品是管理问题的历史前提，资本家对劳动过程具有完全控制权，其发展的动力是资本不断利用劳动内生的收缩性和潜力，缩小生产的不确定性，从而获得稳定的剩余价值。一方面，从生产过程本身来说，一定的组织和管理是必需的、有益的，可以提高生产效率；另一方面，从生产是资本主义性质这一点来说，管理又是强加于工人之上，用来不断收紧控制权，将工人日益变成生产的机器的异化过程。

（3）分工与科学管理。

布雷弗曼在第三章中区分了社会分工和个别分工，即社会分工是各个历史阶段所共有的，是人类劳动特征的派生物，是人类的物种特征中所固有的分工，如原始社会女性、男性间的分工；而个别分工是资本主义生产所独有的，将复杂的生产过程简化为简单的生产工序的组合。两者的区别在于，社会分工是市场和无政府的混乱所强制形成的，其产品以商品形式在市场中进行交换，能够提高个人和人类的价值；个别分工则是强加于人的，其产品以中间产品的形式统一归资本家所有。

在这个意义上，布雷弗曼将自己关注的生产和分工过程称为资本主义生产方式内部的生产和分工，在此基础上的科学管理则是继续将每一道生产工序拆解为不同的简单动作的叠加，并逐个研究最节省时间的操作方式，也就是"泰勒制"。

3. 科学与机械化

尽管资本家控制生产过程的主要手段是组织和管理，但科学技术仍然扮演着非常重要的角色。布雷弗曼引用了美国管理学家埃尔顿·梅奥的话，说明在管理部门垄断生产设计过程之前，科学与技术、劳动与知识的关系本是很紧密的。一方面，管理部门并不直接参与生产技术活动，只是为生产过程提供组织形式的部门；另一方面，生产过程的控制权逐步从工人手中转移到资本家或者说管理部门手中，促进了以技能为核心的生产不断转化为以科学为主导的生产，而后者又必然催生出一个"大科学"的概念，成为追逐剩余价值而自行发展着的一项与劳动并列的社会财产，而不再是生产过程不断重复、手艺人技能不断成熟过程中的副产品。

在此基础上，布雷弗曼认为机器不再是作为劳动过程的产物而存在的，反而变成了资本家控制工人的直接手段，所谓科技发展所体现的人类的巨大进步，不过是人类之间控制与被控制关系的不断恶化。此外，机器的另一个更具破坏力的能力是将工人直接排除在生产过程之外，变成过剩劳动力，也就是说在科学技术发展初期，对劳动者的要求是加强的，但随着科学技术的进一步提高，工人将越来越处于边缘化，科技的发展并不意味着劳动者所掌握的技能不断提高。

布雷弗曼在这个部分想要戳破的是，人们将生活的改善寄托于技术提升、生产力提高是一种天真的幻想，事实上技术越进步，广大工人阶级反而会越不幸福，但是从绝对意义上看，机器对工人的排挤还是有限度的，因为机器的应用一方面以节约工人为结果，另一方面也以生产规模扩大为前提。

4. 垄断资本

布雷弗曼指出，家庭本来是社会生活、生产和消费的主要机构，但在资本主义社会中只留下了最后一种，其他职能逐渐被削弱。因此会出现一些新的生产部门去填补由此产生的缺陷，新的服务和新商品以市场关系的形式代替了人的关系，导致社会生活和家庭生活进一步受到削弱。

不仅如此，在可以买卖劳动力的社会中，工作时间和非工作时间泾渭分明，工人特别珍视"业余"时间。因此，为了填满"业余"时间，就需要依靠市场，那些娱乐、消遣和观光游览活动便在很大程度上得到了发展。由于这些活动逐渐变成"业余"时间里的主要部门，因此各公司把各种"文娱""体育"等都变成了增加资本的生产过程，由此无处不在的市场出现了，这个市场是受资本及其投资控制的，是混乱的，而且非常敌视社会上的一切感情。

5. 工人阶级

（1）工人阶级地位的不断提高。

布雷弗曼在这一部分中主要从办公室工作人员、服务性职业和零售业两个方面进行阐述。19世纪早期，企业的办公室雇员是作为现代专业管理人员的前身而存在的，他们在职责和地位以及收入上远高于生产工人，但这一比较优势随着同类职位数量的增加而消失，工作内容和工作技艺要求也在不断恶化，脑力劳动越来越多地变成了体力劳动。除了在办公室中存在"半技能化"的特点外，在服务性职业和零售业也日益出现这种特点。资本主义市场的无限扩张力使得人类生活被全方位的商品化了，很多以前主要依靠家庭内部劳动提供的服务，现在也带有商业色彩。此外，垄断资本主义的发展，也使得销售环节变得比生产过程还要重要，由此产生了对零售业和服务业的巨大需求，开始吸纳大量劳动力，特别以女性为主。

（2）工人阶级结构及其后备军。

布雷弗曼指出，随着作为生产工人的男性被大量排挤出劳动力市场，以及女性作为非生产工人被大量吸收进市场，产业后备军的规模迅速扩大了。然而，劳动结构和工人的近况都没有丝毫改善，劳动的各种确定形式可能影响工人阶级的意识、经济的和政治的活动,但是不能影响它作为一个阶级的存在,生产工人和非生产工人在社会阶级结构上并没有明确的区分。

布雷弗曼由此得出,科技进步使劳动者之间的两极分化更加严重了,科技越进步,底层劳动者越不可能全面把握机器,因而越是只能以局部工人的身份参与生产的结论。同时,在资本主义体制下,教育已不再是为了提升技能,而是因能拉动消费、促使人们遵守社会规则并服从法律而存在,它会使资本家开辟更多市场和加强管理更加方便。

二、重点选文与解读

(一)劳动过程理论

1. 劳动过程理论的来源

"劳动过程"最早是马克思提出的政治经济学概念,它是指通过有目的的活动,将自然物品或原材料转化为满足人类需要的产品的过程,马克思称之为劳动过程的"简单因素",包括劳动力、工作对象、器械和工具以及工作的目的。① 布雷弗曼《劳动与垄断资本》一书的出版使得劳动过程理论的研究重新走入大众视野,标志着劳动过程研究的全面复兴。不仅如此,劳动过程理论开始趋向于多元化发展,相关理论思想渗透到了社会学、管理学、产业组织理论、劳动经济学等诸多社会科学领域。

2. 劳动过程理论的内涵

在资本主义早期,劳动最初由那些熟练掌握工作技术和传统工艺的生产者直接控制,这些生产者身上体现着所属行业的知识和技术。生产

---

① 赵炜:《劳动过程理论的拓展和转型:21 世纪以后的演变》,载于《江苏社会科学》2020 年第 2 期。

者根据生产和交换的需要进行自觉的、有目的的生产活动，他们"改变自然资料的状态，增进这些自然资料的有用性"①，使其更适合人类的需要，生产活动都是由人类"智力指导"的，并非基于"本能"的应激活动。人类劳动是"工具和社会关系、技术和社会之间复杂的相互作用的产物"②，具体而言，是劳动者有目的地借助劳动工具作用于劳动对象，生产具有使用价值的产品和活动，劳动、劳动过程不可以转让、买卖。劳动力成为可以交换的商品，其价值和使用价值便不再按照劳动者的需要和愿望来安排，而是按照资本家的需要来设计和定制。这样，生产过程中出现了新的社会关系，资本级和劳动者的关系被制度认可和确定，形成了劳动过程控制权的转移，劳动者有了新的统一的社会性称谓——雇佣工人。此时，劳动过程的控制权从工人手中转移到了资本家手里，成为资本家理所应当的职责，固化了资本主义生产方式，也促进了资本主义管理方式的制度生成。

　　资本家对劳动过程的控制，在生产层面就表现为对各种生产要素的管理。这种"管理"服务于资产阶级的根本利益。资本家把劳动过程分解为若干个不同环节和过程，既提高了生产效率，又因划分技术水平而削减了工人工资、节省部分资本。资本家在劳动力购买完成后，便着手将此生产要素尽快地融入资本主义大生产中，通过"固定工作时间、系统化的管理和重新组织劳动过程来加以利用"③，从而实现雇佣工人的完全弱势和资本家的完全控制，把雇佣工人转化为生产过程中的工具，把雇佣工人视作机器。管理中的"科学方法愈先进，计算愈合理，就愈迅速地、愈加灾难地造成不合理的事物"④ 出现，"专业化的行政人员和技术人员的工作急剧增加"，却总是处于"总得做些事，尽管不知道该做些

---

① ［美］哈里·布雷弗曼著，方生等译：《劳动与垄断资本——二十世纪中劳动的退化》，商务印书馆1979年版，第42页。
② ［美］哈里·布雷弗曼著，方生等译：《劳动与垄断资本——二十世纪中劳动的退化》，商务印书馆1979年版，第48页。
③ ［美］哈里·布雷弗曼著，方生等译：《劳动与垄断资本——二十世纪中劳动的退化》，商务印书馆1979年版，第59页。
④ ［美］哈里·布雷弗曼著，方生等译：《劳动与垄断资本——二十世纪中劳动的退化》，商务印书馆1979年版，第185页。

什么事，但总得做些事的尴尬境地"①，更多的劳动力用于浪费性的工作，或根本没有工作。

资本家对于劳动过程的控制，实质上是通过劳动纪律来固定化、制度化的。因为有了劳动纪律的规定，才确保了劳动过程各个环节的细节控制，才有了各种各样的内部审核和外部监督的办法，才有了对工人的全面控制。资本主义大生产对于剩余价值的疯狂追求催生了管理的科学化，在资本主义工业垄断组织出现以后，有计划、成体系地将科学应用于生产的"科学管理"现象大规模的出现，并在一系列的实践与应用中不断演化发展成为新的现代管理制度。

3. 劳动过程理论的发展

在该书中，布雷弗曼以"泰勒制"和"福特制"作为研究对象，从他的角度来看，资本主义血液里的对于高生产效率执着的谋求过程，也促使着工人运动与管理方式的不断创新，资本主义通过一系列手段将技术、知识以及工作重新定义，逐渐地将工人排挤到整个生产过程的控制体制之外，而资本则成为凌驾于工人劳动之上的决定条件。布雷弗曼的劳动控制思想的核心可以总结为：在资本主义的工作场所中，无论是工厂还是办公场所，"工作与政治经济""资本扩张与对工作的力量不平衡"是联系在一起的。② 布雷弗曼对该理论的最大贡献在于，他将可续管理的思想延展到了新兴服务部门和相关从业者，把泰勒主义和福特主义对劳动的影响提升到了整体经济这样一个更高的层次。

（二）管理思想

在本书中，作者运用马克思主义的基本理论对垄断资本主义条件下管理和科学管理等问题进行了深入的研究，他用大量的篇幅概述了大工

---

① ［美］哈里·布雷弗曼著，方生等译：《劳动与垄断资本——二十世纪中劳动的退化》，商务印书馆1979年版，第36页。

② 赵炜：《劳动过程理论的拓展和转型：21世纪以后的演变》，载于《江苏社会科学》2020年第2期。

业时代"泰勒制"科学管理的原则及影响,其管理思想为研究当代科学管理深化改革问题提供了新论据和新方法。

1. 管理思想的来源

布雷弗曼认为,劳动者一旦被集中在一起就需要管理,协作劳动是各种管理职能产生的前提。进入工业资本主义阶段,劳动者与生产资料相分离,反映劳动力买卖双方自由契约的法律习惯在社会占据支配地位,劳动因此变为雇佣劳动,资本家由于对生产资料和劳动者劳动力的占有进而自觉承担了管理者的职能。而为了实现生产过程的"进步性转让"和购买劳动力的"充分有用性",对劳动过程的有效控制就成为资本家管理职责的核心。

2. 管理思想的核心

作者笔下的科学管理,是指"要把一些科学方法应用于迅速发展的资本主义企业中越来越复杂的控制劳动的问题",研究核心是劳动过程本身,即把劳动过程分解为许多简单操作的部分,并对工人有效完成每一简单操作部分的条件进行系统改进,它属于管理方法创新,而不属于技术进步。作者指出,"泰勒制"理论是科学管理运动的奠基石,"泰勒制"所建立的关于控制每一劳动过程的系统哲学体系开创了管理方法的革命,尽管在20世纪30年代的大萧条中"泰勒制"因受到巨大冲击而一度折戟,但是在当下其并未过时、失败或被取代;相反,它仍统治着整个生产领域,因为它的方法和哲理早已被普遍化和广泛承认。

布雷弗曼概括出了"泰勒制"的三条管理原则:一是劳动过程与工人的技能分离;二是使构想与执行分离;三是在这两种分离的基础上,管理人员垄断关于劳动过程的知识,从而控制劳动过程。[①] 他从切实体会到的工人阶级状况出发提出了一个问题:为什么一方面人们不断接收更高层次的教育以便适应发展需求;另一方面却认为,在工作不断细化时,所需要的劳动技能变得越来越少,教育无法将所学知识充分运用,自身

---

① 吴帆:《论泰勒制中的现代管理理论——读〈劳动与垄断资本〉之后感》,载于《中国市场》2014年第24期。

才能无法得到充分展现。为此,他对各种工人劳动过程进行了全方位的考究,并以管理和技术的演变作为考察重点,最后得出了结论——劳动的退化。不仅如此,简单化、固定化、机械化的劳动过程的规定,使"泰勒制"能够将工人在生产过程中的隐性问题显性化,使资本家能够轻松地对工人生产实施监管,进一步提高工人的劳动效率,压榨出更多的剩余价值。

从布雷弗曼概括的"泰勒制"的前两条管理原则,可以概括出一个新的术语——去技能化。他认为机械化程度的提高并不必然伴随着工人劳动技能的提高。① 在机械化之前,技术工人的需求量十分之庞大,因此也拥有对工资的较大话语权,资本家想方设法地削弱这些技术工人的技能以此来作为挤压其剩余价值的手段,在资本积累、集聚的经济条件下,泰勒通过工厂里的实验设计并规定了劳动的"合理"步骤,再运用工作手册的形式加以推行,这些固定的劳动步骤使得技术工人"去技能化",他们的劳动变成了完全的体力劳动,而那些专门设计步骤的人也就被划分成为一个独立的部门,他们的劳动变成了完全的脑力劳动。劳动过程从以技能为基础转变成了以科学为基础,以资本为筹码的管理阶层取代了技术工人掌握了劳动过程的控制权,工人至此完全沦为资本家的生产工具,逐渐扮演类似机器一般的角色,表面上看是一种劳动的简单化,根源上却是劳动的退化。因此,布雷弗曼强调:我们不应该把机器视为清白无辜的存在;相反,机器存在的目的就是控制人类的劳动过程。②

3. 管理思想的延伸

作者指出,伴随着科学技术的进步和资本积累的扩大,资本主义生产方式不断扩展到社会生产的各个领域,而为了克服迅速变化的工艺以及对抗的社会关系,使工人适应这一生产方式的发展变化,进而创造更多的剩余价值,科学管理也进一步发展和分化。这主要表现在各个公司人事和劳资部门、高校社会学系已经其他学术机构诞生了形形色色的研

---

①② 吴帆:《论泰勒制中的现代管理理论——读〈劳动与垄断资本〉之后感》,载于《中国市场》2014 年第 24 期。

究工人问题的使用和理论学科与学派,这些新兴的学科与学派在"泰勒制"传统科学管理方法的基础上增加了对工人在劳动过程中遇到的困难、与劳动和管理部门之间的摩擦这些客观条件所引起的主观现象的研究。对此,资本主义的科学管理最终使工人适应资本主义生产方式靠的不是心理、人事关系专家的诡计,而是管理部门将劳动组织的变革、劳动过程的控制以及雇佣条件变为一种社会普遍的经济条件和形式。

三、哈里·布雷弗曼劳动过程理论的当代价值

(一) 理论意义

1. 重新阐述并分析马克思的"劳动过程"概念

布雷弗曼在马克思的"劳动过程"概念的基础上,对劳动过程理论进行了重新阐释,系统分析了垄断资本主义时期的"劳动过程",并将"泰勒制"和"福特制"作为分析对象,批判20世纪之后由于管理与技术的进步而导致工人劳动技能的降格运用①,引发了国际学术界对资本主义生产体制下劳动关系和劳动社会的重新讨论,被学术界誉为里程碑式的贡献。

但在布雷弗曼去世后,学术界对于劳动过程理论的研究往往局限于管理控制、去技术化以及"泰勒制"等方面的重复性描述,弱化了其理论色彩,导致其劳动过程理论无法得到系统讨论,一方面忽视了工作场所的矛盾与垄断资本主义、大型公司、劳动力市场之间的联系;另一方面缺乏对后工业社会劳动形态演变的掌握。

2. 为考察管理和科学管理提供新论据、新方法

布雷弗曼的科学管理思想主要源于马克思主义的基本理论,他以垄

---

① 赵炜:《劳动过程理论的拓展和转型:21世纪以后的演变》,载于《江苏社会科学》2020年第2期。

断资本主义条件下劳动过程的新变化为切入点对管理和科学管理等问题进行了深入研究,深刻阐释了其管理思想。布雷弗曼一针见血地指出,资本主义的劳动过程就是资本积累的过程,资本主义的"科学管理"缺乏人性,代表的不是人类的观点,而是资本家的观点,其要实现的是通过对工人劳动过程的控制,榨取工人最大的剩余价值。

虽然,布雷弗曼关于管理和科学管理等问题的许多论述与分析实际上都是以马克思主义的理论观点为依据的,但他不像其他一些马克思主义理论家只对马克思主义的理论观点进行"空论",而是充分运用其作为产业工人的亲身体验、第一手调查材料和丰富的文献资料,深入探讨垄断资本主义条件下的劳动过程①,不仅使马克思主义相关理论在新的资本主义生产中得到新论证、新支撑,而且提高了马克思主义理论的说服力,同时为马克思主义理论在垄断资本主义相关问题上的分析运用奠定了基础,具有重要的参考价值。

(二) 当代价值

1. 关于机器的广泛运用是否违背马克思劳动价值论问题的思考

正如布雷弗曼所描绘的一样,机器在垄断资本时期被广泛运用于生产领域,大量的产品通过机器生产出来,并在很大程度上提高了生产效率,从而在有机构成提高的同时提高了剩余价值率,使得价值好像是由机器创造出来的。这种现象似乎与马克思的平均利润率下降规律理论相矛盾,并且对马克思的劳动价值理论提出了质疑。

(1) 机器是人的劳动产品且不创造价值。

首先,机器是人类的劳动产品。通过机械化和智能化的设备及软件赋予机器劳动的技能,从性能到结构再到组装都是人通过劳动参与后生

---

① 张东亮:《布雷弗曼管理思想及其当代启示》,载于《成都理工大学学报》(社会科学版) 2020 年第 3 期。

产的，机器只有在人的操作下才能顺利进行生产①。在垄断资本时期，资本家们拥有更大的力量来进行科学技术的开发，采用新的技术、设备并且扩大生产规模，因此各种机器被人们发明并使用，一系列的升级和进步都是人类伟大的发明创造，是人类劳动的成果。

其次，机器本身无法创造价值。机器只是一种生产要素，它参与生产过程，把自身的价值转移到产品上，它所创造的产品不过是凝结在它上面的人类劳动的转化和耗损，是工人具体劳动转移的结果，因此不能把机器生产产品的价值归为"创造价值"。

（2）人的劳动是创造价值的唯一源泉。

在劳动过程中，劳动者能够运用自身的体力、脑力和智力，不仅生产出劳动力自身的价值，而且生产出剩余价值，即将劳动者的人力资本存量的价值进行转移，使得机器的价值增殖，而带来价值增殖的劳动者即为可变资本。正是由于劳动者自身的价值存量能够通过技术创新发生价值增殖，进而来促进机器的价值增殖，通过与劳动者的不断迭代的活劳动，使得机器的价值不仅将机器的旧价值进行转移，而且也将劳动者的科学知识、技术技能等人力资本存量的价值进行转移，在不断迭代的活劳动中不断增殖。

（3）雇佣工人的空间范围扩大，创造价值的劳动形式丰富。

在机器广泛运用的时期，创造价值的劳动不能再单纯理解为传统的一线工人的劳动。虽然从表面上来看，大量的机器代替了生产线的工人直接参与生产，并将一部分工人排除出生产过程，但是机器是无意识的，它的工作是程序性的、机械化的，是通过接受人的指令和驱动进行生产的。因此，在产品的生产过程中，虽然机器直接和其他的劳动材料相互作用来生产商品，但人仍然间接地参与了产品生产，并且起着最关键的、决定性的作用，社会只是减少了对一定数量简单劳动的需求，对复杂劳动的需求却增多了，工人的空间范围扩大了。

---

① 王秋梅：《当代资本主义社会的工人阶级已经丧失革命性了吗?》，载于《社科纵横》1994 年第 1 期。

从生产劳动的划分上看，不仅直接与生产资料相结合的劳动是生产劳动，而且间接与生产资料相结合但构成生产过程有机整体一部分的科技劳动和管理劳动也是生产劳动，并且是越来越重要的生产劳动。马克思对此有过精辟论述："随着劳动过程本身的协作性质的发展，生产劳动和它的承担者，即生产工人的概念也就必然扩大。为了从事生产劳动，现在不一定要亲自动手；只要成为总体工人的一个器官，完成他所属的某一种职能就够了。"① 我国著名的《资本论》研究专家陈征教授对此进行了深入系统研究，得出的主要结论是：商品价值创造由以体力劳动为主转变为以脑力劳动为主；科学劳动对生产和经济生活起着越来越重要的作用；由以精神劳动生产的精神产品得到了广泛的发展和使用；管理劳动在社会经济生活中已居于十分重要的地位。

综上所述，机器作为劳动的物质手段不断提升劳动生产效率，创造出更多的价值，其来源不在于作为劳动工具的机器本身，而是源于操作、使用该生产工具具有知识性、创新性的劳动工人。科技劳动、管理劳动和精神劳动所实现的价值增值，除了它作为一般性生产劳动获得正常的社会平均利润外，还可获得更多的价值增值，其来源由三个部分构成：一是来源于由创新而引起的预付资本（c+v）的节约；二是来源于创新对活劳动潜力的充分挖掘和对自然资源的高效利用；三是来源于创新劳动所形成的超额垄断利润。最终共同导致利润率不降反升。

2. 关于垄断资本主义时期工人阶级革命性是否削弱问题的思考

马克思、恩格斯提出了资本主义必然灭亡、社会主义必然胜利的科学论断。但也指出，社会主义的历史必然性不会自动实现，它的实现依赖于无产阶级与资产阶级之间的阶级斗争，革命性是阶级斗争取得胜利的必要前提。

（1）资本主义新变化弱化了工人阶级革命坚定性。

随着垄断资本主义的发展，资本主义国家尤其是西方发达资本主义国家发生了许多新变化。其中，引发了激烈讨论与重视的变化有两个：

---

① 《马克思恩格斯全集》（第25卷），人民出版社2016年版，第556页。

一是工人阶级的结构发生了变化，工人阶级在制造业中的比重下降；二是工人运动虽然没有沉寂，但相对陷入了低谷。

对于第二个变化，一部分学者以"二战"后工人数量相对减少、白领工人数量相对增加为依据，宣布无产阶级正在消失，或者说面临着前所未有的危机；另一部分学者认为无产阶级已经丧失完成自己的"历史使命"的能力；而更多的学者则认为资本主义国家通过福利国家建设和管理革命等缓和劳资矛盾的手段，在一定程度上提高了工人阶级的生活水平和福利水平，劳资矛盾、阶级矛盾得到相对缓和，弱化了工人阶级的革命性。

（2）工人阶级革命性不会也不可能丧失。

支撑"二战"后工人阶级革命性丧失的主要论据有两个：一是工人阶级的阶级意识在战后丧失或者说下降了；二是工人运动在战后处于低谷，工人阶级的"革命革不起来"。

①工人阶级受压迫、被剥削的地位并未改变。

根据马克思主义理论，工人阶级的阶级意识虽然不会自动产生，但工人阶级的革命性与它所处受剥削、受压迫的阶级地位是紧密相连的。垄断资本主义时期，虽然工人阶级的福利水平有所提高、生活质量有所提升，但从本质上看，工人阶级受剥削、受压迫的阶级地位没有得到改变，同资产阶级之间的鸿沟并没有缩小，而是愈来愈无法逾越：首先，工人实际工资的增长速度远低于劳动生产率的增长速度，工人在社会财富中所占的份额愈来愈小；其次，工人的工资收入和消费水平的提高相对于资本家所拥有的财富来说少之又少①。总之，尽管当代资本主义社会工人阶级的物质生活水平有了明显的改善，但也只是资本家利润增长的副产品，只是资本家为了获得更大的利润，企图缓和劳资冲突的一种手段。

②工人阶级的阶级意识并不会下降或丧失。

"二战"后，西方资产阶级力图通过提高工人工资、改善工人福利，

---

① 王秋梅：《当代资本主义社会的工人阶级已经丧失革命性了吗？》，载于《社科纵横》1994 年第 1 期。

以及在工会等组织中培植一些"工人贵族"等方式,达到使劳资矛盾、阶级矛盾相对缓和、工人运动得以控制的目的,并且在一定程度上确实使得工会的一些上层人士成为工人贵族,甚至说一些自称为工人阶级的政党"贵族化"。但是,工人阶级与资产阶级贫富差距的鸿沟不断扩大的事实,以及资本主义社会的不平等的事实,充分说明了工人阶级"整体贵族化"是不可能的,因此以战后西方工人阶级"贵族化"为依据得出工人阶级阶级意识水平下降的结论并不充分[1]。

此外,所谓的"革命革不起来"虽然与阶级意识有一定关系,但其本质上取决于是否出现革命形势,而不是取决于阶级意识。因此,即使"二战"后出现了"革命革不起来的时期",也无法得出工人阶级的阶级意识丧失了或者说下降了的结论。

③工人运动并不会一直处于低谷。

工人运动具有自身的发展规律,有高潮的时候,也会有低潮的时候,不可能永远处于高潮或低潮。它整体处于高潮时也会面临相对低谷期,整体处于低潮时也会面临相对高潮期。工人运动处于高潮或低潮,在根本上取决于是否出现工人运动的经济的、政治的、社会的形势。因此,以工人运动在某一时期内相对处于低潮期为由,宣称工人阶级的革命性丧失之类的观点是相当片面的。

(3) 列宁关于工人阶级革命性的论断依然正确。

俄国"十月革命"是资本垄断时期工人阶级进行革命的最具影响力的例子,而列宁在《国家与革命》中对国家学说中暴力和革命方面的强调,对欧洲无产阶级革命失败的教训的积极借鉴和吸收,则为发动俄国"十月革命"提供科学理论指导。

列宁所处的时代,资本主义进入垄断时期,资本主义的寄生性和腐朽性全面暴露,资本主义国家的内部矛盾不断加剧;同时,无产阶级力量

---

[1] 刘志明:《正确认识第二次世界大战后西方国家工人阶级的革命性》,载于《马克思主义研究》2013年第1期。

不断壮大,无产阶级革命接连不断①。因此,他在《国家与革命》中充分肯定并强调工人阶级的暴力革命,他提到了三种情况:一是资产阶级无能为力进行统治;二是资产阶级统治使工人阶级无法生存;三是对工人阶级进行教育,提高思想觉悟。一方面,社会革命和斗争是对生产关系和上层建筑的调整,革命暴力和斗争是推动阶级社会发展、国家形态更替的直接动力,能够发展和解放生产力、解决社会基本矛盾,从而推动社会发展前进。19世纪欧洲工业革命迅速发展,资本家财富积累和无产阶级贫困积累的矛盾愈加突出,随着资本全球化和世界市场的开辟与发展,殖民地与被殖民地矛盾日益加剧,资本主义国家内部斗争和民族独立运动此伏彼起,革命形势严峻。另一方面,资产阶级的剥削性决定了无产阶级必须抛弃任何带有幻想和试图用和平、民主道路来建立新政权的思想,只有通过暴力革命推翻资产阶级政权,建立无产阶级新政权,并逐步掌握社会生产资料、发展和解放生产力,才能彻底反抗有产者的暴政和压迫、摆脱贫困,真正实现彻底解放②。

四、扩展性阅读文献

[1]《资本论》(第一卷),人民出版社2004年版。

[2] 列宁著,中共中央马克思恩格斯列宁斯大林著作编译局译:《国家与革命》,人民出版社2001年版。

五、读书心得

《劳动与垄断资本》以19世纪最后二三十年间,管理制度和新技术

---

①② 张婉:《列宁〈国家与革命〉的基本内容与时代启示》,载于《大连干部学刊》2020年第9期。

革命的结合造成了资本主义劳动过程的退化现象作为研究的起点，共分为五个部分，生动形象地为我们揭露了在垄断资本主义时期，资本主义借助科学管理的手段对劳动加以严格的控制及固化，使劳动脱离劳动者本身，成为资产阶级与工人阶级之间不可跨越的鸿沟并使其永存和深化的武器。作者丰富的实例论证使我们清晰地了解到资本家对于劳动过程的控制，实际上是通过劳动纪律来固定化、制度化下来的。正是因为有了劳动纪律的具体规定，才确保了劳动过程各环节的细节控制，才有了各种各样的内部审核和外部监督办法，才有了对工人"经济上、精神上、道德上和身体上"的全面控制。该书遵循了马克思主义的基本观点，补充了我们在学习马克思主义政治经济学后对垄断资本主义批判的空白，同时，通过这本著作我们也深刻地认识到作者所处时代背景下资产阶级的矛盾和社会关系的重大变革。

通过对该书的阅读，我们认为在所处阶段的能力范围内，该书中有两个亮点令人印象深刻：

一是分工部分。布雷弗曼提到社会分工把社会进行再划分，个别分工把各个人进行再划分；社会的再划分可以提高人和人类的价值，而各人的再划分如果是在不顾人的能力和需要的情况下进行就是对人的一种犯罪。我们所了解的社会分工是在社会化大生产的背景下产生的，社会分工的出现极大提高了劳动生产率及人类的价值。而个别分工则是资本主义生产所独有的，将复杂的生产过程简化为简单的生产工序的组合。具体而言，就是将管理部门所收集的分散的工艺知识加以系统化，并把它集中在雇主的手里，然后再以详细指示的形式分发出去来实现的，这使得每个工人只需要具备完成某一极琐细的工作所需要的知识。不可否认的是，个别分工带来了显而易见的好处。第一，由于工人经常重复进行同一种有限动作，掌握丰富的劳动经验且有较高的熟练度，因此能够以最小消耗量达到预期效果，进而提高生产效率。第二，短期之内，个别分工造成的概念与劳动的分离、脑力与体力的分离，一方面使得大批处于现存工人阶级之外的劳动者，比如破产的流亡农民，作为新工人走上了与早先手工艺劳动过程比起来已经退化的工作岗位；另一方面由于许多管理者是从车间提拔上来的,因此个别分工也为现有的工人提供了晋升机会。但是,个别分工同样带来了严重的负面影响。首先,对于整个工人阶级而言,工人的技术和劳动条件降低到了原有水平之下,工人的工价也随之下降。其次,个别分工的发展使得工人只能重复简单琐碎的劳动,一方面导致工人在主观上对工作产生不满情绪,以致不能使具有目前教育程度的人保持对工作的兴趣;另一方面导致工人在客观上缺乏进取精神,正如书中所言,"工人的呆板的、单调的生活自然损害了他的进取精神……它甚至破坏了他的身体的活力,使他除了从事他所会的那种局部工作以外,不能精力充沛地持久地使用自己的力量。因此,他在自己的专门职业中的技能是靠牺牲他的智力的、社会的和军事的德性而取得的"。最后,个别劳动是资本家强加于工人身上的,其产品以中间产品的形式统一归资本家所有,加剧了对于工人的剥削。对此,资本主义的补救办法和改革措施包括扩大工作范围、丰富工作内容,或实行工作轮换制和分红等。但这些并不是"使工作人性化"的问题,公司经理们之所以愿意进行改变,是为了避免妨碍工厂、办公室等正常运行的情况发生。在公司的管理部门看来,这是一个成本和管理的问题,因此他们所能接受的解决办法,只有那些能降低劳动成本和改善其在国际国内竞争地位的解决办法,而非改善工人境况。总而言之,资本主义的发展要求生产率不断提高,分工不断细化,可是当分工进行到一定程度,忽视了工人的自身能力和发展需要,则会导致工人才能无法发挥,对工作产生不满情绪进而造成其他后果,这是资本主义本身没有办法进行矫正的,广大工人阶级必然陷入的境地。

二是科学技术及机器的广泛运用部分。垄断资本主义时期机器的出现使得能够掌握直接生产技能的工人的数量减少,而通过间接操作机器进行生产的工人的数量增多,熟练劳动的百分比在不断下降。在这样的情况下,机器变成了资本家控制工人的手段,并非劳动过程的产物,所谓科技发展所体现的人类的巨大进步,其实是人类之间控制与被控制关系的不断恶化,这样一种科技的进步提高了产品生产的劳动生产率,但是却没有将工人从劳动过程中解放出来。机器的出现,替代了一部分人烦琐复杂的工作，但是，它同时提高了资本家对工人工作效率的要求，使资本家对工人的管理更为苛刻。资本主义使机器不断发展，利用机器的每一个合适的技术特点来为增加其利润所服务，并借机器的发展削弱工人的地位，甚至让机器被赋予加害人类的目的。但机器不过是人类劳动和智慧的产物，是由人类设计并创造出来的，是能够被人类任意改变的东西。当机器变成了能够同人发生关系的独立存在，就带有拜物教的性质，而我们恰恰要提防这样一种错误的观念。机器是人类智慧的产物，机器所能够做到的只是将控制与实际操作相分离，它是无法脱离人类而独立存在的。这对我们当今人工智能的广泛运用以及数字经济等方面的相关研究也具有一定的参考价值。

【参考文献】

[1]［美］哈里·布雷弗曼著，方生等译：《劳动与垄断资本——二十世纪中劳动的退化》，商务印书馆1979年版，第1、36、42、48、59、185页。

[2]《资本论》（第一卷），人民出版社2004年版，第487页。

[3] 吴帆：《论泰勒制中的现代管理理论——读〈劳动与垄断资本〉之后感》，载于《中国市场》2014年第24期。

[4] 赵炜：《劳动过程理论的拓展和转型：21世纪以后的演变》，载于《江苏社会科学》2020年第2期。

[5] 张东亮：《布雷弗曼管理思想及其当代启示》，载于《成都理工大学学报》（社会科学版）2020年第3期。

[6] 曲建利：《机器人生产的价值属性及社会价值——基于马克思主义劳动价值论》，载于《学理论》2020年第7期。

[7]《马克思恩格斯全集》（第25卷），人民出版社2016年版，第556页。

[8] 王秋梅：《当代资本主义社会的工人阶级已经丧失革命性了吗?》，载于《社科纵横》1994年第1期。

[9] 刘志明:《正确认识第二次世界大战后西方国家工人阶级的革命性》,载于《马克思主义研究》2013年第1期。

[10] 张婉:《列宁〈国家与革命〉的基本内容与时代启示》,载于《大连干部学刊》2020年第9期。

资本主义社会的宏微观经济

——基于安瓦尔·谢克作品的分析

魏国江　邹　悦　王名菊　梁婉彬[*]

安瓦尔·谢克（Anwar Shaikh）1945年出生在卡拉奇一个外交官家庭，后来在美国接受教育，博士毕业于哥伦比亚大学，1971~1972年曾在哥伦比亚大学经济系任教。是《剑桥经济学杂志》（Cambridge Journal of Economics）的联合主编，并在"新学院印度—中国研究所"（New School India – China Institute）"列维经济研究所"（Levy Economics Institute）等机构担任高级研究员。现任美国纽约新学院大学（New School University）经济系教授，是美国著名的马克思主义政治经济学家。

一、写作背景及主要内容

2008年爆发的一场席卷全球的经济大危机，是21世纪迎来的第一次大萧条。在资本主义经济不断发展的过程中，危机总是在周期性地上演，从1825年发生的生产过剩的经济危机开始，紧跟着1836年、1866年到1990年，之后每隔十年左右，基本上都会发生一次危机，资本积累的长期运行模式下，经济繁荣景象下包含了危机发生的征兆，当这种经济状况由好转变为坏的时候，危机的产生有时候只是起源于一个打击，就像

---

[*] 魏国江，福建师范大学经济学院教授、博士、硕士生导师；邹悦，福建师范大学经济学院本科生；王名菊，福建师范大学经济学院本科生；梁婉彬，福建师范大学经济学院本科生。

19世纪20年代和70年代，20世纪30年代和70年代发生的经济危机，同样的也正如2007年次贷市场崩溃从而引发的危机。可以看出的是，20世纪30年代的经济大萧条从根本上来看起源于1929年在不健康的经济状况下的股票市场的崩盘，随着社会生产力不断的发展，当经济社会生产中的各种矛盾达到尖锐的极点时，往往将迎来危机。

首先是20世纪30年代出现的经济大萧条，随之是70年代发生的经济滞胀危机。随着失业率的不断上升、股指市场实际价值的急剧下降，以及多家银行和企业的破产，经济社会出现严重的通货膨胀，但是仍然可以看出掩藏在严重的通货膨胀下的危机，随着危机的不断加剧，经济和金融制度在一定情况下面临着崩溃的危险。这次危机爆发的典型代表美国和英国，在严重的通货膨胀下，高失业率、股票市场实际价值的波动以及对于工人机构和低收入机构的攻击都可以看出此次经济危机的严重性。

20世纪30年代的德国以及"二战"期间的美国则是实施了刺激政策，显然在短时间内这极大地提高了国民经济产出和就业水平，但是由于政府同时控制工资和利息率的增长速度以大量地提升利润率。刺激经济导致工资份额和利息率上升是市场的正常反馈路径，但由于政府的政策调控，宏观经济的正常反馈路径受到抑制。虽然与之相对比的政策（指20世纪30年代美国政府实施的刺激政策，同时控制工资和利息率的增长速度以提高国民经济产出和就业水平）有所改善，之后的1947～1980年间美国政府的刺激政策是温和的，国家将价格、工资、生产率和利息率等因素交给市场力量来调整，但是随着实际工资增长速度加快，工资份额上升和失业率的快速增长，加之利润率下降，在凯恩斯之主义的需求管理方法下最终致使通货膨胀。但是其他国家如日本采取了保持低失业率以及缓慢紧缩资产的策略，虽然拉长了危机持续的时间，但是却阻止了危机的下行深度，有效地阻止了危机的全面爆发。

在此前经济的基础上，到20世纪80年代，随着利息率不断剧烈的下降，资本的净回报率被极大提高了，消费者的消费不断增加，同时加速了资本在全球的扩散，利息率的下降为几乎所有发达资本主义国家带来了繁荣的新景象，但是同时消费者消费的不断增加也伴随着其债务的大幅度增长，对于资本积累的追求刺激着国际性金融和房地产滋生出了泡沫。与此同时，发达资本主义国家劳动者的实际工资增速相对于劳动生产率的增速来说是过慢的，这是对劳动者前所未有的剥削，利息率的下降使得工人信用的获得更加容易，于是消费支出上升，但是伴随着实际工资的增速下降，偿债能力得不到提升，由此掀起了一个日益上升的债务浪潮。而美国的房地产次贷危机只是一个导火索，其根源在于利息率的下降以及债务的积累，当达到经济繁荣的极限后，必然走向经济的衰退，而导致这一经济转变的关键性因素在于实际工资的上升引起的利润率下降，在资本主义积累内在运行模式影响下，其经济运行核心始终是利润的驱动，在特定的历史阶段下，为了保持这一核心的不变，资本主义也一直在改变其外形。①

2008年经济危机的爆发和蔓延，是西方经济学理论所未曾预见到的，西方经济学家在面对金融管制失灵、国际贸易保护主义抬头等现实和理论脱节的问题时无法拿出合理阐述的体系，而谢克立足马克思的经济学理论，运用量化分析的方法有力地批判了西方经济学各流派观点，提出了新的宏微观分析方法来阐释全球经济危机的深层原因。其表明，自20世纪80年代以来的新自由主义经济政策开始，危机的隐患便已经埋下，英美等资本主义发达国家应当为经济危机负主要的责任。②

谢克把宏微观分析方法分为三个方面。第一部分是古典经济学和凯恩斯主义经济学的综合方面，谢克认为，经济学分析中的关键命题并不必然建立在超级理性、最优化、完全竞争、完全信息、代表性行为人等假设基础之上，主张重新认识供求规律、工资和利润率的决定、技术变革、相对价格、利息率、汇率等经济学分析中的基本问题。谢克的研究根植于斯密、李嘉图、马克思和凯恩斯的思想。这四位重要经济学家的共同特征在于把经济行为嵌入阶级、性别、种姓、制度等社会情境之中，

---

① ［美］安瓦尔·谢克：《21世纪的第一次大萧条》，载于《当代经济研究》2014年第1期。
② 万翔：《新自由主义体系的经济学理论基础剖析——谢克对全球资本主义危机深层原因的解读》，载于《马克思主义与现实》2019年第3期。

并且都认为人们的行为产生于多种原因，而自私自利并非人们行为的一般性准则。谢克认为，我们需要再认识古典经济学的一系列理论命题及其经验上的重要性。

第二部分是微观层面，从消费者视角来看，谢克以微观经济学中的消费者理论为例，说明即使以体现消费者行为社会性的假设代替新古典经济学的假设，也能够得到向下倾斜的需求曲线等典型事实，并得到与恩格尔定律预测相一致的结果，还可以在宏观上得到凯恩斯的消费需求曲线。谢克提出了有关消费者行为的四种不同假设：新古典的同质行为人假设、新古典的异质行为人假设、冲动型行为人假设、社会由被影响者（自身偏好受到周围人影响）和创新者（创造新偏好）两类人构成的假设。这四种假设对消费者行为社会性的设定极为不同，但它们都能够产生有关消费的典型事实。因此，我们不能因为新古典经济学能够得到有关消费者行为的典型事实就认为这一理论是正确的。从生产者视角来看，真实竞争理论是谢克最为重要的学术贡献之一。这一理论是对"完全竞争—不完全竞争"二元分析框架的挑战。谢克认为，真实世界中的竞争是一种战争状态而不是"跳芭蕾"。无论任何市场，生产者都会主动设定价格，并且竞争迫使生产者通过压低工资成本、进行技术创新而削减成本。这种真实竞争产生了两种动荡性的平均化过程：竞争在行业内部形成了价格的均等化；竞争在行业间形成了新增资本利润率的平均化。在一个行业中总是存在调节资本，它们具有该行业最优的可复制的生产条件。调节资本的个别价格调节了市场价格，而非调节资本则是市场价格的追随者。新增资本进行投资时会以调节资本的利润率作为决策标准。根据真实竞争理论可以预测一系列有关行业利润率的典型事实：行业内部利润率存在差异；不同行业调节资本的利润率以动荡方式实现平均化；不同行业、不同国家的平均利润率并不会平均化，等等。

第三部分是宏观层面，谢克宏观分析方法的基本假设立足于利润率对需求和供给的调节，储蓄并非独立于投资的外生变量。资本增长率取决于期望净利润率，而储蓄率则由投资与储蓄之间的相对金融缺口决定。银行信用提供了新的购买力，使投资的扩张大于储蓄，消费的扩张大于收入。企业通过银行实现信用扩张，政府则获得赤字和贸易盈余，利润率是该体系［谢克指出在最简单的古典模型中，企业积累率（资本增长率）取决于期望净利润率，而储蓄率则由投资与储蓄之间的相对金融缺口决定。银行信用提供了新的购买力，使投资的扩张大于储蓄、消费的扩张大于收入。企业通过银行实现信用扩张，政府则获得赤字和贸易盈余］的核心。

面对经济现象进行进一步具体分析，在宏观层面上，总投资也取决于净利润率。利润率取决于工资份额和资本密度，利息率取决于市场力量或货币政策。这种理解意味着在古典——凯恩斯主义框架里，资本增长率在长期受到净利润率的调节，同时受到过度需求和产能利用率的影响。由此，如果凯恩斯主义刺激政策不影响利润率，进而并不影响长期增长路径，那么产出和就业会增长到一个新的水平，之后会回到原有的增长路径上。相反，如果凯恩斯主义刺激政策因为提高了就业，进而增加了工资份额从而降低了利润率，那么虽然刺激政策在短期内会提高产出和就业水平，但在长期内会放缓增长率，从而破坏长期的经济增长。总体而言，刺激政策对产出和就业有积极影响，但如果它们降低净盈利能力，那么它们会转而削弱这些影响。

在微观层面，有学者发现了现实中存在一系列与完全竞争不符的经济现象：不同企业具有不同的技术和成本结构、企业成本加成率和定价不同、企业的规模不同。一些学者将这些现象解释为不完全竞争，而根据真实竞争的观点，这些现象的存在不是因为竞争的缺乏或竞争不完全，而恰恰是因为竞争的存在。

根据上述分析，我们发现并不需要依赖于新古典经济学的理性预期、完全竞争、最优化等概念来解释现实的经济动态。我们希望基于真实竞争理论展开的经济分析能让大家意识到，除了新古典经济学和后凯恩斯主义经济学以外，还存在一种新的思考方法可以作为理论分析的出发点。谢克的真实竞争理论则是源于斯密、李嘉图、马克思、凯恩斯等人的经济思想。

利润是驱动资本主义的主导性力量，它既影响微观层面的企业行为，也作用于宏观经济的动荡模式。在追求利润的刺激下，企业会主动寻求降低成本，以在成本优势的基础上削减价格、争夺市场份额。为此，企业往往需要引入技术进步，进行更大规模的机械化，一系列真实竞争行为都不同于完全竞争。真实竞争是一场所有人与所有人进行斗争的战场，资本与资本、资本与劳动、资本与国家、国家与国家都存在激烈的较量。

二、重点选文与解读

  安瓦尔·谢克的研究涉及国际贸易理论、经济增长和危机理论、美国宏观政策问题、福利国家制度问题等方面，其中真实竞争理论是谢克最重要的学术贡献之一，也是本文重点解读的部分之一。

  真实竞争理论虽然在基本经济假设、经济现象解释等方面与完全竞争理论、不完全竞争理论存在差异，但若从微观角度剖析企业经济行为的动机，可以发现三者都是相同的。真实竞争理论肯定利润占驱动资本主义力量的主导地位，在追逐利润最大化的过程中，企业会采取不同的措施降低成本价格、打压对手企业、争夺市场份额，以造成一系列的市场反应。万翔在《新自由主义体系的经济学理论基础剖析——谢克对全球资本主义危机深层原因的解读》一文中从微观层面分析了真实竞争理论，从宏观层面分析了紊动平衡理论。以下，本文根据万翔的文章以及融入笔者自身的讨论分析，从产业经济、金融、贸易三大领域出发，基于微观视角对真实竞争理论展开研析。

（一）在产业经济领域方面

  在该领域内，谢克针对现实现象提出了一个全新的名词——"调节资本"，调节资本为某行业中具有最好生产条件且可重复生产的资本，也就是生产成本最低的资本，这部分资本相当于马克思所说的生产超额剩余价值的资本。市场价格首先决定调节资本，与此同时，企业为了追求利润，将会采取降低成本的方法，这一举措决定其将采用成本最低且可重复生产的方式。企业可以通过增大对劳动力的剥削来降低成本，但该方法将进一步导致劳资矛盾的爆发，劳动者阶级的抵抗措施将抵消一部分成本的减少，因此为了追求成本最低的生产条件，最适宜的方式就是进行技术革新，以此提高劳动生产率。在真实竞争中，单位成本与市场价格呈正相关关系，而企业规模、企业资本集中程度又与市场价格、单位成本呈负相关关系。因此，具有较大规模、较高资本集中度的企业往往具有较高水平的技术，往往设置所在产业的准入障碍，因技术形成的准入障碍较难被对手企业模范超越，故往往形成垄断。最后，在真实竞争中的利润率均衡意味着资本产出率较高的企业必然获得较高的边际利润率，因此准入障碍较高的产业也是具有较高资本产出率的企业，必然也有着较高的边际利润率。

（二）在金融领域方面

在金融领域，利率、债务和权益价格都是在真实世界的经济竞争中相互影响，相关商品的价格决定是多重因素共同作用的结果，真实竞争中利润与一般利润率相关，并为金融商品提供价格。[①] 各个部门在金融部门间的竞争会导致出现对债券、银行贷款的利息套汇行为，改变金融市场的资金流动方向，进一步影响金融市场资金的供求关系，最后供求趋于相等，利率也趋于均衡，与此同时，金融资本、非金融资本之间的竞争流动也会导致权益收益率向均衡情况移动。[②] 将真实竞争理论在金融领域的运用与新古典经济学、凯恩斯主义金融理论相对比，可以发现新古典经济学和凯恩斯主义金融理论则存在明显的不足。凯恩斯主义金融理论忽略了金融活动的本质是一种资本主义行为，认为金融部门既没有运

[①②] 万翔：《新自由主义体系的经济学理论基础剖析——谢克对全球资本主义危机深层原因的解读》，载于《马克思主义与现实》2019 年第 3 期。

行成本，也没有预付资本，仅仅由偏好结构、预期决定利率水平，但实际上，利率的形成和金融领域中各个部门中资本的逐利性息息相关。而新古典经济学混淆了社会生产关系和技术生产关系，对市场经济反映的社会生产关系视而不见，仅仅强调社会再生产中生产技术关系是根本不完全的，金融活动被当作非资本主义行为。

（三）在贸易领域方面

在贸易领域，近年来，贸易保护主义思潮伴随逆全球化再度回归，西方主流经济学的比较优势理论不能对这个现象做出合理的解释。因为在实际中，国际贸易的主体并不是每个国家，而应该是该国家的各个企业。为了能更好地解释现实情况，为经济现象提供理论指导，谢克跳出传统自由贸易理论的框架，从企业在竞争中的实际行为的研究角度提出了真实竞争理论。一方面，在比较优势理论中李嘉图将国家作为国际贸易的主体，在国家的资源基础上讨论比较成本，但这一假设不符合现实状况，现实中的国际贸易追根到底还是企业的逐利行为；另一方面，李嘉图的比较优势理论没有将收支平衡与贸易平衡进行区分，讨论对外直接投资对国际资本市场影响的缺乏。[①] 针对以上两点缺陷，谢克重申并发展了马克思的主张：首先，两国的比较成本是由可贸易商品与不可贸易商品比率等因素决定的，国际市场的贸易条件同样基于此；其次，两国之间的绝对成本优势决定了贸易差额的方向，但差额的大小并不能用绝对成本优势来解释，其取决于两国的相对国民收入；再次，收支不平衡是由贸易不平衡所引起的，进一步将影响利率，利率一旦出现变化，资本追逐利润会引起短期的资金市场波动，最终的传导路径会作用于一国的国民收入；最后，具有绝对成本优势的国家获得贸易盈余，并将在国际贸易中的外汇盈余用于对外贷款，而居于绝对成本劣势的国家虽然产

---

① 万翔：《新自由主义体系的经济学理论基础剖析——谢克对全球资本主义危机深层原因的解读》，载于《马克思主义与现实》2019年第3期。

生收支贸易赤字,但通过国际贷款,可以缓解这一赤字。①

(四) 在经济危机分析方面

在《21 世纪的第一次大萧条》一文中,谢克继承了马克思对资本主义经济危机的分析,认为资本主义社会的经济危机是资本主义制度的必然产物。他提出,从根本上说,正是 1929 年不健康且脆弱的经济状况使股票市场崩溃,进而引发经济崩溃。既有当初,必有近日。那些选择把每一次这样的插曲看作独立事件,看成迄今为止一直纯洁无瑕的白天鹅群中随机出现的"黑天鹅"的人,已经忘记了他们要寻求对这一历史动因的解释。而且,在这一过程中,他们还忘记了这样的事实——正是利润的逻辑致使历史重复。通过对 1947～2007 年劳动生产率和工人的实际工资水平的实证研究,谢克认为,资本主义最大的弊端是广大的劳动力所得到的工资份额不断缩减,为了使大量的商品能够在市场出清,资本主义又通过金融自由化及利息率下降,使用信用便利手段促进消费,从而使资本主义社会在短期获得经济繁荣。然而实际工资增速相对于劳动生产率增速的下降,促使工人实际消费支出能力停滞不前。但随着利息率下降和信用获得更加容易,消费和其他支出继续增加,支撑起日益上升的债务浪潮。2008 年爆发的 21 世纪第一次大萧条,正是资本积累长期波动模式中,经济增长长期繁荣让位于长期下行的正常变化。资本积累的利润驱动是它的根源,占据了商业行为核心调控者的地位。为保持这个不变的内核,资本主义生产方式一直在改变它的外形。

三、当代价值

安瓦尔·谢克,西方知名的马克思主义政治经济学家,美国纽约新

---

① 万翔:《新自由主义体系的经济学理论基础剖析——谢克对全球资本主义危机深层原因的解读》,载于《马克思主义与现实》2019 年第 3 期。

学院大学教授，他长期致力于发展关于剖析当代资本主义经济体制的政治经济学理论，提出了一套区别于完全竞争市场—不完全竞争市场的二元框架的宏微观分析方法；阐述了基于调节资本的真实竞争理论；力图以马克思经济学理论为基础，运用量化方法解析发达资本主义国家的经济体系及其弊病。

作为西方学者中坚持并发展马克思主义经济学的代表人物之一，安瓦尔·谢克的思想对于坚持发展马克思主义、构建中国特色政治经济学学科体系具有深刻的理论价值，对于一国经济实现发展的路径研究，经济全球化和信息化的时代背景下中国实现经济的长期稳定发展具有广泛的指导意义。

（一）理论价值

自 20 世纪 60 年代以来，随着国际经济环境的不断变化，美国马克思主义经济学经过了形成—沉寂—繁荣三个发展阶段，形成多样化的学术流派。不同的学术流派提出了多种观点，深刻地拓宽了马克思主义经济学的内涵和外延。以张新宁 2015 年发表在《马克思主义研究》上的《美国马克思主义经济学主要学派及其观点》一文中的划分方法，可将其分为垄断资本学派、价值学派、阶级分析学派、多元决定学派、新左派、分析学派六大学派。其中，安瓦尔·谢克作为价值学派的代表人物[①]，其立足于马克思主义经典理论，集中研究马克思主义价值理论，积极参与经济危机的产生根源、传导机制和发展趋势的讨论，通过对 20 世纪 80 年代以来资本主义利润率趋向下降的理论和实证研究，对经济危机是否肇源于利润率长期下降这一问题提出了富有创造性的见解。

谢克认为，资本主义是一个动态、演化、扩张的体系。其增长路径伴随着供给和需求、产出和产能、工资和利润率套利、金融泡沫和衰退、

---

① 张新宁：《美国马克思主义经济学主要学派及其观点》，载于《马克思主义研究》2015 年第 4 期。

长波等动荡形式和循环模式。他的观点符合马克思主义经济学的认知和辩证法的思想内核，界定了客观现实的本质是运动的，冲突的，承认社会失衡是由阶级斗争和社会政治的固有矛盾引发的。因此，不存在经济自由主义所认为的在短期波动后，社会平稳状态的回归。

谢克运用利润率的下降趋势解释21世纪的资本主义大萧条，相较其他的马克思主义经济理论学家，他更加注重利润率的作用，认为利润是驱动资本主义的主导性力量，它既影响微观层面的企业行为，也作用于宏观经济的动荡模式，当前的危机是一场"被延迟或转化为虚假繁荣的结构性危机"。与马克思对资本主义发展的基本看法相一致，资本主义的生产模式和未来命运完全由一套"现代社会运动经济规律"所决定。

谢克分析了马克思主义经济思想史上关于经济危机和生产紧密相连的基本理论，认为资本主义尽管通过自我扩张带来了社会生产的繁荣，但是资本积累的利润驱动是它的根源，资本的逐利性诱发生产资料私人占有和社会大生产的固有矛盾，导致资本主义周期性危机频发。资本主义制度的限制在内部。谢克深入分析后提出，尽管资本积累是由利润驱动，但是资本积累导致利润率呈下降趋势。利润率的下降意味着资本主义关系的扩张市场竞争的加剧和工人阶级规模壮大和力量增强。谢克从这个视角下理解利润率和社会发展的关系，符合历史唯物主义的观点。

马克思在《共产党宣言》中提到"原理的实际运用，随时随地都要以当时的历史条件为转移"。谢克对马克思主义经济学进行继承、创新与修正，从新的时代特点和经济状况出发，重新阐释了马克思主义经济学的经典理论，不断为马克思主义经济学注入富有创造性的思想活水，是马克思主义经济学繁荣向前、质量提升的重要标志，亦是推进马克思主义经济学研究向更大规模、更高领域、更深层次发展的重要动力。

（二）实践价值

谢克的思想为马克思主义中国化提供了有益的借鉴。21世纪以来，马克思主义中国化取得了显著的建设成果，不仅在理论层面之上拓展了中国特色社会主义市场经济理论的内涵和外延，而且在实践层面之上为经济实现高质量发展提供了行之有效的政策指导，主要表现为：一是自中国成功抵御了美国金融危机的冲击和欧洲债务危机的浪潮以来，马克思主义经济学的指导地位得到了进一步的认可；二是新发展理念、供给侧结构性改革等马克思主义中国化理论成果在实践中实现转化，经济发展协调性显著增强；三是初步构建了中国特色社会主义政治经济学的学科体系。

但是，马克思主义中国化依然存在着许多亟待解决的问题，经济实现高质量发展依然任重而道远。例如，马克思主义政治经济学中国化的研究视角仍有许多盲点；目前的研究侧重宏观论述，精细化和微观化的研究不足，缺乏对个体研究应有的关注和重视；学术研究滞后于现实社会发展的需要，研究成果不能全面地反映我国改革开放以来的历史成就。但是，安瓦尔·谢克的思想为马克思主义中国化，构建中国特色社会主义政治经济学学科体系提供了扩展的思路：一方面，他提供了一个国际化、现实应用化的研究视角，从现代经济运行模式出发，研究涉猎现代金融市场和资本市场；另一方面，谢克提倡对具体经济问题的分析研究，以真实竞争理论为出发点关注企业作为微观个体的价格削减和技术选择行为。

安瓦尔·谢克的许多理论对我国现代经济运行模式的修正和发展具有指导意义：

首先，安瓦尔·谢克的宏微观分析方法为我国的发展经济学研究一国经济实现发展的路径提供了一个新的视角。谢克认为，资本主义是一个动态、演化、扩张的体系。资本主义的平衡并非一个已经实现的状态，而是通过永久的波动来运行的不断移动的引力中心，资本主义的秩序正是在混乱中通过混乱来实现的。从研究工具上，如果以现实经济作为分析对象，那么我们并非不需要运用数学，而是需要借助于非线性动态等更好的数学工具进行宏观分析；从研究内容上看，新古典经济学主张自由贸易是最好的发展路径，但是从谢克的研究出发，我们发现国家干预和保护主义政策对实现发展中国家的经济发展具有重要的意义，为我国推行经济发展规划和进出口关税政策提供了坚实的理论支撑。

其次,安瓦尔·谢克的真实竞争理论重申了马克思的"调节资本"概念,调节资本即每个行业内拥有最好生产条件的资本,并强调真实竞争中企业主动的价格削减行为。一方面,产业内竞争使个别生产者降低成本,以较低的价格有效参与竞争;另一方面,降低成本使工资份额增长低于劳动生产率的增长,导致劳动所有者对资本所有者的抗争,从而抵消了降低成本的效果。最终,长期有效地提高劳动生产率的方法只能是技术革新。自党的十八大提出新发展理念以来,创新居于五大发展理念[①]的首要地位再次从理论层面上得到了确认。当前,新一轮科技和产业革命蓄势待发,其主要特点是重大颠覆性技术不断涌现,科技成果转化速度加快,世界大国都在积极强化创新部署。我国加快培育和发展新一代信息技术、生物、新能源等战略性新兴产业;强化事关发展全局的基础研究和共性关键技术研究,全面提高自主创新能力;深化科技体制改革,推进人才发展体制和政策创新,通过创新带动经济社会全局发展。

最后,安瓦尔·谢克从利润率的研究视角出发,重新解读了资本主义经济危机,他认为,20世纪80年代期间,主要的资本主义国家出现了由急剧的剥削率上升和利息率下降激发的资本积累的新繁荣。如果凯恩斯主义刺激政策不影响利润率,进而不影响长期增长路径,那么产出和就业会增长到一个新的水平,之后会回到原有的增长路径上。相反,如果凯恩斯主义刺激政策因为提高了就业,进而增加了工资份额从而降低了利润率,那么虽然刺激政策在短期内会提高产出和就业水平,但是会破坏长期的经济增长。利润率跳出了微观层面的企业行为,对宏观经济的动荡模式有更加深远的作用。谢克的理论深化了我们对利润率本质的认知,对传导机制的探讨,对作用机理的研究,为我国的宏观经济运行过程中的利率政策选择提供了理论指导,政府应根据宏观经济发展需要,采取更加审慎的态度,综合多方面的经济发展指标,采用更加稳健、更具有针对性的利率政策。

---

① 五大发展理念指创新、协调、绿色、开放和共享。

四、扩展性阅读文献

[1] Anwar Shaikh. *Capitalism, Competition, Conflict, Crises*. New York: Oxford University Press, 2016.

[2] Anwar Shaikh. Marxian competition versus perfect competition: further comments on the so-called choice of technique. *Cambridge Journal of Economics*, 1980, Vol. 4, No. 1, pp. 75-83.

[3] Bob Jessop. Capitalism and Its Future: Remarks on Regulation, Government and Governance. *Review of International Political Economy*, 1997, Vol. 4, No. 3, pp. 561-581.

[4] 安瓦尔·谢克:《21世纪的第一次大萧条》,载于《当代经济研究》2014年第1期。

[5] 孙小雨:《真实竞争和利润率下降:真实竞争理论与MF模型的比较》,载于《世界经济》2018年第3期。

五、读书心得

安瓦尔·谢克的经济思想主要包括宏微观分析方法、真实竞争理论和危机理论,我们在阅读的同时,结合查找阅读相关资料、开展讨论以及与老师保持沟通交流的方法不断钻研新的理论知识内容,以求对安瓦尔·谢克的经济思想以及经济理论有更深刻的认识理解。

谢克的研究涵盖国际贸易理论、经济增长和危机理论等多方面,这驱使着我们首先从重温西方经济学、政治经济学、国际经济学等相关课程入手,随后将新知识与旧知识进行比较分析,并融会贯通。谢克的经济思想与亚当·斯密、李嘉图等人的经济思想存在异同。古典经济学强调市场力量呈现出"运动规律";竞争是市场中重力作用产生的根源;内在的有序过程掩藏在外在的无序过程之中等。而谢克从古典经济学的重要命题出发，对新古典经济学以及后凯恩斯主义经济学关注于对一个虚拟的完美世界的分析，以完美世界为基准，关注于分析偏离这一基准的情况提出了批评。谢克认为，经济学分析应该抛弃这一"完美世界—偏离完美世界"的二元分析框架，回到古典经济学，回到真实世界之中。谢克对真实世界的强调符合马克思主义的思想，从实践出发，实事求是，是我们在经济学学习中应该始终铭记并做到的原则。

谢克批判了西方经济学对市场结构的四种划分方法，认为完全竞争与不完全竞争理论的假设不符合真实的企业竞争行为，继而他提出真实竞争理论。谢克的真实竞争理论是其最重要的学术贡献之一，我们将其与真实竞争理论和完全竞争理论、不完全竞争理论、现实世界中信息不完全、异质人假设等相关知识点结合起来进行综合学习，不断探索发现谢克的理论对当今复杂多变的现实经济生活所具有的实际意义。他认为企业在竞争过程中主要通过降低成本，以低成本的竞争方式获得更大的市场份额，在市场竞争中不存在均衡价格，因为每个企业的战略及其生产成本具有重大差异。谢克的真实竞争理论更接近现代经济实际，我们在经济学研究中要批判地分析西方经济学各种假设理论及其研究局限性，需要更多地对真实的经济运行过程及其结果进行深入的分析，而不能拘泥于西方经济学研究范式和各种假设，我们需要在研究过程中构建具有中国特色的经济学理论，需要更加贴近中国经济运行的实践，这也是形成理论自信的重要内容与途径。此外，在真实竞争理论中，谢克主要强调技术创新的作用，这符合我国所提倡的创新发展理念，对我国经济发展转型具有指导意义。在经济全球化迅猛发展的今天，我国应该顺应世界潮流并结合我国国情，加速产业结构转型升级，实施跨越式发展战略，大力发展信息产业，使产业结构调整立足于高起点。科学技术是经济发展的重要动力，是人类社会进步的重要标志，现代国际社会的竞争说到底是综合国力的竞争，其中关键是科学技术的竞争，而高新技术及其产业都是整个竞争中的焦点，因此我们应该以加快高科技产业化发展为核心，牢牢把握历史机遇，大力发展高新技术及其产业，不断增加科技进步在经济增长中的贡献份额，促进国民经济增长方式的转变。

谢克对资本主义经济宏观运行的分析是现代经济学实证分析的方法的重要典范，值得我们在经济学研究中借鉴。目前大量经济学论文都以西方经济学构建模型为主要研究范式，这种研究方法在一定程度上弱化了理论研究的重要价值，而过多强调数理推理。安瓦尔对资本主义社会经济的实证研究主要通过数据分析，而不是模型与计算，通过各种数据的比较，总结资本主义经济运行中的主要特征与问题，这种方法在经济学研究中具有重要的借鉴意义。

2008年经济危机的爆发正是谢克经济理论形成的背景，西方经济学家面对金融管制失灵、国际贸易保护主义抬头等现实和理论脱节的问题无法拿出合理阐述的体系，谢克立足马克思的经济学理论，运用量化分析的方法有力地批判了西方经济学各流派观点，提出了新的宏微观分析方法，来阐释全球经济危机的深层原因。谢克结合现实世界的发展，通过大量努力抓住了创新的点，提出新的理论，该方法值得我们借鉴。当我们在进行经济现象的研究时，可以先从现有的专业理论方法出发，去区分成熟、科学的理论与可以加以创新、完善的部分，并将可以创新与完善的点作为我们理论方法研究的出发点，最后将理论与实际相联系，提出符合国情的对策建议，坚持努力成为一名坚定不移的青年马克思主义学者。

科技创新，推动农业高质量发展

——读速水佑次郎、弗农·拉坦《农业发展：国际前景》

罗正月　郑巨微　蒋迁迁[*]

一、写作背景和主要内容

（一）写作背景

当今世界各国，不论发达国家还是发展中国家，都十分重视和强调农业发展问题，因为农业是国民经济的基础，农业自身发展状况决定了整个国民经济的发展状况。正因为如此，如何发展农业的问题也成了各国发展经济学家和农业经济学家的主要研究课题。日本东京大学教授速水佑次郎和美国明尼苏大学教授弗农·拉坦在各自多年深入研究亚洲乡村发展和技术变革问题的基础上，合作探讨农业发展问题，他们不满足于已有的农业发展和农业经济理论，对亚洲各国农业生产与资源利用的变化规律初步进行研究，进而把研究范围扩大到了解各国间的规律是否同时反映在所选择国家的历史经验上。他们在研究中，把与环境和经济

---

[*] 罗正月，福建师范大学经济学院教授，博士，硕士生导师；郑巨微，福建师范大学经济学院本科生；蒋迁迁，福建师范大学经济学院本科生。

条件相一致的技术开发能力作为说明各国农业生产率增长的唯一最重要的变量，而象征性地把技术变革过程作为经济发展过程的外因，出版了具有深入理论分析和丰富实践论证的这一著作——《农业发展：国际前景》。

（二）主要内容

《农业发展：国际前景》是由日本经济学家速水佑次郎和美国经济学家弗农·拉坦合著的有关农业经济发展方面的专著，书中采用了实证分析的方法，通过收集世界上43个国家关于农业增长率与农业劳动力等方面的数据，分析比较了世界上43个国家农业经济发展的历史过程，重点分析了各个国家在农业生产率方面的差别以及差别产生的原因，书中主张通过技术转移的方式来消除差别。该书是一本着重论述技术变革对农业发展的贡献以及经济发展理论对研究农业发展问题的限制的专著，该书提出了技术和体制变革模式，也称诱导发展模式。作者提出了对诱导技术转移的看法，并详细阐述了农业发展过程中的技术转移、技术贸易与农业改造等问题。

全书分为五部分。第一部分包含第二、第三章，这部分详细讲述了农业经济发展理论的发展史和各种各样的农业发展理论，进而提出了诱导发展模式的理论框架。第二章回顾了农业的发展历程以及农业在整个经济发展过程中的作用，通过对农业发展理论的论述，讲述农业经济发展思想的演变过程。第三章首先回顾了农业发展理论的历史，阐述了建立一种关于农业发展的理论所要求的主要因素，通过探讨农业技术的特点以及该农业技术的形成过程，重点描述了影响技术变化速度和方向的因素。这部分最重要的是把技术变革作为整个系统的内生变量。

第二部分包含第四、第五章，该部分收集了第二次世界大战之后，各个国家的土地和劳动生产率的数据，通过对数据的实证分析，比较各国数据体现出来的差别，详细探讨了各国农业生产率差别的特征及生产率差别产生的各种原因。通过对各国截面资料的分析，推断工业发展、资源条件与资源存量对技术选择的影响。

第三部分包含第六、第七章，主要讲述了 1880 年以来日本和美国的农业发展历程，对日本和美国的农业发展历程进行了定量的历史分析，特别关注几乎贯穿整个时期的两国技术变革采用不同类型的发展路径，以及导致农业发展类型出现趋同现象的各种力量。

在第四部分包含第八、第九、第十章，作者探讨了"技术可以转移吗"这个问题，通过比较各国成功进行农业技术改进的各种条件，特别是通过对东南亚国家绿色革命的历程与韩国和中国台湾进行技术转移的过程分析，作者认为，在当今世界，通过发展试验站的能力进行科学知识的转移是十分必要的。书中对引起专门技术转移的经济力量进行了考察。

作为实例，该部分还对水稻生产技术在战争期间从日本向中国台湾等地进行技术转移的经验进行了详细分析，并且讨论了水稻生产技术近年来在亚洲取得进展的原因及背后的意义。

第五部分包含第十一、第十二章，作者在前面分析的基础上，明确指出了各国农业发展现状以及成败的原因。在第十一章中，对于 20 世纪 50 年代和 60 年代农业发展没有获得有效的体制改革、要素集中以及技术变革的结果，给予了特别的强调。在第十二章中，作者主要讲述了农业改造与经济增长所需要的条件，根据诱导发展模式揭示的前景，探讨了发展中国家农业增长的新前景和如何促进农业增长的一些方法和政策，这些方法和政策主要是从 60 年代后期，粮食生产技术变革所开拓的新的增产潜力所采用的政策中得出的。

二、重点选文与解读

"农业部门土地和劳动力的相对有效性是初始资源和各国经济增长的历史过程相联系的资源积累的结果。在亚洲，土地已经成为限制产量增长的主要因素。在新大陆，相对缺乏弹性的劳动力供给已经体现出对产量增加最显著的显著。为减轻限制（不管土地或劳力），农民试图在限制性要素的利用方面经济化，即用人工产品投入替代限制性要素，如用肥料替代土地，用拖拉机替代劳力。新大陆国家遵循的发展路径似乎反映了减轻劳力带来的限制的过程；而亚洲一些国家和地区提供的发展途径反映了减轻土地带来制约的过程。"① 作者提出的诱导发展模式中，一个很重要的因素是要素禀赋条件，选文这段内容是在作者对亚洲和新大陆一些国家生产率及生产途径进行比较之后得出的结论。作者通过比较发现，每个国家的资源禀赋条件是各不相同的，因此每个国家选择的农业发展路径也各不相同。但各个国家的选择之间却是相互联系的，即根据资源禀赋状况选择不同的农业发展路径。即使在土地或者劳动力紧缺的情况下，农业产出迅速增长的潜力依然存在。潜力的发挥要靠技术和人力资本的投入，在美国，农业土地比劳动力的供给弹性大；在日本，劳动力比土地的供给弹性大。随着经济的发展，弹性较小的生产要素的价格相对于弹性较大的生产要素的价格趋于上升，在不同的供给弹性下，两个国家农业发展过程中的生产要素价格就会发生相反的变化，因此，革新机械、节约劳动力的农业发展类型就此引入了美国，而生物技术的增产类型就引入了日本。但无论是美国还是日本，将工业迅速发展起来，为农业提供相对价格持续下降的机械和化肥，是农业迅速发展必不可少的要求。美国和日本的农业发展路径是基于自己国家的资源禀赋条件选择的，但通过作者收集的两个国家农业增长率的数据及实证分析，我们发现，在1880～1960年间，两个国家达到了接近的农业生产增长率，因此我们有理由相信，现在的发展中国家有可能取得同样的成就，它们的发展模式不必与美国和日本的发展模式相同，因为每个国家的资源禀赋条件不同，但发展中国家应该致力于创造适合自己的发展模式。

"农业科学技术进步是打破由于缺乏供给弹性的生产要素对农业生产所造成的制约的必要条件，但是，在国家经济发展的早期阶段，技术革

---

① ［日］速水佑次郎、［美］弗农·拉坦著，吴伟东译：《农业发展：国际前景》，商务印书馆2014年版，第92～93页。

新大多是为了解决较高难度产品的生产问题。使不断发展的农业技术为农民有效的使用,是一个特别难以实现的制度化过程。"①"美国和日本都把农业研究的'社会化'作为农业现代化的一种标志。两个国家的农业现代化过程都伴随着试验站的发展和工业生产能力的发展,这种发展使得生物和机械技术的革新适应于生产要素的供给条件。"②"公共部门在与农业有关的生物科学和农业试验站研究能力方面进行投资,对本国农民所使用的当地技术的实验和推广,对国外农业技术的移植和使用,对于为本国农民不断地提供新的生物和化学技术而必须进行的基础和应用研究,都是非常重要的。"③ 作者认为,社会对教育和研究的支持,作为经济成长的一种标志,反映了现代社会在体制方面的重大改进。在书中,作者讲述了曾经引领过世界工业革命的英国,把技术培训和科学研究留给私人企业去做,这与德国的做法相反,"德国则慷慨地资助所有的研究机构,盖房屋、建实验室,更可贵的是,保留了一批有能力、高水平的卓越人才"④。19世纪后50年,在人才能力构成方面,除了拥有具有熟练技能的技工和工程师外,英国已落后于德国。尽管德国的农业研究体系建立晚于英国,但德国的做法无疑为新科学技术领域的"扩大"提供了良好的环境。随后德国农业研究社会化的思想传播到了日本和美国,因此,它们把教育和研究作为促进经济增长的手段之一,成为世界上后来居上的国家。而这些历史都说明了一个问题——私人部门的研究是受利益的驱使而进行的研究,只有当他们的研究收益大于支出时,私人部门才会进行研究,因此,这些研究与技术的推广对农业发展的促进作用是缓慢的,农业生产技术的推进也将变得昂贵。因此,由国家建立起有效的公共部门农业研究体系就变得必要,"无论从经济逻辑还是从经济历史都可以看到,一旦土地成为农业产出增长的严重限制,公共部门加快生

---

①② [日]速水佑次郎、[美]弗农·拉坦著,吴伟东译:《农业发展:国际前景》,商务印书馆2014年版,第171~173页。

③ [日]速水佑次郎、[美]弗农·拉坦著,吴伟东译:《农业发展:国际前景》,商务印书馆2014年版,第199~201页。

④ [美]大卫·兰德斯著,谢怀筑译:《解除束缚的普罗米修斯》,华夏出版社2007年版,第570~572页。

物技术进步速度的农业研究投资,就有了较高的社会效益"①。"发展中国家面临主要挑战,是如何提高科技体制的能力,推出具有地区特征的农业技术,以适应新型农业技术将加以利用的技术和经济环境"②,即科学技术能力的有效制度化。

三、当代价值

回顾农业技术变迁及农业经济发展的过程,各个国家经济发展状况存在较大差距,应分析重大经验现象背后的原因以及广大发展中国家如何从贫困走向富裕。比较关键的是解决是如何提高农业技术创新的能力这一问题。

(一) 直面粮食、资源环境等农业发展危机,提高农业技术的自主创新能力

目前,人口的迅速增长与粮食的缺乏的需求矛盾导致世界农业技术发展进入了一个新阶段。当前,高产农作物对化肥、农药灌溉过度依赖,导致了土壤、水系污染,病虫害的抗性增强,土壤次生盐渍化等生态和环境问题频发,以及生产成本的不断上升;同时,全球粮食产量增长速度将会因为气候变化、环境污染、水资源减少等原因放慢。为此,国际农业研究磋商组织(CGIAR)提出了旨在帮助贫困人口脱贫,以养活未来人口为主要目标,以环境保护和持续发展为前提条件,以生物技术(主要是基因工程和分子生物学在育种上的应用)和信息技术与常规育种技术相结合为主要途径,以培育超级木薯、超级水稻、特种玉米、短季抗病马铃薯、抗病小麦为代表性技术的第二次绿色革命的思路,并已付

---

①② [日] 速水佑次郎、[美] 弗农·拉坦著,吴伟东译:《农业发展:国际前景》,商务印书馆 2014 年版,第 200~202 页。

诸实践。

中国政府历来重视粮食问题。2020年中央1号文件《关于抓好"三农"领域重点工作确保如期实现全面小康的意见》特别提到稳定粮食生产，"确保粮食安全始终是治国理政的头等大事。粮食生产要稳字当头，稳政策、稳面积、稳产量。强化粮食安全省长责任制考核，各省（自治区、直辖市）2020年粮食播种面积和产量要保持基本稳定。进一步完善农业补贴政策。调整完善稻谷、小麦最低收购价政策，稳定农民基本收益。推进稻谷、小麦、玉米完全成本保险和收入保险试点"[1]。

为了农业的发展和粮食的生产，我国提出了农业"第二次绿色革命"的战略构想，并将农业"第二次绿色革命"的目标定义为"少投入、多产出、保护环境"。根据这一目标，我国的农作物生产不仅要继续提高产量、改良品质，更重要的是要大幅度地减少农药、化肥和水资源的用量，从而保证经济、社会和环境的可持续发展，以及人与自然的和谐共处。

（二）要因地制宜地推广农业技术

由于我国地域跨度大，各地的环境条件和资源禀赋存在很大的差异，而技术结构是由资源禀赋条件决定的，所以各个地区的技术结构也存在很大差距，全国"一刀切"的方式是行不通的。在过去几十年的农业经济发展过程里，农业现代化曾被我们片面地理解为机械化，开展全国性的农业机械化运动。但是我国幅员辽阔的地域表明，在东北、西北等地广人稀的平原地区，劳动力的稀缺和平原的优势，机械化的政策是合适的；而在东部沿海省份，经济的迅速发展和工业的不断发展导致人口的大量涌进，地少人多，劳动力不稀缺成为主要的特征，于是拖拉机主要被用作运输，在农地里用的机械多数是灌溉机械，这种情形基本上证实了诱发性技术创新理论在我国同样是适用的。总体而言，根据我国的国

---

[1] 中共中央国务院：《关于抓好"三农"领域重点工作确保如期实现全面小康的意见》，新华网，2020年1月2日，http://www.xinhuanet.com/politics/2020-02/05/c_1125535347.htm。

情，可以看出我国大部分农村地区是人多地少的现状，这和日本的情况存在部分的相似，因而我们应该较多地发展能够替代土地的技术，而较少地采用替代劳动的技术；就一个地区纵向而言，经济的不断发展必然会导致资源禀赋条件发生变化，如农业和服务业的不断发展会吸引大量的农村劳动力向非农业进行转移，因此，一个地区内的农业劳动力会变得相对稀缺，这时候农民就愿意采用替代劳动的技术。这些经验都表明，今后在我国农业现代化目标的选择上，应当根据各地的不同情况因地制宜地推广农业技术。

（三）因地制宜推广农业科学技术与政府的公共投资

速水佑次郎和弗农·拉坦提出的诱导发展模式认为技术的进步是促进农业发展最主要也是最重要的因素。在书中，作者用美国和日本的农业劳动生产率对比世界上11个典型国家的农业劳动生产率，进而分析它们之间存在的差异，从资源条件（土地、牲畜）、技术投入（肥料、机械）、人力资本（普通教育、技术教育）等几个方面进行信息的对比，从玉米、水稻的种植技术推广和产量方面的定量分析可以看出，美国选择的农业现代化道路主要是机械化的道路，因为美国地广人稀，而日本选择的主要是化肥、良种和水利化的道路。这两种情况表面上看起来似乎是南辕北辙互不相同，但拉坦和速水佑次郎发现这两条道路背后体现出来的经济道理是相通的。美国与日本的资源差别是：美国人少地多，日本人多地少；在美国最贵的生产要素是劳动力，在日本则是土地。美国的机械化道路节约了劳动力因此降低了农业生产的成本；日本的化肥、良种和水利增加了耕地面积的有效供给，因此，也同样降低了农业生产的成本。他们认为一条真正有效的农业发展道路应该是能够提供最稀缺要素技术的道路，换句话说，一个国家农业现代化的道路不取决于技术的可能性，而是取决于这种技术的经济可行性。

新技术主要得依靠政府支持的科研机构提供，并利用政府和其他公共服务机构进行传播和推广。由于农业技术是农业增长的主要动力，改善目前我国农产品供给及农产品供给结构的紧张关系在很大程度上要依靠技术的进步，因此，中央和地方各级政府必须积极支持和扶助农业科研工作，使得农业科研机构能够尽可能多地提供当地适宜的新技术，从而为农民提供多种技术选择，尤其是在一些贫困地区，一项新的农业技术的输入可以推动整个地区经济的发展。同时，由于我国农村交通条件相对较差，信息闭塞或信息不对称，要求农民个体花费大量的时间和金钱去寻求新技术几乎是不可能的，新技术的采用主要得依靠政府支持的科研机构提供，并利用政府和其他公共服务机构进行传播和推广。

因地制宜、有组织地培训农民学习新技术。一项新技术的采用与学习这项新技术的成本和采用这项新技术的预期产量优势即该新技术的有利性密切相关。新技术的采用直接关系到农民的经济利益。学习一种新技术要付出一定的代价，这种代价也包括农民采用一项新技术所要承担的风险。农民可以以其已经习惯的、通过不断试验和不断失败的方法来学习，但这种方法的代价是昂贵的，而且对新技术的学习和利用也很缓慢。为了较快地、代价相对小地学习和掌握一项新技术，新技术推广初期的经验以及有关知识和技能的准备是至关重要的。

（四）重视工业与信息技术在农业生产中的运用

农业技术变迁动力系统是一个开放的动力系统，系统外的工业技术、信息技术发展到一定阶段，只要农业发展有相关技术需求，就会辐射到农业领域，从而推动农业技术变迁的进程。从18世纪工业革命蒸汽机的诞生开始到近一二十年，现代高新技术如计算机管理、自动化作业、航空航天、卫星通信、遥感等工业技术广泛用于农业领域，大大提高了农作物栽培管理水平，创立了良种培育新渠道，加快了现代农业技术变迁的步伐。计算机自动控制系统与3S技术（即地理信息系统GIS、全球定位系统GPS和遥感技术RS）的综合应用，形成了一种基于信息科技的高效农业模式——"精准农业"，以精准播种、精准灌溉、精准施肥、精准田管、精准植保、精准收割六大精准技术为代表的精准农业技术在发达国家已广泛应用,已成为现代农业发展的方向。我国的"精准农业"技术发展也取得了可喜进展,并在农作物病虫害监测与防治、微机推荐平衡施肥、土壤肥力信息管理、滴灌自动化控制等方面取得了重大突破。每一次工业技术、信息技术的更新换代都推动着农业技术的升级,现代农业的技术变迁已经与社会发展紧密联系在一起。所以,为了提高农业生产率,农业部门应密切关注其他部门中的技术,如工业技术和信息技术发展的最新进展,并研究其在农业上应用的可能性。政府部门应制定相关科技政策,鼓励其他产业的高新技术在农业上的应用研究。

(五)建立有效的激励机制,激发农业科学家的创新动力

速水佑次郎和拉坦认为,农业研究机构无论是私人部门还是公共部门,其开发研究和技术供给行为都受到经济力量的诱导。私人部门从事农业技术开发和供给活动的目的是赚取利润。农业技术的创造和发明者——农业研究科学家一般是非营利性的公共部门的雇员,他们不一定能够对市场价格或对农民的技术需求作出反应。速水佑次郎提出的办法是建立一个有效的激励机制,从物质上和名誉上奖励那些为解决社会重大问题做出贡献的科学家。

无论是农业的内在需求,还是外部部门技术变革推动,农业技术变迁的最终实现都要通过农业科学家(包括涉农科学家)的研究与发明实践。而公共部门的科学家虽然不是直接由利润与价格来主导,但他们的科学技术研究依然与个人利益有关,公共部门的诱导机制也就类似于私人部门。在这种机制诱导下,公共部门的技术供给就可以与农民对技术的需求大致保持着动态的平衡。我们前面提到,技术的进步仅仅靠私人部门来实现是不可行的,因为他们的研究受到个人利益的诱导,因此,公共部门必须担起应有的责任,用物质激励和精神激励引导科研工作者进行科学技术研究,这样才有利于技术的研发。

（六） 建立技术转移中相应体制的配套改革

该书作者通过回顾美国和日本农业发展中科学技术作用的历史，总结得出两条重要的结论。第一，美国和日本农业革新的历史，是与节省相对紧缺生产要素的私营部门和公共部门的革新努力一致的。第二，美国和日本的经验都证明，公共部门在与农业有关的生物科学和农业试验站研究能力方面进行投资，对本国农民所使用的当地技术的试验和推广，对国外农业技术的移植和使用，为不断向本国农民提供新的生物和化学技术而必须进行的基础和应用研究，都是非常重要的。美国和日本的历史还表明，如果技术进步模式是要取得最快的发展速度，或者是要避免机械技术和体现在专项产品中的那些生物技术在应用上的偏差，那么公共部门必须在生物技术的进步中起重要作用。显然，有效的公共部门农业研究机构的建立，并不是直接照搬美国和日本的模式，而应结合具体情况进行机构改革。发展中国家面临的主要挑战是如何完善科技体制的功能，推出具有地区特征的农业技术，以适应新型农业技术将被投入使用的经济环境。

四、扩展性阅读文献

[1]［日］速水佑次郎、神门善久著，沈金虎等译：《农业经济论：新版》，中国农业出版社2003年版。

[2]［日］速水佑次郎、神门善久著，李周译：《发展经济学——从贫困到富裕》（第三版），社会科学文献出版社2009年版。

[3]［日］速水佑次郎：《日本农业的成长过程》，日本创文社1973年版。

[4]［美］西奥多·舒尔茨著，梁小民译：《改造传统农业》，商务印书馆2006年版。

[5] 李根蟠：《农业科技史话》，社会科学文献出版社 2011 年版。

[6] [美] 詹姆斯·L. 诺瓦克、[美] 詹姆斯·W. 皮斯、[美] 拉里·D. 桑德斯著，王宇、胡武阳、卢亚娟译：《美国农业政策：历史变迁与经济分析》，商务印书馆 2021 年版。

[7] [英] 马尔萨斯著，朱泱、胡企林、朱和中译：《人口原理》，商务印书馆 1992 年版。

[8] [美] 罗伯特·金·默顿著，范岱年、吴忠、蒋效忠译：《十七世纪英国的科学、技术与社会》，商务印书馆 2011 年版。

[9] 郭建雄：《农业发展：三部门分析框架》，中国社会科学出版社 2008 年版。

五、读书心得

在《农业发展：国际前景》一书中，速水佑次郎和弗农·拉坦打破传统农业发展和经济发展理论对农业发展问题的限制，将农业技术进步和体制改革看作内生变量，提出了一个新的关于农业的发展理论——诱导发展模式。诱导发展模式将技术变革看作经济制度的内生变量，把技术变革看作对资源禀赋变化和需求增长的一种动态反映。该理论的提出为农业发展的探讨提供了理论基础，也为农业发展的研究方向提供了新的角度。

创新诱导发展是一个不均衡的动态过程，在发展的动态过程中，不平衡或不均衡的出现是引诱技术变化和经济增长的关键因素。速水佑次郎认为，在地多人少和地少人多的国家，技术发展的道路显然是不相同的，一国或地区农业增长要选择怎样的技术进步道路取决于其资源禀赋状况，土地资源丰富而劳动力稀缺的国家或地区，因为劳动力缺乏弹性带来的农业产出的限制可以由机械技术的发展而抵消，通过机械技术的进步增强农业产出；而对于劳动力丰富但土地资源稀缺的国家或地区，因为因土地供给缺乏弹性给农业发展带来的限制可以由生物化学技术的发展而抵消，选择生物化学技术的改进是更加有益的；对于人地平衡的国家，既要注重发展农业机械化以提高劳动生产率，也要注重发展生物技术来提高土地生产率。我国是一个地少人多的发展中国家，这样的资源禀赋也就决定了我国的农业发展，走生物化学技术进步道路，提高土地生产率。

将资源禀赋、技术进步、制度性诱导结合起来，这必然是速水佑次郎和弗农·拉坦的诱导发展模式值得我们借鉴与学习的地方。中国作为一个人多地少的国家，其资源禀赋的独特性决定了我们必须走出一条具有中国特色的农业现代化道路。目前中国农业还主要停留在"靠天吃饭"的阶段，受自然因素的制约比较明显；部分农民还停留在原始耕作的手段和手法上，对新技术缺乏认识，对新技术的使用缺乏信心。政府或者村集体作为职能部门，推广先进的技术进农村是职责也是使命。在广大农村铺盖互联网络，使互联网成为广大农民获取信息的有效渠道，借助互联网对农业技术进行推广，增加农民对新技术的理解度和接受度，将分子育种技术、数字农业技术、节水技术、加工技术和转基因技术等现代农业较为成功的技术种类传递给广大农民。新时期，科技对农业的推动力量是非常明显的，只有组织农民对上述技术进行集中学习，促进农民利用现代网络技术，不断提升农业生产、经营、管理和服务水平，促进农业生产方式和销售方式的转变，提高广大农民的认知水平和生活水平，才能更好地建设新时代的社会主义新农村，不断推进我国农业现代化的进程。

【参考文献】

[1] 潘宪生、张景顺：《农业诱导发展模式——读〈农业发展：国际前景〉》，载于《农业经济问题》1997年第4期。

[2] 郭熙保、苏甫：《速水佑次郎对农业与发展经济学的贡献》，载于《经济学动态》2013年第3期。

[3] 林毅夫、沈明高：《我国农业技术变迁的一般经验和政策含义》，载于《经济社会体制比较》1990年第2期。

[4] 庞柏林：《市场制度与中国农业技术进步》，载于《哈尔滨商业大学学报》（社会科学版）2006年第4期。

[5] 曹宏鑫等：《农业模型与数字农业发展探讨》，载于《江苏农业学报》2012年第5期。

[6] 王淑荣：《一种新的农业发展理论——评介〈农业发展：国际前景〉》，载于《国外社会科学》1995年第6期。

[7] 王瑞清：《网络信息时代中国农业的发展前景》，载于《中国市场》2018年第31期。

[8] 曹丽萍、金华旺：《从国际经验看中国观光休闲农业发展前景》，载于《世界农业》2015年第3期。

[9] 陈义媛：《农业技术变迁与农业转型：占取主义/替代主义理论述评》，载于《中国农业大学学报》（社会科学版）2019年第2期。

[10] 郭剑雄：《农业技术进步类型的扩展》，载于《经济研究参考》2004年第47期。

[11] 郭剑雄：《农业技术进步类型的一个扩展及其意义》，载于《农业经济问题》2004年第3期。

[12] 中共中央国务院：《关于抓好"三农"领域重点工作确保如期实现全面小康的意见》，新华网，2020年1月2日，http：//www.xinhuanet.com/politics/2020-02/05/c_1125535347.htm。

各国不平等的跨世纪审视

——《21 世纪资本论》研究述评

许彩玲　刘　铿　张　霞*

法国经济学家托马斯·皮凯蒂（Thomas Piketty）的著作《21 世纪资本论》（Capital in the Twenty – First Century）自 2013 年 9 月出版后，迅速荣登美国亚马逊图书销售排行榜第一名，并引发社会各界的热烈讨论。不患寡而患不均，财富分配问题始终是社会各界关注的焦点。《21 世纪资本论》的研究主题正是财富分配的不平等及其内在分化力量等问题。工业革命以来，世界主要经济体的贫富差距是扩大了还是缩小了？决定财富积累和分配的因素有哪些？未来的经济和社会将走向何方？品读此书，我们可管中窥豹，获得启发，引发思考。

一、写作背景和主要内容

（一）写作背景

皮凯蒂在青年时期就对财富分配领域展示出充分的兴趣和天分，22 岁发表了与财富分配相关的毕业论文，并引起学界的重视。此后，他并没有间断对财富分配的研究，站在 21 世纪这一时间节点回顾财富分配的

---

* 许彩玲，福建师范大学经济学院讲师，博士；刘铿，福建师范大学经济学院本科生；张霞，福建师范大学经济学院本科生。

时间轴，费时 20 多年构建起庞大的相关数据库，在人们愈发关注社会不平等、金融市场起伏变化等背景下出版了《21 世纪资本论》。

1. 贫富差距加剧

贫富差距从来没有从人类社会中消失，这种国与国之间或一国内的财富分配不平等在每个时代都显而易见。21 世纪的今天，不论是发达国家还是发展中国家，都存在收入不平等加剧的问题。随着信息传播的广度和深度不断加大、加深，人们能更迅速、更直观地获取不平等信息，巨大的落差容易使人产生不平等心理，不利于社会安定。皮凯蒂认为不平等是不合法的，他利用数据详述了分配不均现象，并致力于提出更有利于大多数人的财富分配方法。

2. 收入分配理论发展不充分

收入分配问题的研究长期以来都缺少事实依据作为支撑，该领域不乏纯粹的理论推测，但分配问题迫切需要数据支撑。自库兹涅茨对美国 1913～1948 年间收入不平等问题开展研究后，再无学者系统地从税收记录中整理出历史收入数据，意识到这一空白的皮凯蒂决定从历史中寻找分配演化的踪迹。也正是这般严谨的态度，才给了他充足的底气和充分的数据驳斥库兹涅茨的倒"U"型曲线，使收入分配理论更丰富。

3. 美国经济学界对数理模型过度沉迷

在美国高校中担任助教的时光中，皮凯蒂看见美国经济学界过度追捧数理模型，缺乏与其他学科的互动，而研究财富分配问题恰恰需要联系历史，充分了解社会阶级结构和主流文化动态。美国经济学界在研究财富分配问题时与历史的脱钩也成为促使皮凯蒂在返回法国后决心挖掘历史数据的原因之一。

（二）主要内容

1. 相关概念的界定

（1）国民收入、资本和财富概念。

国民收入即某一时间内（通常是一年）一国居民的所有收入和，具体包含劳动收入和资本收入。该指标由国内生产总值扣除折旧再加上国外净收入所得,充分体现出两大优点:其一,扣除损耗的资本能避免资本所有者的收入为负数;其二,纳入国外净收入更科学地考量了一国居民的收入状况,作者更是证实一国的境外收支近乎平衡,真正的不平等问题隐藏在国家内部。

"资本指的是能够划分所有权、可在市场中交换的非人力资本的总和。"① 作者将人力资本独立于资本之外,一方面认同人无法被另一个人所有,另一方面顺理成章地将国民收入分割为资本收入和劳动收入,这对后续关于贫富差距的分析至关重要。当然,资本的概念会随社会关系的变化而变化,例如奴隶时代,奴隶及其后代被作为奴隶主的"资本"在市场上交易,那时的资本不单单以非人力形式存在。

在当代经济学中,财富由以市场价格或其近似值计算的总资产价值减去总负债得到,与"资本"有着一些差异。例如,古董、工艺品等具有价值但不能生产的资产被视为财富的一部分,但不属于资本的组成部分;土地等自然资源是天生的财富,但不是资本。综上述知,皮凯蒂对"资本"的定义显然不局限于是一种生产要素,他将难以计量原始价值的自然资源计入"资本"中,并以黄金为例,指出无论资产是否投入生产中,它们都具有存储价值,也可以作为生产要素。② 因而,皮凯蒂将"国民财富"与"国民资本"等价起来,即非金融资产与金融资产的和减去金融负债的总和,包括股票、住宅、土地、利润、机器设备等。

(2) 两个基本定律。

在将资本和财富等同的前提条件下,皮凯蒂提出了全书中衡量资本积累水平的关键指标——资本/收入比(β),即国民资本和国民收入的比值,用存量指标除以一个流量指标。数据指出,欧美发达国家的 β 都呈现出两大特征:一是不同形式资本的分量随时间推移而变化,其中农地

---

① [法] 托马斯·皮凯蒂著,巴曙松等译:《21 世纪资本论》,中信出版社 2014 年版,第 46 页。
② [法] 托马斯·皮凯蒂著,巴曙松等译:《21 世纪资本论》,中信出版社 2014 年版,第 48 页。

价值大幅下跌；二是 β 的变化呈"U"型，18 世纪至 19 世纪末、20 世纪初，积累的资本维持在国民收入的 5～7 倍，1914～1945 年间由于两次世界大战和经济大萧条而暴跌，1970～2010 年间又奇迹般地回归。

借由资本/收入比概念的界定，皮凯蒂引出了该书中资本主义第一基本定律：$\alpha = \beta \times r$，其中，α 为资本收入占国民收入的比重；r 为资本收益率，即一年内资本以任何法律形式（利润、租金、分红、利息、版税、资本利得等）带来的税前收益占投入的总资本价值的百分比。[1] 据此公式，能在纵向、横向上比较一国不同期、同期国与国间资本收入和劳动收入的比例关系，从而窥见贫富差距的历史。如根据皮凯蒂整合的几大发达国家自 18 世纪以来三百余年的数据可知，由于资本收益率 r 长期稳定在 4%～5% 附近，所以 α 的变动趋势大致与 β 一致，即资本积累得越多，资本收入占国民收入的比重会越大，财富越有可能集中在少数人手中。

皮凯蒂认为资本主义的第二基本定律是 $\beta = \dfrac{s}{g}$。其中，s 为储蓄率，g 为经济增长率，包含人口增长率和人均产出增长率。举例来看，如果一国年储蓄率为 15%，年产出增长率为 3%，那么长期来看 β 将为 5，即该国积累的资本是国民收入的 5 倍。第二基本定律解释了长期中资本/收入比（β）的动态变化，如 1970～2010 年间，欧美发达国家 β 的奇迹回归得益于经济的低增长率，主要根源是趋于零甚至为负数的人口增长率。再比如 1970～2010 年间，日本与欧洲发达国家的私人储蓄率比美国平均高出约 4.3%，在 40 年里会使资本/收入比（β）以超过 3 的速度倍增，这解释了美国资本/收入比结构性低于日本和欧洲的现象。

两条基本定律间最大的区别是第一基本定律实际为会计恒等式，第二基本定律则表示一种长期下的理想状态，现实中 β 只会趋近于 $\dfrac{s}{g}$。但两大定律间联系紧密，第二基本定律反映了在高储蓄率和低增长率的影

---

① ［法］托马斯·皮凯蒂著，巴曙松等译：《21 世纪资本论》，中信出版社 2014 年版，第 88 页。

响下，一国的资本/收入比（β）不断上升，由于资本收益率（r）长期稳定，据第一基本定律可知，资本收入占国民收入的比重（α）也会增大，即庞大的资本存量对收入分配起重要影响。

2. 主要发达国家分配不平等的历史演变

（1）分配不平等的总量考察。

为了揭示主要发达国家分配不平等的历史演变，皮凯蒂搜集并整理了20多个国家的收入和财富分配数据，并着重对美国和欧洲国家分配不平等的长期演化特征进行对比分析。[①] 从收入分配看，1900～2010年，美国收入不平等呈现出"升—降—升"的变化特征，其他欧洲国家则呈现出先下降后上升的变动态势。为了更直观地进行对比分析，皮凯蒂进一步以英国、德国、法国、瑞典4个国家收入分配数据为基础计算欧洲均值，与美国进行国际比较。分析结果表明：1900～1910年，美国的收入不平等程度低于欧洲，美国收入前10%人群的收入占国民收入的比重约为41%，而欧洲约为46%；1910～1930年，欧洲的收入不平等程度有所降低而美国则出现了显著上升，由此美国收入的不平等程度超过欧洲整体水平，并在1930年达到一个小高峰。1930年，美国收入前10%人口收入占比达到45%，约高出欧洲同期水平5个百分点；1930～1970年，欧美国家共同经历了一段收入分配不平等差距下降时期，美欧之间的收入不平等差距缩小至5%以内；但自1970年起，美国收入不平等程度持续快速上升，且增速大于欧洲。截至2010年，美国收入最高10%人群的收入比重达到前所未有的48%，欧洲国家约为35%，美国收入不平等程度比欧洲愈发严重。

从财富分配来看，在1810～2010年期间，欧洲和美国财富不平等的演化总体上都呈现出"升—降—升"趋势，但具体变动过程存在明显的差异。1810～1910年，欧洲财富前10%人群和前1%人群的财富比重持续上升并于1910年达到历史高位，同期的美国也呈现出一样的

[①] 根据托马斯·皮凯蒂在《21世纪资本论》中的界定，收入主要是指劳动收入和资本收入。财富主要是指房地产、金融和商业资产（包括扣除债务以后的银行存款、储蓄计划、股票债券、人寿保险、养老基金等）。

变化特征。1910年，欧洲财富前10%人群的财富比重约为90%，前1%人群的财富比重约为64%；美国财富前10%人群的财富比重约为80%，前1%人群的财富比重约为45%，均低于欧洲。1910~1970年，欧洲的财富不平等程度大幅度下降。1970年，欧洲财富前10%人群的财富比重降至60%，前1%人群财富比重降至20%；同一时期美国的财富不平等程度也出现了减缓，但减缓速度不及欧洲，结果就是大概在1960年，美国的财富不平等程度一举超过了欧洲。从1970年开始，欧洲的财富不平等程度有所上升，但总体处于前所未有的低水平，财富前10%人群的财富比重基本保持在60%~65%，前1%人群的财富比重基本保持在20%~25%；反观美国，2010年美国最富有10%人口的财富比重已升至70%以上，最富裕1%人口的财富比重已达到30%以上。总体来说，20世纪下半叶以来，欧美国家财富分配日益集中，且美国财富不平等情况比欧洲更显著。

（2）分配不平等的结构性考察。

皮凯蒂根据收入实现路径的差别，将收入分为劳动收入和资本收入，并认为在所有社会中，劳动收入不平等、资本所有权和收益不平等以及两者的相互关系是构成收入不平等的全部因素。紧接着，皮凯蒂通过充裕的实证数据分别研究了不同时间和空间下收入和资本占有不平等的情况。

皮凯蒂在收集不同时期不同国家劳动分配数据后初步归纳了不同时间和空间下劳动收入的分配状况（见表1）。1970~1990年斯堪的纳维亚是劳动收入最平等的地区，处于低度不平等水平，尽管如此该地区收入最高10%人群仍然占有20%的劳动收入份额，达到平均水平的两倍；收入后50%群体仅占有35%的劳动收入份额，其人均水平仅占总体平均水平的70%。2010年的欧洲被视为中度不平等地区，收入最高10%人群所占劳动收入的份额为25%，收入后50%的群体所占劳动收入的份额为30%。相比之下，2010年的美国劳动收入不平等则处于高度不平等水平，收入最高10%群体的劳动收入份额高达35%，甚至超过了收入后50%群体所占的25%。皮凯蒂预测，到2030年，美国的收入不平等将达到极度不平等水平，收入最高10%群体将占有45%的劳动收入份额，几乎达到总劳动收入的一半。

表1　　　　　　　　　不同时间空间下的劳动收入不平等

不同群体占 总劳动收入的份额	低度不平等 （=20世纪 七八十年代 斯堪的纳维亚）	中度不平等 （≈2010年 欧洲）	高度不平等 （≈2010年 美国）	极度不平等 （≈2030年 美国）
最上层10%（上层阶级）（%）	20	25	35	45
最上层1%（统治阶级）（%）	5	7	12	17
其后9%（富裕阶层）（%）	15	18	23	28
中间的40%（中产阶级）（%）	45	45	40	35
最下层50%（下层阶级）（%）	35	30	25	20
相应的基尼系数（综合不平等指数）	0.19	0.26	0.36	0.46

资料来源：[法]托马斯·皮凯蒂著，巴曙松等译：《21世纪资本论》，中信出版社2014年版，第251页。

相对于劳动收入的不平等，资本占有和资本收入不平等更为极端，极大的财富总量集中在极少部分人群中的现象更为显著（见表2）。皮凯蒂在对长达200年的数据进行分析后，并未能找到其定义的低度不平等社会，20世纪七八十年代斯堪的纳维亚也仅仅被视作资本收入中度不平等地区，最上层10%群体占据50%的资本收入，而另外半数的资本收入则由剩余90%的群体所占有；2010年欧洲国家最上层10%群体占有60%的资本收入，是总体平均水平的6倍，而最下层50%群体仅占有5%的资本收入；2010年的美国，前10%群体占总资本的份额达到70%，被视为高度不平等。历史上出现的资本收入极度不平等地区是1910年的欧洲，前10%群体几乎占有全部的资本收入，高达90%，中产阶级和下层阶级几乎一无所有，但由于一系列战争冲击和政策改革，各国的资本不平等再也没能回到这一历史高位。

表2　　　　　　　　　不同时间空间下的资本占有不平等

不同群体占总资本的份额	低度不平等（未发现：理想社会？）	中度不平等（≈20世纪七八十年代斯堪的纳维亚）	中度到高度不平等（≈2010年欧洲）	高度不平等（≈2010年美国）	极度不平等（≈1910年欧洲）
最上层10%（上层阶层）(%)	30	50	60	70	90
最上层1%（统治阶层）(%)	10	20	25	35	50
其后9%（富裕阶层）(%)	20	30	35	35	40
中间的40%（中产阶层）(%)	45	40	35	25	5
最下层50%（下层阶层）(%)	25	10	5	5	5
相应的基尼系数（综合不平等指数）	0.33	0.58	0.67	0.73	0.85

资料来源：[法] 托马斯·皮凯蒂著，巴曙松等译：《21世纪资本论》，中信出版社2014年版，第252页。

由于在一国的整个社会群体中，劳动收入占总收入的比重要远高于资本收入，因此总收入不平等更趋近于劳动收入不平等水平，但由于资本收入不平等处于极端水平，因此资本收入差距也是影响收入不平等的重要因素。

3. 20世纪70年代以来财富分配不均等程度加剧的主要成因

（1）财富分化的机制：r＞g。

皮凯蒂将资本回报率大于经济增长率（r＞g）这一现象看作一切社会不平等的根源，是导致财富分配不均等的最直接原因。皮凯蒂对所掌握的数据进行估计和推算，结果显示，人类历史上的资本收益率的中间值是每年4%～5%。而年度经济增长率在17世纪之前从未长时间超过

0.1%~0.2%，即便是"二战"后世界经济增长率也未能超过4%。进而皮凯蒂得出结论——"纵观人类发展史，一个无可撼动的事实就是，资本收益率至少是产出（及收入）增长率的10~20倍"[1]。资本收益率高于经济增长率正是社会发展的根本动力所在。1970年后财富分配不平等的回升便可以从中得到最直接的解释：在经济低速增长的社会中，如果资本收益率始终维持着高于经济增长率的水平，则意味着资本所有者可以不通过劳动，仅通过资本积累和再资本化就可以获得比劳动群众辛勤劳作更高的报酬。只要保证资本收益率不低于经济增长率，资本家就可以通过租金、利息等资本收入，过上至少不差于劳动人民提供劳务所得到的生活。皮凯蒂也指出，由于不同时间、空间下资本的分配都处于极端的不平等水平，这意味着 $r > g$ 将导致资本收入和劳动收入的增长差距不断扩大，与之相对应的上层阶层、中产阶层、下层阶层间的财富分化也将越来越显著。

（2）超级经理人和超级继承者现象的出现。

过去几十年中，被称为"超级经理人"的人群在美国等英语语系国家出现，这部分群体凭借其激增的劳动收入挤进了前10%收入水平的行列。据数据显示，美国的收入不平等水平在1950~1970年间处于历史最低。从不包含资本收益的收入分配看，前10%人群的收入占总收入的比重保持在30%~35%；从工资收入分配看，前10%人群的工资占总工资比重保持在20%~30%。然而，自1980年以来，美国的收入不平等就开始加速扩大，前10%人群的收入占总收入（不包含资本收益）比重从1970年的不足33%，一路飙升至21世纪初的45%以上，提升幅度超过了十个百分点；前10%人群的工资占总工资比重从1970年的大约26%，持续上升至21世纪初的35%以上，增长幅度也将近十个百分点。这很大程度上是由超级经理人的出现造成的，即1980年以来，前10%人群工资

---

[1] ［法］托马斯·皮凯蒂著，巴曙松等译：《21世纪资本论》，中信出版社2014年版，第363页。

水平的骤升是美国收入分配不平等程度持续恶化的一个主要原因。①

虽然超级经理人顶端劳动收入的激增可以很大程度上解释收入分配不均的扩大，但资本收入分配不均也是收入前 10% 人群收入比重结构性上涨的一个不可忽视的因素。自 1980 年以来，各国遗产税边际税率迅速下降，孕育出了超级继承者群体，得益于遗产税的下降，他们可以以更低的成本继承老一辈积聚的财富，进一步驱使社会财富分配格局两极分化，大量财富集中在超级继承者手中。资本市场蓬勃发展，资本收益率的上升和资本分配的不均等化相互促进，使得超级继承者资本收入不断提升，社会资本收入分配不均的格局日益加深。

相比劳动收入的分配不均，资本收入分配不均对 20 世纪 80 年代后收入分配不均的解释力度就小得多。这是由于随着遗产继承的不断进行，社会财富总是会聚集在越来越小的一部分群体手中，因此如果考察收入前 10% 人群的收入结构，不难发现其资本收入占总收入比例较低，但如果我们将考察范围缩小到前 1% 人群甚至前 0.1% 人群，我们会发现资本收入在总收入中的占比将大大提升。综上可以发现，超级经理人的出现伴随着顶端劳动收入分配的不平等，而超级继承者的出现则带来了日趋不均等的资本收益分配，并且在越高的收入层级，资本收益分配对总收入分配的影响越显著，超级经理人和超级继承者的出现可以很大程度上解释为何 20 世纪 80 年代以来各国收入分配不均水平再度回升。

（3）对收入分配不平等监管不力。

不同国家的政府监管和社会规范会对社会分配的不平等产生重要影响。他们不仅决定了不同国家对高管薪资（超级经理人劳动收入）的容忍程度，还对社会财富和资本收入的分配起到举足轻重的作用。例如对高管薪酬水平的高容忍度造成了美国、英国、加拿大、澳大利亚等英语语系国家超级经理人迅速兴起，上层群体劳动收入激增是 20 世纪 70 年代以来收入分配不均等程度上升的主要推力，尤其是最上层 1% 人群劳动收

---

① ［法］托马斯·皮凯蒂著，巴曙松等译：《21 世纪资本论》，中信出版社 2014 年版，第 331 页。

入的激增是导致总收入激增的主要原因。这好比"一战""二战"过后政府将政策重心放在战后经济重建而非解决不平等问题一样，20世纪80年代后各国对分配不平等的监管不力是导致不平等扩大，甚至突破历史高位的一个主要原因。

税收政策的不合理化同样是对收入分配监管不力的一大体现。进入20世纪，随着发达国家税收比重从1900年的10%以下上升至1980年的55%左右，累进所得税和累进遗产税在消弭收入不平等上起到了重要作用。但在1980年后，由于受到国际税收竞争的威胁，为了吸引海内外经济个体，各发达国家放松了对高收入的监管，各国所得税最高边际税率（适用于最高收入）和最高遗产税边际税率（适用于最高遗产继承额）均呈现断崖式下降。最引人注目的是英国，其所得税的最高边际税率从20世纪70年代末的96%左右，一路下滑至20世纪80年代末的40%，降幅高达45%以上。直到2010年，英国所得税的最高边际税率才回升至50%左右；同样地，遗产税税率从20世纪70年代末的85%左右下调至20世纪80年代中后期以来的40%左右。在美国，所得税的最高边际税率从1980年的70%下降到1988年的28%，之后虽有所回升，但也基本保持在40%左右；遗产税税率从20世纪70年代末的将近78%左右下调至2010年以来的35%左右。资本收入的税收也在很大程度上从累进税中豁免了。从而部分发达国家甚至出现了平均税率随着收入等级的上升而下降的逆向税收体制，这在一定程度上加剧了财富分配的不平等和资本的高度集中。①

4. 21世纪财富分配监管政策的创新

（1）加强"社会国家"建设。

皮凯蒂通过美国、英国、法国和瑞典四个发达国家财政收支数据的历史演变考察了政府在经济和社会中的作用变化。第一次世界大战爆发前，政府的税收收入较为低下（只占国民收入的7%~8%），这决定了政

---

① ［法］托马斯·皮凯蒂著，巴曙松等译：《21世纪资本论》，中信出版社2014年版，第514、517页。

府一般只履行"王权"职能（警察、法庭、军队、外交以及一般管理等）①，对经济和社会的干预程度较小。1920年以来，政府的税收收入逐步增加。到20世纪下半叶，税收收入已占到国民收入的1/3～1/2。与此同时，政府对经济和社会生活的干预程度大大增强，形成了以保障人们的基本教育权、医疗权和养老权等基本社会权利为主要职能的"社会国家"。"社会国家"通过公共服务和替代收入的再分配机制在一定程度上促进了社会公平。因此，不管是发达国家还是发展中国家，未来都应加强"社会国家"建设，更好地履行保障人们基本社会权利的职能，以实现社会福祉的公平。首先是要促进教育平等。教育公共开支的主要目标就是推动社会流动。既定的目标是让所有人不论其社会背景如何都获得受教育的权利。②但很多国家的高等教育基本都存在入学不公的问题。因而，皮凯蒂提出应从提高高校招生过程的透明度入手，保证低收入群体的受教育权。其次要解决现收现付制下的养老金缺口问题。养老金制度能让大部分的年长者免于贫困。但经济增长率的放缓和人口老龄化都使社会国家现收现付的养老金制度难以为继。在个人账户基础和人人平等的原则上制定统一的退休计划和考虑启用资本化的养老金体系是解决现有养老金制度问题的两个方法。

（2）征收更加累进的所得税。

皮凯蒂始终认为累进税是现代收入再分配的重要手段，"是社会国家的关键要素：它在社会国家的发展和20世纪不平等结构的转型中占据核心地位"③。但当前的国际税收竞争使社会国家的累进税面临着重大挑战，税收在收入顶层表现为明显的累退。最富裕群体的财政脱离会对财政共识产生巨大损害，尤其是中产阶级，他们将无法接受自己比上层社会缴纳更多的税收，并拒绝继续支持财政和社会国家。为确保未来社会国家

---

① ［法］托马斯·皮凯蒂著，巴曙松等译：《21世纪资本论》，中信出版社2014年版，第489页。
② ［法］托马斯·皮凯蒂著，巴曙松等译：《21世纪资本论》，中信出版社2014年版，第498页。
③ ［法］托马斯·皮凯蒂著，巴曙松等译：《21世纪资本论》，中信出版社2014年版，第512页。

的活力，皮凯蒂认为必须对累进税制度进行改革。一是基本税收体系要保持最低限度的累进，至少不能在收入顶层呈现出明显的累退。二是除了劳动收入以外，也要把资本收入和财产继承纳入累进税体系。三是尽可能构建一个更大幅度的累进税体系，而不是轻微累进。①

（3）征收全球累进资本税。

在对比各种抑制财富分配不均的政策工具后，皮凯蒂认为征收全球累进资本税是民主政治重获21世纪全球化金融资本主义支配权并借以避免全球资本过渡集中的最为理想的工具。

首先，全球累进资本税的设计。全球累进资本税就是在全球范围内对所有形式的净资产，包括不动产、金融资产和商业资产，以其当年的市场价值为基础征收永久性的年度累进税。皮凯蒂认为征税的对象要涵盖所有类别的资产，既包含不动产，也包含金融资产，以克服当前多数国家税收覆盖面过窄而无法发挥应有的调节收入分配的作用。至于税率的确定，由于皮凯蒂主张的是征收永久性的年度资本税，这不同于一代人只征收一次的税种（如遗产税），所以税率必须相当温和。最简单也最公平的程序是，以每个财富等级过去若干年可观察到的收益为基础设定税率，最终由民主协商确定。"如100万欧元以下的净财富税率为0.1%或0.5%，100万~500万欧元之间的税率为1%，500万到1000万欧元之间的税率为2%，几千万或数十亿欧元的税率高达5%或10%。"②

其次，征收全球累进资本税的条件。皮凯蒂认为征收全球累进资本税的先决条件是提高国际金融透明度。在全球范围内实现银行客户资产数据共享，以便搜集每位纳税人完整的资产信息，是实现征收全球累进资本税的第一步。美国《外国账户税务合规法案》（FATCA）的实施已经初步实现了银行数据和纳税机关的自动分享，法国和德国也一样。但银行数据的共享程度和共享范围显然还不够，还不足以在全球化承袭制资

---

① ［法］托马斯·皮凯蒂著，巴曙松等译：《21世纪资本论》，中信出版社2014年版，第511页。

② ［法］托马斯·皮凯蒂著，巴曙松等译：《21世纪资本论》，中信出版社2014年版，第590~591页。

本主义中起到抑制财富分配差距过大的作用。一方面，FATCA 只能对在美国本土开展业务的银行有约束作用，对美国本土外的金融机构则没有任何约束力。另一方面，FATCA 规定的违法成本偏低，对银行主动传送客户资产信息行为的激励不大。有效的解决方法是把自动提供全面的银行数据作为自由贸易和资本自由化谈判的一部分，并对那些拒绝的金融机构及国家实施制裁。征收全球累进资本税的另一个条件是实现高水平的国际协作和区域政治一体化。皮凯蒂指出，国家之间的税收竞争是征收全球累进资本税的障碍，提高国与国之间的合作水平势所必然。就欧洲而言，首要任务应该是构建欧洲政治联盟，在共享货币主权的基础上，实现财政主权共享，才能重新控制承袭制资本主义和私人利益，推进 21 世纪的欧洲社会模式。①

二、《21 世纪资本论》的学术价值与理论缺陷

（一）《21 世纪资本论》的学术价值

1. 用数据揭示了主要国家收入和财富分配的历史动态

长期以来，关于财富分配的学术争论和政治争论从未中断。主要原因之一是各界针对社会财富分配问题的分析多是基于各种各样的纯理论推测，缺乏客观数据支撑。皮凯蒂利用历史税收记录、前人研究结果以及 WTID 数据库等多方信息，借助计算机技术，费时近 20 年为财富分配领域构建了庞大的数据库。收集和整理了 18～21 世纪头十年约 300 年，近 20 个国家的收入和财富分配方面的统计数据，以更长期、更全面的数据为人们展现了主要国家的收入和财富分配及其历史演变轨迹。这是这

---

① [法] 托马斯·皮凯蒂著，巴曙松等译：《21 世纪资本论》，中信出版社 2014 年版，第 579 页。

本书最大的一个亮点，同时也为收入分配问题的研究者提供了数据获取的来源和方法。

2. 丰富发展了西方经济学收入分配理论

库兹涅茨基于对美国 1913～1948 年间收入分配数据的测算和分析，提出了倒"U"型的收入分配曲线理论，即随着工业化的发展，收入不平等会出现先扩大后缩小的变化趋势。库兹涅茨理论提出后在学术界产生了巨大影响，备受人们推崇，成为主流经济学收入分配理论的重要组成部分。但皮凯蒂通过对时间跨度和空间跨度更广的收入分配数据分析，得出的结论是在长期的经济发展过程中收入分配差距呈现的是"U"型，驳斥了库兹涅茨的倒"U"型曲线，对西方主流经济学思想提出了挑战，推动了收入分配理论的发展。并且皮凯蒂指出，1931～1948 年这一时期美国不平等的减缓源于第二次世界大战对美国现有资本和收入的大规模冲击，以及该时期内政府的政策管制，而并非库兹涅茨所认为的是经济增长的自动平衡。因而，皮凯蒂的"U"型曲线再次证明了经济增长并不会自动导致收入和财富的均等化趋势，而是相反，收入和财富分配的不平等和两极分化是自由的市场经济条件下正常的经济增长所产生的必然趋势。[①] 这一结论将有助于促进各个国家正视和努力解决收入与财富分配不平等问题。

3. 构建了收入分配不平等问题的新理论分析框架

皮凯蒂对收入分配不平等问题的研究，不仅关注收入不平等的水平本身，还关注收入不平等的结构，即社会群体间劳动收入和资本收入的差距。皮凯蒂认为在所有社会中，劳动收入不平等、资本所有权和收益不平等以及两者的相互关系是构成收入不平等的全部因素，然后通过充裕的实证数据分别研究了不同时间和空间下收入和资本占有不平等的情况，再结合经济、社会、政治和道德等因素对不平等的水平及结构性变化进行诠释，为收入分配不平等问题的研究构建了一个新的理论分析框

---

① 邱海平：《〈21 世纪资本论〉评述——兼论皮凯蒂对马克思理论的一个误读》，载于《山东社会科学》2015 年第 6 期。

架。研究视角独特，分析鞭辟入里，结论发人深省。尤其是皮凯蒂提出的资本主义基本结构矛盾 r > g，即资本回报率总是高于经济增长率，是财富分化的根本力量，这一结论折射出资本对劳动的剥削，尽管皮凯蒂对此并没有深入探讨。所以从《21 世纪资本论》中，我们不难嗅出资本对劳动剥削的实质，并得出资本所有者凭借其资本所有权对劳动者劳动成果的剥削，是造成财富分化的本质因素，资本所有权和财富日益集中是资本主义制度与生俱来的趋势这一结论。

（二）《21 世纪资本论》的理论缺陷

1. 理论分析的局限性

总体上看，皮凯蒂的理论分析主要是基于以往历史数据，从分配领域对不平等问题进行表面分析，并没有深入生产领域进行研究，其理论体系具有较大的局限性。首先，对关键概念的界定比较模糊混乱。资本是《21 世纪资本论》的一个关键概念，但皮凯蒂把资本看作某个时点所拥有的非人力资本的财富总量，把资本等同于财富，没有区分消费性财富和生产性资本，未能揭示隐藏在资本背后的资本剥削劳动的经济关系，对资本的理解过于宽泛和浅显，因此没能发现资本主义最本质的矛盾和社会财富分配不均的制度根源。在把资本与财富相等同的基础上，皮凯蒂提出了资本主义第一个定律：$\alpha = \beta \times r$（α 表示国民收入中资本收入所占比重，β 为资本/收入比，r 是资本收益率），并认为该定律阐释了资本存量和资本收入流量之间的关系。表面上看，构成这一定律的每个概念都不一样。但实际上，这一公式不过是在"资本收入 = 资本收益率 × 资本"等式两边各加了国民收入作为分母的会计恒等式，而不是所谓的定律。[①] 另外，皮凯蒂提出的资本主义的核心矛盾——r > g（资本收益率大于经济增长率）是基于对英国、法国、美国的历史数据分析得出的，并

[①] 袁云云、谢元态：《〈资本论〉与〈21 世纪资本论〉之异同比较》，载于《财经与管理》2020 年第 5 期。

认为该定律适用于任何国家。对 r > g 的形成机理和成立条件等关键性问题都没有做具体和深入的分析，同时也缺少对其他发达国家以及发展中国家的研究，论证有失严谨，由此得出的研究结论的科学性也有待进一步验证。

2. 政策建议的不切实际

皮凯蒂在揭示当代资本主义世界存在的收入分配和财富占有严重不平等的事实后，提出了 21 世纪改善财富分配不平等的政策建议，包括加强"社会国家"建设、征收更加累进的所得税和征收全球累进资本税，并把征收全球累进资本税视为最理想的政策工具。但就如皮凯蒂自己坦言的，全球累进资本税就是一个"乌托邦"。首先，皮凯蒂认为 r > g 是资本主义的核心矛盾，是导致资本主义世界财富差距分化的根本性原因。从马克思主义政治经济学角度看，这是资本主义生产方式发展的必然结果。但皮凯蒂提倡的最佳解决方案并不是针对资本主义生产方式本身，而是跳跃式地提出实施"全球年度累进税"，对资本主义生产方式避而不谈。① 皮凯蒂想在不触动资本主义私有制的条件下从分配领域解决财富分配不平等问题，显然是一种幻想。其次，全球累进资本税的征收需要建立在高度透明的国际金融和高水平的国际协作基础之上。囿于不同国家意识形态和利益的冲突，事实上这两个条件很难具备。再有，根据税收归宿理论，税收会更多地落在缺乏弹性的市场一方。累进资本税的主要承担者不一定是资本所有者，在很大程度上是普通劳动者，这可能会引发更加严重的收入分配不平等。此外，皮凯蒂主要主张通过抑制顶层人群的收入来解决财富占有不平等问题，而忽视了提高底层群体收入相关政策的重要作用。

三、拓展性阅读文献

[1] 邱海平：《〈21 世纪资本论〉评述——兼论皮凯蒂对马克思理论

---

① 袁云云、谢元态：《〈资本论〉与〈21 世纪资本论〉之异同比较》，载于《财经与管理》2020 年第 5 期。

的一个误读》，载于《山东社会科学》2015 年第 6 期。

[2] 袁云云、谢元态：《〈资本论〉与〈21 世纪资本论〉之异同比较》，载于《财经与管理》2020 年第 5 期。

[3] 杨春学、张琦：《如何看待〈21 世纪资本论〉对经济学的贡献》，载于《经济学动态》2014 年第 9 期。

[4] 樊怀玉：《贫困论——贫困与反贫困的理论与实践》，民族出版社 2002 年版。

[5] [美] 罗格纳·纳克斯著，谨斋译：《不发达国家的资本形成问题》，商务印书馆 1966 年版。

[6] 〔美〕西奥多·舒尔茨著，吴珠华等译：《论人力资本投资》，北京经济学院出版社 1990 年版。

[7] [印度] 阿玛蒂亚·森著，王宇、王文玉译：《贫困与饥荒》，商务印书馆 2001 年版。

[8] [美] 奥斯卡·刘易斯著，邱延亮译：《贫穷文化——墨西哥五个家庭一日生活的实录》，台湾巨流图书公司 2004 年版。

[9] [印度] 阿比吉特·班纳吉、[法国] 埃斯特·迪弗洛著，景芳译：《贫穷的本质：我们为什么摆脱不了贫穷》，中信出版社 2018 年版。

四、读书心得

托马斯皮凯蒂的《21 世纪资本论》用长时段的历史数据描绘了主要资本主义国家收入分配和财富占有的变动特征，得出了有别于库兹涅茨曲线的"U"型收入分配曲线，揭示了财富分化根本性原因在于 $r>g$，并据此预测 21 世纪欧美国家的收入不平等将进一步扩大，主张通过征收全球累进资本税来遏制全球资本过度集中。《21 世纪资本论》主要分析的是欧美主要发达国家的贫富差距问题，但它促使了人们更加关注本国的贫富差距问题，引发了人们对如何认识和解决本国贫富差距问题的思考。《21 世纪资本论》的理论分析和政策建议并非完美无瑕，但它使用的研究方法、分析框架值得借鉴。

当前我国的贫富差距状况也不容乐观。2019年，我国城乡居民人均可支配收入比高达2.64∶1，而欧美发达国家城乡收入差距一般在1.5倍左右。[①] 如果再加上附着在户口上的社会福利，包括社会保障、就业保障和教育保障等方面的差距，我国城乡居民之间的差距就更大了。如果按居民人居可支配收入五等份分组，20%高收入组与20%低收入组的倍差，全国居民为10.35。[②] 我国是社会主义国家，消除贫富差距，实现共同富裕是社会主义的本质要求。所以在全面消除绝对贫困问题后，解决以收入和福利差距为主要内容的相对贫困问题便成为我国反贫困工作的重点。党的十九届四中全会就明确提出"建立解决相对贫困的长效机制"[③] 的目标任务。从《21世纪资本论》我们获得的启示是：一要注重初次分配的公平，提高劳动报酬在初次分配中的比重，以此抑制 $r>g$ 对财富分化的作用；二要充分发挥再分配政策的作用，加快开征财产税、遗产税、赠与税等税种，设立合理的起征点和累进税率结构，坚决取缔非法收入，加大对低收入群体的转移支付，改善收入分配格局。当然，我国城乡收入差距过大的主要原因在于城镇经济发展水平高于农村以及城乡二元体制机制导致的城乡居民权利的不均等和城乡资源配置的不均衡。所以从根本上讲，要解决城乡收入差距过大问题，只有废除城乡二元体制机制，赋予农民平等的发展权利与机会，促进城乡要素双向流动和平等交换，推动农业现代化，实现乡村振兴。

---

① 杨春学、张琦：《如何看待〈21世纪资本论〉对经济学的贡献》，载于《经济学动态》2014年第9期。
② 中华人民共和国国家统计局：《中国统计年鉴（2020）》，国家统计局网站，http://www.stats.gov.cn。
③ 《十九届四中全会公报：坚决打赢脱贫攻坚战 建立解决相对贫困的长效机制》，中国新闻网，http://baijiahao.baidu.com/s?id=16489172842865034588wfr=spider&for=pc。

地理学家心目中的《资本论》
——读《跟大卫·哈维读〈资本论〉（第二卷）》

孙晓军　徐容菲　林龙翔[*]

一、写作背景和主要内容

大卫·哈维（David Harvey），马克思主义地理学家，当代西方马克思主义的代表人物之一。1935年出生于英国肯特郡，1957年获英国剑桥大学学士学位，1961年获该校博士学位。曾在英国和美国多所大学任教。哈维的学科立脚点是人文地理学，但其学术视野及思想内涵则贯通于人文社会科学的许多方面。其主要著作包括《地理学中的解释》《社会正义与城市》《资本的限度》《资本的城市化》《新自由主义简史》等。从20世纪70年代早期转向马克思主义研究。

本次选读的是《跟大卫·哈维读〈资本论〉（第二卷）》中文版，2016年1月出版。中文版第一卷于2014年4月出版。在该书的导言中，大卫·哈维提醒读者仔细研读《资本论》第二卷的重要性，并且要和第一卷联系起来。哈维指出，《资本论》第一卷主要关注剩余价值生产的过程和动力，把实现过程中可能出现的问题放在一边。《资本论》第二卷则从相反的方向说明：假设剩余价值生产领域没有任何困难，而把惊险且不

---

[*] 孙晓军，福建师范大学经济学院讲师，博士；徐容菲，福建师范大学经济学院本科生；林龙翔，福建师范大学经济学院本科生。

稳定的剩余价值实现过程放到显微镜下分析。他指出，不重视《资本论》第二卷的后果更为糟糕：我们甚至连第一卷的内容都无法充分理解，因为其中的发现只有在与第二卷的辩证关系中才可以恰当地理解。

在该书中，除导言外，哈维分十二个部分对《资本论》第二卷进行解读，分别是：一、资本循环（《资本论》第二卷第1~3章）；二、循环的三个公式和资本流动的连续性（《资本论》第二卷第4~6章）；三、固定资本问题（《资本论》第二卷第7~11章）；四、商人资本（《资本论》第三卷第16~20章）；五、利息、信用和金融（《资本论》第三卷第21~26章）；六、马克思论信用制度（《资本论》第三卷第27~37章）；七、信用和银行系统的作用（《资本论》第三卷第27章开始）；八、资本的时间与空间（《资本论》第二卷第12~14章）；九、流通和周转时间（《资本论》第二卷第15~17章）；十、资本的再生产（《资本论》第二卷第18~20章）；十一、固定资本问题和扩大再生产（《资本论》第二卷第20~21章）；十二、反思。

从该书的目录可以看出，哈维把属于《资本论》第三卷的商业资本和生息资本这两篇纳入对《资本论》第二卷的解读中，置于第四部分到第七部分。哈维对这样的安排作了如下说明：市场上有效需求的不足，会成为资本持续积累的严重阻碍，而工人阶级的消费是有效需求的重要组成部分，因此，借助于信用，能够缓解甚至有效管理生产和实现的矛盾，政府干预信用制度在某些方面也确实有效，尽管信用一直都是引发投机狂热的源泉，例如2007年次贷危机爆发和房地产价格暴跌。因此，把《资本论》第三卷的商业资本和生息资本部分加入对《资本论》第二卷的解读中，有助于我们理解马克思主义政治经济学的总体性。

哈维明确指出，他个人在许多方面都非常感激《资本论》第二卷，因为《资本论》第二卷是关于资本循环如何塑造自己的空间和时间的，而这也有助于解释为什么资本主义历史以生产加速和削减空间移动的成本与障碍为特征。《资本论》第二卷把这一趋势置于永不停歇的再生产和阶级关系扩张的背景下，这恰恰是"资本是什么"的核心问题。哈维承认,《资本论》第二卷使他理解城市化的政治经济学和区域间不平衡发展的动力学,因此从中获得了很多灵感。哈维创造并在一定程度上普及了"时空压缩"这个概念,用来描述资本将一个货币、商品、人、信息和思想流动的世界,以一种更加紧密、复杂和集中的方式连续不断地联系在一起,而这个想法正是来自他对《资本论》第二卷的阅读。哈维对资本的空间生产和空间修复展开的深入论述,也证明了哈维受《资本论》第二卷影响之大。

不过,哈维将《资本论》第二卷和第三卷中的商业资本和生息资本结合起来阅读的安排方式,尽管也有一定的合理性,但是对他这样的做法,我们也只能看作一家之言,因为这只是哈维自己的解读方式,而不是马克思《资本论》本来的结构安排。商业资本和生息资本或信用,对于资本再生产过程有着巨大的作用,这是不容忽视和否认的,但是《资本论》第三卷除了商业资本和生息资本以外,还有其他非常重要的内容。我们知道,《资本论》第三卷研究资本运动整体考察时的各种具体形式,而生产价格理论则是整个第三卷的基础,一般利润率趋向下降规律是非常重要的规律,马克思明确指出,"由于这个规律对资本主义生产极其重要,因此可以说,它是一个秘密,亚当·斯密依赖的全部政治经济学一直围绕着揭开这个秘密兜圈子,而且亚当·斯密以来的各种学派之间的区别,也就在于为揭开这个秘密进行不同的尝试"[1]。随着资本主义生产力的不断发展,生产扩大和价值增殖的矛盾不断激化,伴随着人口过剩的资本积累过剩越来越严重,需要不断地通过危机来强制实现平衡,资本主义越来越表现出其历史暂时性和局限性。可以说,一般利润率趋向下降的规律把《资本论》第一卷第七篇所阐述的资本主义积累的一般规律进一步具体化了,是对资本主义制度的"死刑判决",说明了资本主义必将最终走向灭亡,为更先进的社会制度所取代。因此,一般利润率趋向下降的规律在《资本论》第三卷占有极其重要的地位。此外,《资本论》第三卷地租篇,也具有重要的理论和现实意义。如此看来,哈维把

---

[1]《资本论》(第三卷),人民出版社2004年第2版。

《资本论》第三卷商业资本部分和生息资本部分纳入对第二卷的解读中，而且质疑马克思《资本论》第二卷的逻辑结构，这只能说明哈维的研究角度太狭隘，是一个因小失大的操作。可见，《跟大卫·哈维读〈资本论〉（第二卷）》这本书作为《资本论》的解读著作，作为一家之言，固然有其价值，而且对初学者学习和研究《资本论》也有一定的帮助，但是它只能是学习和研究《资本论》的二手辅助材料，不能代替对马克思《资本论》原著的阅读。当然，哈维的这本书，列举了一些现当代的例子，距离我们的生活比较接近，更贴近当代的现实，但是这本书无论如何也不能代替对《资本论》原文的阅读。

在该书第 19 页，哈维说，"因此第一卷和第二卷都假定剩余价值怎样在利息、地租、商业利润、生产利润和税收之间进行分配并不重要。他还假设除了劳动之外，所有商品都按自身价值进行交换（消费者的需求总是能以让价值得以顺利实现的方式表现出来）。这也是马克思的《资本论》中没有消费理论的原因（这是很不幸的缺失，尤其是目前消费在美国的经济活动中大约占了 70%。相比之下，中国的这一数字是 30%，也许更接近马克思所处时代的一般水平）"①。哈维在这里指责马克思"第一卷和第二卷都假定剩余价值怎样在利息、地租、商业利润、生产利润和税收之间进行分配并不重要"，实际上这只是哈维自己的见解，而不是马克思本人的见解。《资本论》第一卷和第二卷只是在剩余价值整体上进行研究，分析剩余价值的生产和实现问题，只是到第三卷才开始研究剩余价值分割的具体形式，绝不是因为这些剩余价值的具体形式不重要。接下来，哈维说《资本论》"第一卷中对劳动的分配份额的特殊形式——工资进行的研究非常薄弱……后面的分析按照劳动力价值固定的假设（我们知道它从不是这样的）进行。之后关于工资的章节少得可怜。马克思没有尝试建立工资决定理论，他所做的只是无数次地重复剩余价值理论，

---

① ［美］大卫·哈维著，谢富胜、李连波等译：《跟大卫·哈维读〈资本论〉（第二卷）》，上海译文出版社 2016 年版，第 19 页。

并探究计时工资或计件工资对剩余价值的掩盖"①。对于上面一段话，我们不赞成哈维的观点，马克思从来没有提出劳动力价值是固定的这种假设，因为按照价值的概念，价值取决于生产商品的社会必要劳动时间，劳动生产力变化了，生产一定量商品的社会必要劳动时间也随着变化，商品价值也必然发生变化，哈维怎么会得出马克思认为劳动力价值是固定的这种假设呢？哈维的观点是不成立的。至于他说马克思"没有尝试建立工资决定理论，他所做的只是无数次地重复剩余价值理论"，我们认为哈维的观点也是不正确的。只要认真地读一读《资本论》第一卷第六篇就可以发现，毫无疑问，马克思建立了彻底而严整的工资理论。哈维对马克思类似的指责，还有很多。例如在该书第32页，哈维说"操纵和调动人的欲望一直处在资本主义历史的中心，但马克思把它排除在了政治经济学之外，认为这属于历史研究的范畴。不过，它并非完全处于理论思考之外"②。实际上，马克思在《政治经济学批判导言》中对生产对消费的决定作用和消费对生产的反作用有深刻的分析，而且在《资本论》第一卷中对消费需求的变化对社会分工的影响也进行了详细的论证，因此不能说马克思把人的需要或欲望排除在政治经济学分析之外，但是必须指出，政治经济学研究的主题是经济关系，政治经济学只是在与经济关系有关的必要限度内，才涉及对使用价值以及人的需要和欲望的研究，而对商品使用价值及其涉及的人的需要和欲望的全面研究，属于商品学研究的范畴。哈维对马克思的很多指责是不能成立的，这是我们阅读哈维的著作时需要特别注意的方面。

  当然，大卫·哈维通过他地理学家的独特视角，确实丰富和拓展了马克思的一些理论。尤其是哈维的空间生产理论（主要在该书第八章部分），有很强的理论意义和现实意义，也是我们接下来要重点介绍的内容。

---

  ① ［美］大卫·哈维著，谢富胜、李连波等译：《跟大卫·哈维读〈资本论〉（第二卷）》，上海译文出版社2016年版，第19页。
  ② ［美］大卫·哈维著，谢富胜、李连波等译：《跟大卫·哈维读〈资本论〉（第二卷）》，上海译文出版社2016年版，第32页。

二、重点选文与解读

(一) 第一部分：资本循环 (第二卷第1~3章)

《资本论》第二卷第一篇研究资本循环，第1~3章分别阐述货币资本的循环、生产资本的循环和商品资本的循环。哈维在谈到资本循环形式时指出，"资本在不同形态下进行的空间和地理运动的差异，对于我们统称为'全球化'的过程有重要启发。循环过程中的每一个'时刻'——货币，生产活动，商品——表现出不同的可能性。货币是最具备地理移动性的资本形式，商品的移动性差一点，生产活动移动起来则难得多（尽管也不是不可能的）……赋予金融资本相对于其他形式的资本（例如生产资本和商业资本）更大的流动权力，就等于引入这种具有高度流动性或'自由飞翔'的资本形式——这正是近几十年来资本主义的特征。这些话题马克思并没有研究，但我们没有理由不去研究"①。实际上，马克思并不是没有涉及资本的地理流动问题，只是由于在马克思所处的时代，商品输出或对外贸易还占统治地位，而19世纪70年代后，资本主义逐渐过渡到垄断资本主义阶段，资本输出才越来越重要。

马克思在论证商品资本循环时指出，"由于卖的速度不同，同一个资本价值就会以极不相同的程度作为产品形成要素和价值形成要素起作用，再生产的规模也会以极不相同的程度扩大或者缩小"②。对于这段话，哈维说到，"我们在这里将一个非常重要的新维度引入马克思的理论框架。

---

① ［美］大卫·哈维著，谢富胜、李连波等译：《跟大卫·哈维读〈资本论〉（第二卷）》，上海译文出版社2016年版，第37~38页。
② 《资本论》（第二卷），人民出版社2004年第2版，第48页。

从一个形态转到另一个形态的速度是一个非常重要的变量"①。这里哈维对商品资本循环的理解是正确的,但是,必须指出,马克思的资本循环理论框架中,并非没有"速度"这个维度,而是因为《资本论》第二卷第一篇论述资本循环,侧重于资本循环经过的阶段划分,以及采取的不同形式和执行的不同职能,对于资本循环运动的"速度"问题,则是放在第二篇资本周转部分,因此并不需要哈维将此"新维度"引入马克思的理论框架中。

(二) 第二部分:循环的三个公式和资本流动的连续性(第二卷第 4~6 章)

在《资本论》第二卷第 4 章,马克思指出,"如果社会资本的价值发生价值革命,他个人的资本就可能受到这一革命的损害而归于灭亡。价值革命越是尖锐,越是频繁,独立化的价值的那种自动的、以天然的自然过程的威力来发生作用的运动,就越是和资本家个人的先见和打算背道而驰,正常的生产过程就越是屈服于不正常的投机,单个资本的存在就越是要冒巨大的风险"②。对此,哈维评论道,"这完全可以算是对我们现在所谓的'去工业化'导致的资本贬值危险的理论再现。从 20 世纪 80 年代起,一股巨大的工厂倒闭浪潮冲击了底特律、匹兹堡、巴尔的摩、谢菲尔德、曼彻斯特、埃森、里尔和都灵等老工业城市……当人们寻找原因时,却被告知,这一切都是由一股被称为'全球化'的神秘力量引起的"③。国内和国际工业区域布局变迁导致一些老工业区荒废萧条,原因十分复杂,有资源枯竭和产业转型失败导致的老工业区的萧条,也有工

---

① [美]大卫·哈维著,谢富胜、李连波等译:《跟大卫·哈维读〈资本论〉(第二卷)》,上海译文出版社 2016 年版,第 46 页。
② 《资本论》(第二卷),人民出版社 2004 年第 2 版,第 122 页。
③ [美]大卫·哈维著,谢富胜、李连波等译:《跟大卫·哈维读〈资本论〉(第二卷)》,上海译文出版社 2016 年版,第 70 页。

资等成本因素和税收等政策因素导致的企业外迁造成的老工业区的萧条，并非仅仅是劳动生产率提高导致的价值革命引致这样的后果。

哈维说，"一旦我们的想象开始在马克思的理论基础上漫步，那么我们就会发现第二卷是个丰饶的灵感之源，源源不断地为建构各种理论提供基础。例如，不均衡的地理发展；与非资本主义社会形态进行商品交换的体系；上述体系发展的额定点，是通过商业或殖民主义、帝国主义使世界上绝大部分地区形成一个巨大的市场，资本循环最终统治一切"①。诚哉斯言，《资本论》第二卷确实是蕴含无数宝藏的矿山，需要深入挖掘。

在谈到"自然经济、货币经济和信用经济"时，哈维犯了一个马克思已经指出的错误。哈维说道，"在自然经济中，交易方式是物物交换"。实际上，马克思说得很清楚，自然经济的特征是自给自足，而不是交换。至于哈维说"自然经济、货币经济和信用经济"这些区分是未加批判地从亚当·斯密那里拿过来的，而且这些时期的划分没有任何历史依据，其实这是德国旧历史学派学者希尔德布兰德的观点，虽然他的观点有错误，但也不是完全没有历史根据。

（三）第三部分：固定资本问题（《资本论》第二卷第7~11章）

哈维引用了马克思《1857-1858年经济学手稿》中一段有名的话："机器体系表现为固定资本的最恰当的形式，而固定资本—就资本对自身的关系来看—则表现为资本一般的最适当的形式。另外，就固定资本被束缚在自己一定的使用价值的存在中这一点来看，它是不符合资本的概念的，因为作为价值来说，资本对采取任何特定的使用价值形式都是无所谓的……从这方面来看，从资本对外部的关系来看，流动资本同固定

---

① ［美］大卫·哈维著，谢富胜、李连波等译：《跟大卫·哈维读〈资本论〉（第二卷）》，上海译文出版社2016年版，第76页。

资本相比表现为资本的适当形式。"① 哈维指出,"固定资本的问题恰恰在于资本是运动中的价值,而固定资本是固定的。这种对立产生了一个有趣的问题。原则上（尽管实际中并不总是在这样），固定资本一直是永远对立的资本—劳动关系之外的一个常见的危机来源。危机在固定性不能适应扩张性的运动时发生。后者不得不打破已经固化的那部分资本所施加的限制。随着高度流动的货币资本流向别处,结果是大量固定资本的贬值（1970 年以来的去工业化留下了很多荒废的工厂、仓库和破败的基础设施——甚至衰退的城市,如底特律）"②。应该说,哈维的上述观点是很深刻的,固定在建筑物上的资本,甚至部分设备,很难进行地理上的移动,因此当企业不再开展生产经营活动时,这些固定资本处于闲置状态,便失去了作为资本的属性,最终荒废毁灭而失去自身价值。很多资源枯竭的城市,一些布局不合理的企业,关停并转,都会留下大量的建筑物和部分难以移动的设备,任由自然力的作用而毁灭破坏。但是,固定资本并不仅仅是地理上不可移动的建筑物等,可移动的设备以及运输工具也是固定资本,仍然可以随着产业布局的变迁而迁移。

哈维对《资本论》第二卷中的一段话特别重视,即在局部更新过程中企业规模逐渐扩大问题,"在大多数情况下,这取决于可以利用的空间。有些建筑物可以加高几层；有些建筑物必须横向扩张,这就要有更多的地皮……在这里,有一定空间的生产场所,能够最大限度地逐渐吸收资本"③。哈维说他出于个人对城市化研究的兴趣,认为这段话非常重要,并在自己的著作中经常诉诸"空间生产"来满足吸收资本的需要,特别是那些投机的和浪费的方式,如资本主义的郊区化。哈维认为,"空间生产中的危机——我们到处看到它的后果,最终来源于马克思明确提到的固定性和移动性之间的矛盾"④。需要注意的是,马克思谈到扩大再

---

① 《马克思恩格斯全集》（第46卷）（下册）1979年版,第210页。
② [美] 大卫·哈维著,谢富胜、李连波等译：《跟大卫·哈维读〈资本论〉（第二卷）》,上海译文出版社2016年版,第113页。
③ 《资本论》（第二卷）,人民出版社2004年第2版,第193页。
④ [美] 大卫·哈维著,谢富胜、李连波等译：《跟大卫·哈维读〈资本论〉（第二卷）》,上海译文出版社2016年版,第127页。

生产需要一定的空间场所，特别是一定的地皮，但是否因此就把这种扩大再生产概括为"空间生产"，是需要分析的。在原有企业内进行扩大再生产，以及在新的土地上建立新工厂，这也包括对外资本输出，在国外建立新工业区。"空间生产"，不是专门生产某种空间，而是在一定的地理空间中投资、建造厂房等建筑物、安装设备、从事工业产品的生产，以及建造交通等基础设施、建造房屋等。这些固定在土地上的构造物相互之间以及与周围环境之间共同构成了某种空间景观，这是资本特定的生产物。哈维说"空间生产中的危机……最终来源于马克思明确提到的固定性和移动性之间的矛盾"，这是不正确的，资本的固定性和移动性虽然有矛盾，但是所谓"空间生产中的危机"，归根到底，是资本主义生产过剩的危机，遭受周期性的市场和价格崩溃引起的破坏，大量资本被重大贬值，固定资本也会或多或少地贬值。

（四）第四至第七部分：《资本论》第三卷商业资本与生息资本部分（略）

（五）第八部分：资本的时间与空间（《资本论》第二卷第12~14章）

哈维说，《资本论》第二卷第14章"流通时间"特别吸引他，因为流通时间受交通运输和区位选择影响较大，"它开启了空间关系、集聚经济以及空间生产对资本流通和积累的作用问题"[①]。这一章是马克思对空间结构和动态在资本运动规律中的作用论述得最明确的一章。哈维引用了《共产党宣言》中对当今称为"全球化"的描述，接着又引用了《1857—1858年经济学手稿》中的经典论述："生产越是以交换价值为基

---

① ［美］大卫·哈维著，谢富胜、李连波等译：《跟大卫·哈维读〈资本论〉（第二卷）》，上海译文出版社2016年版，第278页。

础，因而越是以交换为基础，交换的物质条件——交通运输工具——对生产来说就越是重要。资本按其本性来说，力求超越一切空间界限。因此，创造交换的物质条件——交通运输工具——对资本来说是极其必要的：用时间去消灭空间……所以，流通时间只有从它是利用劳动时间方面的自然限制这一点来说，才决定价值……因此，资本一方面力求摧毁交往即交换的一切地方限制，夺得整个地球作为它的市场；另一方面，它又力求用时间去消灭空间，就是说，把商品从一个地方转移到另一个地方所花费的时间缩减到最低限度。资本越发展，从而资本借以流通的市场，构成资本空间流通道路的市场越扩大，资本同时也就越是力求在空间上更加扩大市场，力求用时间更多地消灭空间。"① 马克思的这些经典论述，对哈维产生了巨大影响。

哈维指出，交通运输工具的创新和投资持久地变革着资本所创造的地理景观，资本在国内的地理转移在制造不稳定和不均衡的资本主义地理发展方面，与资本在国际的转移同样重要。而且，马克思谈到，交通运输工具的发展反过来"即使生产中心和又使它的销售地点加速集中。随着大量人口和资本在一定的地点这样加速集中，大量资本也就集中在少数人手里"②。对马克思这段话，哈维说到，"资本主义为了实现减少空间障碍和距离摩擦力这一目标而进行的创新的历史令人叹为观止。但是障碍不仅是物质的：它们同时也是社会的和政治的……很难想象，如果20世纪50年代左右欧洲的贸易壁垒没有被逐步打破，逐步积累会受到多大的抑制"③。哈维对马克思"用时间去消灭空间"论述的理解是非常深刻的，也进行了巨大的发挥。

---

① 《马克思恩格斯全集》（第46卷）（下册）1979年版，第33页。
② 《资本论》（第二卷），人民出版社2004年第2版，第278页。
③ [美] 大卫·哈维著，谢富胜、李连波等译：《跟大卫·哈维读〈资本论〉（第二卷）》，上海译文出版社2016年版，第294页。

（六）第九部分：流通和周转时间（《资本论》第二卷第15~17章）

马克思指出，"对于这个周转机制根本一窍不通的经济学家，总是忽略这一要点：生产要不间断地进行，产业资本就始终只能有一部分实际上加入生产过程。当一部分处在生产期间的时候，另一部分必须总是处在流通期间……忽视这一点，也就完全忽视了货币资本的意义和作用"[1]。"这种连续性本身就是一种劳动生产力。"[2] 哈维评论道，保持连续性至关重要，否则我们要为资本流动的中断和延迟付出高昂代价，而保持这种连续性面临许多困难，这为货币市场和信用制度发挥重要作用打开了大门。哈维认为这是《资本论》第15章最重要的命题，由此也可以看出哈维把第三卷商业资本和生息资本部分纳入第二卷的解读中来的原因。

哈维还认为，通过剩余价值生产进行的资本积累必定与市场上实现剩余价值的债务积累同步进行，从而财富的积累伴随着信用制度中的债务积累。应该说，这是有一定道理的。

（七）第十部分：资本的再生产（《资本论》第二卷第18~20章）

在《资本论》第二卷第三篇中，马克思为了简化分析，假设固定资本在一年内将其价值全部转移到年产品中去，设计了简单再生产和扩大再生产的相关公式。此外，马克思也明确指出："历时较长范围较广的事业，要求为较长的时间预付较大量的资本。所以，这一类领域里的生产取决于单个资本家拥有的货币资本的界限。这个限制被信用制度和与此

---

[1] 《资本论》（第二卷），人民出版社2004年第2版，第294页。
[2] 《资本论》（第二卷），人民出版社2004年第2版，第312页。

相联的联合经营（例如股份公司）打破了。因此，货币市场的混乱会使这类企业陷于停顿，而这类企业反过来也会引起货币市场的混乱。"① 哈维对此评论道，"长期投资这个严重问题在第二卷中一次又一次地出现。麻烦在于，这种投资在再生产图示中基本都被假定为不存在的"②。哈维说的也是事实。但是，对于马克思的做法——假设和简化，可以更清楚地了解社会再生产的实现条件，但具体分析的时候，我们还是要考虑到更复杂的现实情况，固定资本的折旧问题以及它对再生产的影响，就是必须具体考虑的问题，而对于需要长期投资资本的事业所占比例问题，也是如此。

（八）第十一部分：固定资本问题和扩大再生产（《资本论》第二卷第 20~21 章）

马克思指出："为了从简单再生产过渡到扩大再生产，第Ⅰ部类的生产要能够少为第Ⅱ部类制造不变资本的要素，而相应地多为第Ⅰ部类制造不变资本的要素。"③哈维对马克思这个观点评论道，"但我认为这一论点的主旨已经造成了巨大的后果。它支撑了在社会主义发展战略中长期占主导地位的观点，即必须优先考虑扩大第Ⅰ部类的产出，如果必要的话可以牺牲消费品的生产。其出发点：发展重工业，投资于生产的固定资本和基础设施的固定资本，并限制个人消费。最后当利用生产资料生产生产资料的能力达到一定水平后，开始关注人民群众的消费需求。这是许多共产主义国家（苏联和中国）走过的典型路径"④。哈维将马克思的上述观点称为"偏见"，认为马克思并没有证明这种优先的必要性是一个普遍的真理，在社会主义计划的实践中存在的对第Ⅰ部类优先进行投

---

① 《资本论》（第二卷），人民出版社 2004 年第 2 版，第 396 页。
② ［美］大卫·哈维著，谢富胜、李连波等译：《跟大卫·哈维读〈资本论〉（第二卷）》，上海译文出版社 2016 年版，第 340 页。
③ 《资本论》（第二卷），人民出版社 2004 年第 2 版，第 559 页。
④ ［美］大卫·哈维著，谢富胜、李连波等译：《跟大卫·哈维读〈资本论〉（第二卷）》，上海译文出版社 2016 年版，第 373 页。

资的做法应该受到质疑。

很明显，哈维的观点缺乏辩证性。第Ⅱ部类扩大的前提是什么？是第Ⅱ部类投资的扩大，而第Ⅱ部类投资扩大的前提，又是第Ⅰ部类的扩大，没有第Ⅰ部类投资的扩大和规模的扩大，就不能为第Ⅱ部类提供更多的生产资料，因此也就不能实际上扩大第Ⅱ部类。需要特别注意的是，军事工业是一种特殊的生产资料生产部门，特别依赖第Ⅰ部类中的重工业。社会主义的发展历史证明，社会主义制度自诞生起，就面临着帝国主义国家的战争威胁，社会主义的生死存亡迫切需要在最短时间内建立起强大的重工业和军事工业，在此基础上，不断发展消费品工业，提高人民生活水平，斯大林正是充分利用卫国战争爆发前的短短13年时间，建立了9000个大型企业，使苏联成为欧洲第一世界第二的强国，才打败了德国法西斯的疯狂侵略。生产资料部类优先增长不能说是失败的。当然，生产资料部类相对于消费资料部类的优先增长，也是相对的优先，不能绝对化，更不能扩大到极端。生产资料部类的发展，必须依赖消费资料部类提供的消费品，保障生产资料部类劳动者生活水平的提高和劳动力增加的需求，同时消费资料部类的发展，也为生产资料部类提供了巨大的市场和要素来源，两者的协调发展为两大部类之间以及各自内部的结构合理化和不断优化创造条件。两大部类之间以及各自内部各分部类之间也有一个比例问题，两大部类之间的结构失调会造成生产资料部类增长乏力，最终危及整个国民经济的发展。社会主义能够用几十年的时间走过资本主义几百年发展的道路，生产资料部类优先发展是一个巨大的优越性，但是无论如何，生产资料部类优先增长也是有限度的，是受到消费资料部类的制约的，无视这个制约，片面强调生产资料部类的优先增长，并且夸大到荒谬的地步以致长期不能实现两大部类的按比例协调发展，恰恰是苏联等社会主义国家传统计划经济体制存在的严重弊端。但是，由此而简单地否定生产资料部类的优先增长的规律也是不正确的。

三、当代价值

大卫·哈维的这部著作,是西方著名马克思主义者解读《资本论》第二卷的著作,有着作者独特的理解和角度。哈维的专业是地理学,他从地理学家的角度,结合自己对马克思《资本论》的研究,对资本主义在地理空间上发展的机理和后果有深刻的见解。他的空间生产和空间修复理论,是对马克思经济理论的系统阐述和发挥,丰富了人们对资本主义地理扩张的理解,这种结合当今社会发展现实对马克思理论进行阐发的做法是值得称赞的。在 21 世纪的今天,资本主义世界发生了巨大的变化,中国特色社会主义的迅速崛起,极大地丰富了人类的社会经济实践,马克思主义需要结合新的社会现实加以发展,为人类社会解决各种社会经济问题提出新的有解释力和生命力的方案选择。哈维的这部著作以及他的其他著作,就是这种努力的结果,因此是需要认真对待的。

四、扩展性阅读文献

David Harvey. Globalization and the "Spatial Fix". *Geographische Revue.*, 2001, Vol. 2, pp. 23–30.

五、读书心得

大卫·哈维的这本著作,是他几十年阅读学习《资本论》的结果,凝结了他几十年学术生涯的思考,因此有必要通过哈维个人的理解来重新认识《资本论》这一伟大经典,通过不同学科背景的人的理解来多角度地认识《资本论》的博大精深。"一千个人眼中有一千个哈姆雷特。"

虽然阅读各种对《资本论》的解读作品无论如何也不能替代对《资本论》原著的阅读学习，但是不同的人读《资本论》总有各种独特的视角和理解，古人说："独学而无友，则孤陋寡闻"，学问就是在不断的碰撞和切磋中逐渐加深理解的。对于《资本论》这样影响深远的经典著作，我们可以通过阅读各种解读作品，不断深化理解和认识，从而更深刻、更全面地发现它的价值。

哈维通过他作为地理学家的背景逐渐发现马克思理论的伟大，不正说明《资本论》是深刻的百科全书式的著作吗？理论要真正能够说服人是很不容易的。资本主义诞生几百年来，以世界市场为背景，不断地在全球实现地理上的扩张，使资本主义生产方式逐渐遍及全球绝大多数国家，也使资本主义生产方式的内在矛盾在全球范围内充分展开，不断爆发全球性的经济危机，也到处引起革命和变革。近年来，中国迅速崛起，成为世界第一工业大国，科技创新层出不穷，标志着社会主义已经逐渐走出了东欧剧变苏联群体后陷入的低潮时期，而以美国为首的西方资本主义发达国家，自2008年世界金融危机爆发以来，经济发展缓慢，各种社会危机层出不穷，2020年暴发的全球新冠肺炎疫情更是极其沉重地打击了西方国家。"资本主义向何处去"，成了人类必须思考的问题，这与东欧剧变苏联解体后西方学者大叫"历史终结"的情景截然不同。在这样的时代背景下，阅读和研究《资本论》，已经成为当今时代新的潮流，因为《资本论》能够揭开资本主义如何最终走向灭亡的秘密。

通过学习哈维对《资本论》的解读，可以开阔大家的眼界，看看西方马克思主义者如何阅读、理解《资本论》，吸收其合理的、有益的见解，深化我们对《资本论》的理解。对西方马克思主义者的解读，我们要以开放的态度，与其进行思想交流，对其理解出现偏差或出现严重误读、误解甚至曲解、错解的地方，也要实事求是地指出来，这样才能更好地交流思想。受西方资本主义国家的现实制约，西方学者阅读研究《资本论》的人群，以及大学开设的《资本论》和马克思主义政治经济学课程，相对于中国这样的社会主义国家来说，显然是难以相比的，这也可以看出哈维在解读《资本论》的过程中，犯了很多错误。但是，哈维毕竟是哈维，一个地理学出身的学者，靠自学走近了马克思，并持之以恒，几十年下来，用马克思主义理论指导自己的学术研究，取得了巨大的学术成就，获得了全球广泛的赞誉。哈维的治学精神和追求真理的精神，是值得我们学习的。

资本主义双重危机的理论与启示
——读詹姆斯·奥康纳的《自然的理由——生态学马克思主义研究》

黎元生　刘琪琛　刘思明　李丽燕[*]

一、写作背景与主要内容

（一）写作背景

1. 资本主义生态危机的提出与生态学马克思主义的发展概述

自人类步入工业文明以来，经济增长往往伴随着大量资源消耗和生态环境破坏。随着资本主义全球化趋势的加速，生态灾难也在全球范围内蔓延。西方学者在对资本主义生态问题研究的过程中形成了资本主义生态危机理论，该理论认为资本主义经济危机不仅表现在资本主义生产过程中，而且也表现在生产与整个生态系统的互相作用中，也即资本主义生态危机是资本主义经济危机作用于生态系统的表现形式。

那么，在解读经济增长与环境社会之间的关系时，从马克思主义的角度能够获得什么新的发现？围绕这一学术领域的探究引致了国外生态

---

[*] 黎元生，福建师范大学经济学院教授、博士生导师；刘琪琛，华中科技大学马克思主义学院研究生；刘思明，厦门大学马克思主义学院研究生；李丽燕，暨南大学经济学院研究生。

学马克思主义学派的诞生。从威廉·莱易斯到本·阿格尔，生态学马克思主义学派意将马克思主义基本原理及批判功能同现存的生态环境问题相融合，寻求一条能够实现生态环境与人类发展共赢的途径。随着时代变迁和研究的深化，生态学马克思主义理论日益发展完善，其中，詹姆斯·奥康纳对于该学派的发展发挥了重要的推动作用。

2. 詹姆斯·奥康纳的个人情况简介

詹姆斯·奥康纳作为社会生态学家、美国激进政治经济学的代表人物之一，曾在美国圣劳伦斯大学学习，获哥伦比亚大学文学士和哲学博士学位。先后在巴纳德学院、圣路易斯的华盛顿大学、圣约翰的加利福尼亚大学执教，曾任加利福尼亚大学圣克鲁兹分校社会学和经济学教授。面对资本主义环境灾难问题日益严峻的客观现实，奥康纳意识到环境危机及社会危机越来越成为资本主义制度的威胁，他试图通过坚持马克思主义在解决资本主义生态危机方面的理论价值，重新论证马克思主义的生命力，最终书写成了《自然的理由——生态学马克思主义研究》（以下简称《自然的理由》）这本著作。

（二）主要内容

《自然的理由》一书由三个部分组成：第一部分"历史与自然"，重点阐释马克思主义在人类与自然界相互作用问题上辩证、唯物主义的思考方法；第二部分"资本主义与自然"，从马克思的资本理论以及波兰尼的社会理论的视角，对当今世界的资本主义与自然和社会世界的"完整性"之间的矛盾作出研究；第三部分"社会主义与自然"，以资本矛盾理论为基础，对一般层面的"新社会运动"以及具体层面的生态运动作出理论上的阐述。

1. 历史与自然

（1）自然、文化与历史唯物主义的观念。

奥康纳从生产力与生产的关系出发，将自然、文化和社会劳动关联起来。此外，奥康纳认为协作是一种生产力和生产关系，从而对协作也进行了相应的阐释。这些范畴之间相互联系、相互作用,共同推动了社会历史变迁。奥康纳高度重视自然的历史地位,因而他主张必须对历史唯物主义进行重构。

(2)关于环境史。

从定义上简单来说,环境史就是人与自然作用和反作用的历史发展过程,同时,它还是一个具有整体性与特殊性的范畴。奥康纳认为,在某种意义上环境史可以被视为先前存在过的各种历史类型的一个发展顶点,但它也存在不足的地方,即环境历史学家在自担风险的前提下,对生态科学和整个社会科学的重视程度依然不够。

(3)以蒙特利湾为例展开关于审视生态史及文化景观的三种方法的讨论。

一是认为自然造就文化,又被称为"环境决定论",即自然地理状况决定历史文化发展;二是认为文化造就自然,一个地区的文化是起决定作用的因素;三是认为文化与自然以资本和阶级作为中介,通过劳动,从而具有统一性。前两种观点遮蔽了经济和社会阶级在这一问题中的核心地位。因此,我们应该将文化、劳动和自然作为一个统一的整体来看待。奥康纳在这部分中从生态学的角度将"自然"与"文化"放在同等重要的位置,意图改变人们现存的观念基础、提高人们的生态意识,构建人与自然和谐共生的生态文化。

2. 资本主义与自然

纵观整个第二部分的内容,作者重点提出了资本主义双重危机理论,主要是指资本主义同时存在两种危机,即资本主义经济危机和资本主义生态危机。

(1)资本主义的双重矛盾。

资本主义第一重矛盾是以"实现维度上的危机"来表现的。"这种矛盾的一个特定形式是价值与剩余价值的生产与实现(或被剥削)之间的矛盾。"① 资本主义生产的最终目的是剩余价值的生产。任何一种既定的剥削率的创造，都将导致工人的购买力不足，进而导致商品的市场需求在一定程度上的不足，最终导致实现价值和剩余价值的难度就越大，进而导致了生产过剩的危机形式。

资本主义第二重矛盾是以"流动性危机"来表现自身的。"生态学马克思主义主要聚焦在资本主义的生产关系和生产力，通过损害或破坏自然环境，因而具有自我毁灭的现象的问题上。"② 例如工业化生产使大气变暖、有毒的废弃物以及土壤的蚀失等。当生产条件的再生产费用不断上升时，就有可能出现生产不足的危机。

（2）资本主义的双重生态危机。

资本主义社会经济危机主要是由工人购买力不足引起的。由于资本家是以追求利润为目的，因此在商品生产过程中，他们会尽可能地剥削工人的必要和剩余劳动。这种状况会产生社会化大生产和工人购买力两者之间的矛盾，即上文所提到的资本主义的第一重矛盾。由于工人购买力的丧失，最终会导致工人无法继续提供劳动，进而引起资本主义经济危机。

资本主义生态危机共有两种类型。第一种是由资本积累导致的生态危机。奥康纳认为，资本主义资本积累主要是通过相对剩余价值生产来实现，提高剩余价值有两种途径：一是降低生产成本，二是提高劳动生产率。生产成本与原材料价格有密切联系，一般而言要使生产成本降低，需降低原材料的价格，才能提高剩余价值。资本家在经济利益的驱动下，当原材料价格下降时就会加大对自然资源的开采力度，当原材料价格上升时会提高使用率或者不断降低成本。在这一循环过程中，自然资源越来越缺乏，生态危机也就变得越来越严重。第二种是由经济危机导致的生态危机。奥康纳认为，资本主义内部存在过度竞争和迷恋效率，随着生产规模的不断扩大和生产率的不断提高，资本家们会对自然资源进行大规模、肆意地开发

---

① ［美］詹姆斯·奥康纳著，唐正东、臧佩洪译：《自然的理由——生态学马克思主义研究》，南京大学出版社2003年版，第257页。
② ［美］詹姆斯·奥康纳著，唐正东、臧佩洪译：《自然的理由——生态学马克思主义研究》，南京大学出版社2003年版，第265页。

利用，这会导致一系列生态问题的出现，而这些都与经济危机有着密切联系。

3. 社会主义与自然

（1）"生产性正义"和分配性正义。

在资产阶级思想中，正义往往表现为对实物的平等分配，仿佛对产品的平等分配就可以实现社会公平正义，因此资产阶级的正义是"分配性正义"。奥康纳根据资本主义阶级活动和经济活动进行实证分析，对"正义"诉求进行系统分类，"目前经常讨论的有三类与团体或阶级而非个人相关的正义，可以被称作社会民主的分配性正义"[1]。即涉及财富收入和分配的经济正义；环境利益和风险的平等分配与分摊的生态的或环境的正义；资本主义积累给某些特定地区带来某些利益和损害的平等分配与分摊的社区的或公正的正义。

在上述三种类型的"分配性正义"中，均存在某些团体对另一些团体机构欠下社会性债务的情况，而在生态学观点上，这些债务应该被分期清偿掉，而不是被选择搁置无视，"分配性正义"同样在资本主义社会行不通，因为"资本是拙于对事物的保护的……对资源加以维护和保持，这些是无利可图的"[2]。奥康纳所强调的"生产性正义"，指生产主体有平等的权利从事生产活动，是正义在生产领域的体现，这是生态观念在生产条件上的体现，即生态学社会主义追求的"生产性正义"，实际上是摒弃了资本对自然资源和人力资本不平等的剥削，正如奥康纳否定"自然的资本概念"，那样对"生产性正义"的追求，需要从保护自然资源和人力资源出发，进而瓦解资本运作机制，建立起公正、平等的统一生产条件。

（2）奥康纳的"保护第一"方案。

在西方国家，生产能力与有效需求之间失衡的问题越发严重，部分表现为：资本货物和消费货物的生产能力，与利润、工资率之间不平衡

---

[1] ［美］詹姆斯·奥康纳著，唐正东、臧佩洪译：《自然的理由——生态学马克思主义研究》，南京大学出版社 2003 年版，第 535 页。

[2] ［美］詹姆斯·奥康纳著，唐正东、臧佩洪译：《自然的理由——生态学马克思主义研究》，南京大学出版社 2003 年版，第 503～504 页。

的矛盾,这分别造成了资本实现的危机和比例失调的危机,即资本主义经济危机。其中问题包括社会群体财富和收入的不平等、西方国家凯恩斯主义经济管理模式的退隐,同时货币主义也越发成为资本主义经济政策运用的主要工具,这一切都使得这两个趋势越发严重;在资本主义国家内部和世界主要市场经济体制国家,各种货币交易和投机交易活动也迅速泛滥,金融、保险以及房地产部门获得了飞速的增长,这对资本主义国家内部和国际金融的稳定性造成了新的威胁,即经济危机的积累。事实证明,2008年美国次贷危机彰显了资本主义国家从事高危投机活动所形成的"泡沫经济"注定走向衰败。

对于如何解决资本主义国家内部危机,奥康纳提出了"保护第一"方案。"保护第一"喻指"指运用劳动力与原材料、技术与机器、知识与社会组织以及其他一些生产要素去斗争、重建、更新、维持、保护劳动力自身(智力的、体力的、审美的心理与胜利健康)、环境(生态系统、宜人性)与环保运动、社区(社会的与物质的基础设置、正义与平等、团结与公民德性)与社区权力运动"①。实际上"保护第一"方案的核心为对人的保护,是对劳动的深入,而不是对劳动平等条件追求的摒弃,它被平等主义原则和一种社会政治逻辑所决定,而不受那种纯粹的经济逻辑的支配。劳动不再意味着为资本增殖提供剩余价值,而意味着使社区、环境以及一般社会生活保持平衡,所有的"保护第一"的劳动也许既包含有工具性的意义,也包含有情感的和审美的意义。"保护第一"不可能在资本主义模式中取得成功,这种替代性方案从其根本的方法和后果来说都是对资本主义社会具有革命性的。"资本主义积累的核心矛盾之一:忽视了资本自身的生产条件,而且还颠倒了生活条件和生活本身的关系。"② 这是因为人类生产活动是为了创造和适应生产条件,而并非使得客观生产条件服从人们主观生活要求本身。

---

① [美]詹姆斯·奥康纳著,唐正东、臧佩洪译:《自然的理由——生态学马克思主义研究》,南京大学出版社2003年版,第505~506页。
② [美]詹姆斯·奥康纳著,唐正东、臧佩洪译:《自然的理由——生态学马克思主义研究》,南京大学出版社2003年版,第502页。

二、重点选文与解读

（一）关于"历史唯物主义重构"的选文与解读

选文 1

任何对历史唯物主义的重构必须分两步：首先必须迈出的一步是：对协作和劳动关系模式与历史的变迁和发展之间的关系进行探讨。然后再迈出第二步：即建构一种能够阐明文化与自然界对所有者或统治阶级的力量产生影响或起促进作用的方式。①

解读：①针对第一步：奥康纳曾指出"自然"在历史唯物主义理论体系中丧失应有的位置，是出现生态问题的理论根源之一。因此，我们需要重构历史唯物主义。历史唯物主义需要面对自然和文化之间的历史性积累形式的演变关系问题，而自然和文化都有可能内含于社会劳动之中。奥康纳将协作视为一种生产力和生产关系，从而使得自然和文化在劳动的协作当中具有统一性。因此，历史唯物主义必须研究社会劳动以协作的形式作用于自然与文化的问题，以及由此引起的对社会历史的变迁与发展的影响。②针对第二步：奥康纳将自然与文化蕴含在了生产力与生产关系的主客观维度当中，换言之，自然与文化是生产力与生产关系的前提和基础，而劳动关系又与生产力和生产关系息息相关，所以自然与文化在一定程度上决定劳动关系的形式。选文中提到的所有者或统治阶级的那种力量，即把生产过程中的劳动因素联合起来并对之施加强制作用的力量，且这种力量通过劳动受制于自然与文化。因此，我们需要构建一种能够阐明自然与文化对统治阶级下的强制劳动关系有何影响的方式。

---

① ［美］詹姆斯·奥康纳著，唐正东、臧佩洪译：《自然的理由——生态学马克思主义研究》，南京大学出版社 2003 年版，第 168 页。

（二）关于"自然与资本的逻辑"的选文与解读

选文 2

自然与资本的逻辑：不管是传统的生活方式，还是那些熟悉的景观，迟早都会服从于资本的逻辑，市场、金融以及生产过程的全球化侵蚀着古老的文化以及本土的环境。过去的那种文化与自然之间的统一性——文化价值、技术水平、劳动方式以及"第一自然"之间或多或少都是能够很好地统一起来的。然而，自从资本主义化的财富取代原来的社区性和自足性的财富的时候起，上述这种统一性就开始瓦解了。①

解读：随着资本的全球性扩张，传统的那种文化、技术、劳动以及"第一自然"之间的统一性逐渐瓦解，这种趋势也即自然与资本的逻辑。这里"第一自然"即未经人类改造的自然；反之，经过人类改造的则称为"第二自然"。在当今工业化部门中，过去的那种自然、文化与劳动之间紧密相连的形式逐渐被市场化、标准化的融资方式、管理模式及技术需求等取代。在现今的经济发展活动中，不论是特定的文化与自然形式的联系，还是特定的劳动分工与技术变革的联系，都早已被瓦解或者说呈现衰退形势。也就是说，人类作用的自然客体渐渐由传统的"第一自然"演变为"第二自然"，即在服从自然与资本逻辑的过程中取而代之的是在自由发展及雇佣劳动的全球化过程中实现的现代化、商品化的自然、文化与劳动形式。

（三）关于"自然环境与经济的关系"的选文与解读

选文 3

自然界对经济来说既是一个水龙头，又是一个污水池。自然界作为

---

① ［美］詹姆斯·奥康纳著，唐正东、臧佩洪译：《自然的理由——生态学马克思主义研究》，南京大学出版社 2003 年版，第 143、145 页。

一个水龙头已经或多或少地被资本化了；而作为污水池的自然界则或多或少地被非资本化了。水龙头成了私人财产；污水池则成了公共之物。

很显然，水龙头是资源衰竭的一个隐喻；污水池是污染的一个隐喻。我的最终观点是：资本主义生产所带来的是两种不同类型的衰竭以及两种不同类型的污染。存在着两种打开水龙头的办法以及两种利用污水池的办法，因此，也存在着两种不同类型的生态危机。①

解读：奥康纳对于自然界给出了形象的比喻：从生产所需要的资料都是从地球上获得的角度来看，自然界是一个水龙头的概念；而从生产过程中所产生的废物都会以不同的形式回归地球的角度来看，自然界是一个污水池的概念。这样一来，就可以很好地理解这段选文所表达的观点。水龙头之所以成为私人财产，是因为资本家将自然视为己有，对其进行无情的掠取，并且这种掠取几乎不需要付出任何代价，因而最终将导致水龙头的水被放干；而污水池之所以成为公共之物，原因在于资本家对利润的追求导致他们不会在意对自然的保护，因而肆无忌惮地将废物直接排放到自然界。

奥康纳认为存在两种不同类型的生态危机，这种观点是基于资本是依赖经济危机而不断积累的。一般而言，处于经济困境中的资本主义的企业会通过技术变革、创新发展等方式来维持利润。由于资本主义剥削会造成工人购买力不足、市场需求下降，因而企业无法通过出售更多的商品获取更多的收入，这就限制了生产商品的企业的扩张，给高技术行业和服务业提供了发展壮大的机会。在作者看来，面临危机的部门会以特殊的方式使用自然界，而面临快速增长机遇的部门会以不一样的方式利用自然界，因此就存在着两种生态危机的可能性，这也为奥康纳双重危机理论的提出奠定了思想基础。

---

① [美] 詹姆斯·奥康纳著，唐正东、臧佩洪译：《自然的理由——生态学马克思主义研究》，南京大学出版社2003年版，第296页。

三、生态学马克思主义理论的借鉴启示

(一) 重视人与自然"生命共同体"的建构

自然对人类社会历史发展具有决定性作用。但是在奥康纳看来,由于过去对于自然的内在运动规律及存在的最终目的的忽视,使得人们对自然概念的理解产生偏差,甚至轻视了自然在历史唯物主义中应有的位置。文化是历史的产物,而自然又是文化的重要构成因素,脱离了自然的文化发展,注定达不到历史唯物主义对人类社会改造的理想状态,人与自然的和谐关系就是一句空话。因此重新架构人类与自然和谐的发展关系,需要重点突出自然在人类社会和文化演变过程中的重要价值。

当前我国已将生态文明建设上升为国家战略,建设人与自然和谐共生的现代化,是社会主义生态文明建设的重要理论创新。生态文明是人类文明的一个重要组成部分,社会文化的发展离不开对生态环境的依赖,要时刻保障生态建设与历史推进相协调。中国特色社会主义生态文明建设,追求的是人与自然的和谐、经济和社会的和谐,不以损害人民生存环境为前提,保护与发展并举,既要绿水青山,也要金山银山("两山")。正所谓"人不负青山,青山定不负人",推动社会主义生态文明转型并非一朝一夕能够完成的,需要永续坚持生态建设方针,并在生态文明建设领域进一步有所建树。

(二) 完善生态文明制度体系

生态学马克思主义对资本主义制度下的生态危机的批判是坚持在历史唯物主义的阶级分析法和历史分析法的基础上的,奥康纳认为资本主义之所以会面临经济危机和生态危机,原因在于资本主义制度本质上的逐利性和利益导向，不以人为中心而以金钱为核心诉求的制度注定无法对自然形成有效保护。生态学马克思主义对资本主义源于制度上的批判带来的是对国家机器运行的思考，因此在我国就更加需要思考人与自然和谐共生发展的协同问题，需要积极发挥制度在解决生态问题上的积极作用。如何加强制度之间的协调配合，适时提出创新型生态文明制度就成为一大关键任务。一方面，要按照生态文明建设的要求，加快构建生态补偿制度、生态保护绩效考核和责任追究制度等不断提高公众保护生态环境的参与度；另一方面，可以不断健全政府绿色考核机制，以各类生态文明制度成效为考核标准，建立符合生态文明要求的制度体系、考核办法等。同时，根据我国当前环境保护难题，还可以创新性地提出新制度、新机制、新模式，从顶层设计的层面为生态文明建设给予制度保障，例如促进生态产品价值实现，带动"两山"互相转化，实现利绿共赢；加快构建生态环境保护信誉制度，将破坏环境的行为纳入信誉考量，以此提高人们对生态环境保护的意识，带动全社会共同保护生态资源等。

（三）追求对人和自然的"保护第一"

奥康纳的生态学马克思主义观点为我们带来的是对人和自然的共同保护的思考，不是以一方对另一方单方面索取的视角，而是以平等的关系去审视人与自然协调共生的发展道路。人与自然是命运共同体，无论是日本福岛核污水排放的主观人为行为等，还是澳大利亚海岸森林火灾的客观自然灾害等，对自然的破坏都会给人类社会带来巨大的损失。因此在当下既要追求奥康纳主张的对生产结果的"分配性正义"（即每个人不会为了分配不均而对自然实施的侵害行为），也要努力实现对人和自然的"生产性正义"，即坚持"保护第一"原则，构建人与自然的协调共生关系。

在这里奥康纳的"保护第一"，既是对每一个个体行为人的保护，亦是对自然的一种正向行为反馈。对于个体劳动者而言，由于劳动者自身的独立性和力量有限性，需要工会和法律制度有效保障劳动者合法权益，比如在规定的劳动时间内和额外劳动报酬补偿、生产机器安全性能检查、提供合适的生产环境等,确保每个人的生产条件不被侵害;在自然资源保护方面,需要进行保护性开发,即需要完善生态资源转换和补偿机制,在确保生态效益不流失的前提下,实现生态资源合理转换为经济效益,不断探索新型生态产品价值实现机制,多样化生态产品价值实现渠道,即实现以"零损失"为目标。无论是警醒当下还是提示后人,对人和自然的"保护第一"措施都需要得到有效的实施,促进人与自然和谐共生,尊重自然、顺应自然、保护自然,以自然恢复为主,守住自然生态安全边界,走出一条保护环境要素、提高人民福祉的共生之路。

四、拓展性阅读文献

[1][加]威廉·莱斯著,岳长龄、李建华译:《自然的控制》,重庆出版社2007年版。

[2][美]约翰·贝拉米·福斯特著,刘仁胜、肖峰译:《马克思的生态学》,高等教育出版社2006年版。

[3][美]乔尔·科威尔著,杨燕飞、冯春涌译:《自然的敌人:资本主义的终结还是世界的毁灭?》,中国人民大学出版社2015年版。

[4][德]萨卡著,张淑兰译:《生态社会主义还是生态资本主义》,山东大学出版社2012年版。

[5][英]戴维·佩珀著,刘颖译:《生态社会主义:从深生态学到社会正义》,山东大学出版社2005年版。

[6][英]戴维·佩珀著,宋玉波、朱丹琼译:《现代环境主义导论》,上海人民出版社2011年版。

[7][美]菲利普·克莱顿、[美]贾斯廷·海因泽克著,孟献丽、于桂凤、张丽霞译:《有机马克思主义:生态灾难与资本主义的替代选择》,人民出版社2015年版。

[8][英]特德·本顿著,曹荣湘、李继龙译:《生态马克思主义》,

社会科学文献出版社 2013 年版。

[9] 陈永森、蔡华杰：《人的解放与自然的解放：生态社会主义研究》，学习出版社 2015 年版。

[10] 张季平：《20 世纪 90 年代以来的生态社会主义》，内蒙古教育出版社 2013 年版。

[11] 郑国玉：《生态社会主义构想研究》，中国社会科学出版社 2015 年版。

[12] 康瑞华：《批判构建启思：福斯特生态马克思主义思想研究》，中国社会科学出版社 2011 年版。

五、读 书 心 得

读书心得一

（1）提供了一个运用马克思主义生态思想，分析当代资本主义生态危机的范本。

学习马克思主义，不能只是寻章摘句，而是深刻理解马克思主义的立场、观点和方法。这本著作在马克思主义经济学的理论框架下，将自然资源、劳动力和公共设施看作资本主义生产的外在条件。什么是外在生产条件？是指这样的一些东西，它们并不是按市场规律（价值规律）生产出来的商品；相反，它们只是被当作商品来看，即它们只是具有"虚拟价格"的"虚拟的商品"。其中，自然资源或者称为外在的物质条件，包括"作为生存资料的自然财富"以及"作为劳动工具的自然财富"。① 资本家总是将自然看成资源的"水龙头"和废弃物的"污水池"，在追求利润最大化的目标导向下，总是在拮取公共财富以转变为私人财富，称为"劳德代尔悖论"（资本主义扩大私人财富的一个方法是摧毁社

---

① [美] 詹姆斯·奥康纳著，唐正东、臧佩洪译：《自然的理由——生态学马克思主义研究》，南京大学出版社 2003 年版，第 232 页。

会财富,把昔日丰富的社会财富变得稀缺,如煤、石油、空气、优美环境等);在自然资源开发利用中将"水龙头"变成了私人财产,"污水池"则变成了公共之物,波兰尼称之为"虚拟的商品",生产的外部条件之一。其虚拟价值不仅以市场需求和地租状况为基础,而且以总体上的阶级斗争为基础以及具体的环境斗争为基础。①

《自然的理由》一书的重要亮点在于提出了资本主义双重危机理论。"生产也是破坏",任何生产都以消耗资源、能源、产生污染物为代价,"脚踏车"式的生产导致了资本主义的新陈代谢断裂,导致了对资源与环境的过度消耗。因此,资本主义社会存在两种矛盾和两种危机,即生产力与生产关系之间的矛盾必然引发生产相对过剩的经济危机;资本主义生产关系和生产力与资本主义生产的条件之间的矛盾必然引发生态危机。经济危机和生态危机是资本主义社会无法克服的障碍,经济危机引发生态危机,生态危机又加剧经济危机。特别指出:资本积累必然加剧生态危机,资本家为获取相对剩余价值,就会降低生产成本和提高劳动生产率,从而引发原材料价格上涨,使得自然资源和能源受损。可见,资本主义的反自然性源于"存在于资本主义与自然界之间,或者说,存在于资本的自我扩张和自然界的自身有限性之间的总体性矛盾"②。而自然界的破坏会增加资本要素的成本,增加地租的支付金额、减慢资本周转的速度、增加劳动者的疾病和工资成本,导致产生社会和政治上的反对力量,如全球环境主义运动。生态马克思主义研究的出发点就是资本主义的生产力和生产关系与生产条件之间的矛盾。资本主义的生态危机,是以促进资本主义国家采取各种"新的协作形式"为前提,或者"以人类与自然之间、人类个体与自然和社会环境之间的新陈代谢的更具有社会性的管理形式为前提的"③,同时促进资本与国家对生产条件实施更加有

---

① [美]詹姆斯·奥康纳著,唐正东、臧佩洪译:《自然的理由——生态学马克思主义研究》,南京大学出版社2003年版,第234页。
② [美]詹姆斯·奥康纳著,唐正东、臧佩洪译:《自然的理由——生态学马克思主义研究》,南京大学出版社2003年版,第235页。
③ [美]詹姆斯·奥康纳著,唐正东、臧佩洪译:《自然的理由——生态学马克思主义研究》,南京大学出版社2003年版,第269页。

力的控制或更为有效的计划。

（2）比较客观地分析了两种类型制度国家面临的生态困境。

根据亚当·斯密的描述，在早期社会，大自然保持原貌，那时，人口数量少，且人们满足于基本需求，自然资源富足，人类享用的不过是源源不断的自然资源供应"大饼"的边缘而已。在工业文明以前，人类活动一直处在生态环境的整体可承受范围之内。随着工业文明的发展，人口快速增加，经济活动规模迅速扩张，生态环境被加快损害。到了18世纪，人们才开始围绕自然资源和环境问题进行探讨。① 从生产力发展角度看，工业革命以来，无论是资本主义国家，还是社会主义国家，任何一个国家及其社会发展阶段，都面临着经济发展与自然资源等外部生产条件稀缺性的矛盾，都面临着工业化、城市化、技术落后的现实问题。社会主义国家大多都是在经济比较落后的国家建立的，为了社会主义建设和"赶上西方"的政治需要，无论是苏联还是中国，都会像资本主义早期一样，采取粗放型的经济发展方式，因而一定程度上造成了生态环境的破坏。习近平同志指出："先污染，后治理"不是人类经济社会发展的规律，而是资本主义发达国家血的教训。然而，在过去一段时间，我国并没有摆脱发达国家"先污染后治理"的老路，而且事实证明，我们就走这条老路上，而且先污染更猛更快，后治理则落后更多。我国几十年的工业化、城市化相当于发达国家100多年的工业化、城市化进程，导致环境污染在短期内集中爆发；虽然我国仅用占世界7%的耕地养活了20%的人口，但同时我国7%的耕地却消耗了世界1/3的化肥。党的十八大以来，我国生态环境质量恶化的趋势才得到扭转。社会主义国家既要发挥制度优势，加强生态环境治理，也要借鉴发达资本主义国家先进的环境治理技术，全面提高资源利用效率，全面促进经济社会转型。

从生产关系角度看，该书认为，资本主义和社会主义两种"不同的财产关系和政治体系在分析环境退化的原因和后果的过程所具有的理论

---

① ［英］E. 库拉著，谢扬举译：《环境经济学思想史》，上海人民出版社2007年版。

意义,是极有益的"①。传统社会主义国家资源损耗和环境污染更多是政治问题而非经济问题,更强调集中消费、计划体制、科学治理手段和政府的宏观管制政策,能够较好地实施自然资源的管制和对私人资本行为的约束,"大规模的环境退化并非是社会主义的内在本质"②。而资本主义生产方式寻求利润最大化的内在逻辑,"积累或死亡",增长是目的,必然导致环境污染。该书还深入批判资本全球化和新自由主义对全球生态危机的深刻影响,指出资本主义全球化将发展中国家排挤到边缘化地带,贫穷国家和地区为了生存不得不去破坏环境,发达资本主义国家利用经济和技术优势,把一些高消耗、高污染产业转移到发展中国家,这样,不但为资本扩大再生产扩张了消费,而且将生态后果转嫁给了发展中国家,大卫·佩珀称之为"生态殖民主义"③,其后果是导致全球性生态危机一步步恶化。资本主义霸权性质经常性地发动战争,这是给全球生态危机造成的最大威胁,从而导致了一些有关社会及社会变化的理论的产生(如生态学马克思主义)和一些新的社会物质性实践活动(如生态学社会主义)。

(3)对于推进社会主义生态文明建设具有重要启示。

①深刻理解习近平总书记提出的生态财富观。该书提出自然资源稀缺性的观点,强调自然资源开发利用是有边界的。良好的生态环境是自然财富、生态财富,经济财富和社会财富。社会主义生态产品生产是满足人民美好生活的需要,而不是追求利润最大化。生态产品生产的交换价值从属于使用价值,抽象劳动从属于具体劳动,使利润导向型的生产从属于需要导向型的生产。②在生态环保领域发挥有效市场、有为政府和有活力的第三部门的作用。资本是市场经济的一般范畴,既要发挥市场在资源配置中的决定性作用,发挥社会资本在生态环境建设中的作用;

---

① [美]詹姆斯·奥康纳著,唐正东、臧佩洪译:《自然的理由——生态学马克思主义研究》,南京大学出版社2003年版,第409页。
② [美]詹姆斯·奥康纳著,唐正东、臧佩洪译:《自然的理由——生态学马克思主义研究》,南京大学出版社2003年版,第418页。
③ [英]戴维·佩珀著,刘颖译:《生态社会主义:从深生态学到社会主义》,山东大学出版社2005年版。

同时注意各种类型的资本的逐利本性和生产经营行为所带来的生态效应负外部性,加强政府对生产的外部条件的管制,明确自然资源商品化和资本化的制度边界。党的十九届五中全会公报中多次提到"安全"字眼,在推进绿色发展方面,首次提出了要"守住自然生态安全边界",这是底线思维和总体国家安全观在新时代生态文明建设领域的具体运用。

该书主张实施"生产性正义"的观点,即强调生产过程和生态产品尽可能地负外部效应最小化和正外部效应最大化,具有重要启示:实施产品全生命周期生产者责任延伸制度,既要发展"动脉经济"(生态产业化),更要加快发展"静脉经济"(产业生态化:垃圾回收和再资源化利用的产业)。(黎元生)

读书心得二

(1) 奥康纳重点关注自然在历史和文化中的地位。

首先,在奥康纳看来,传统的历史唯物主义对于自然的重视是远远不够的,且这种自然观念往往与资本主义制度相关联。在资本主义的发展历程中,传统的自然观忽视了自然的自主运作性和终极目的性,认为自然界之于人类文明是消极被动的,没有意识到自然的存在原本就是无条件的,而这种自然观念的缺陷又致使了错误的历史观。所以在生态治理方面,我们应该坚持中国特色社会主义不动摇,高度重视自然的自主性,不走"先污染后治理"的道路,而是推动治理的过程化、源头化。

其次,奥康纳对于自然在历史中的作用无疑是高度肯定的,甚至认为环境史是资本主义先前各种历史类型的顶峰。这里他所说的环境史是指人与自然作用与反作用的历史,在他看来,环境史是唯一真正的具有普遍性与整体性的历史。众所周知,历史的发展在其连续性中又蕴含着复杂辩证性,环境史在对先前历史的吸收扬弃的过程中变得更加科学,但先前的环境历史学家对于生态科学和社会科学依旧不够重视,传统的资本主义社会仍无法抵御经济危机与生态危机。因而,中国的生态治理过程需要环境历史学家完善其理论的科学性并严格付诸实践。与此同时,需要注重用理论创新引导生态技术的研发,提高科学治理能力,科学技术的发展往往是推动经济社会演变的动力,从而反作用于环境历史学家理论的发展。

（2）有助于启发人们形成生态文明理念。

奥康纳对于自然生态与人类社会辩证关联的重视及其相关观念，对于我们塑造正确的生态自然观念具有很强的启发性，其中具有基础性地位的应是生态文化的形成。纵观当今社会，在对于生态理念的贯彻方面存在着一种自上而下的倾向。不可否认，上层建筑对于生态的肯定无疑是至关重要的，近年来中央不断提高对生态建设的重视程度，如排污权交易的出台、碳中和目标的设定，这些措施的出台使得生态治理取得了一些较大成就。但是，部分居民生态理念的缺失致使中国在进一步推动生态文明建设方面遭遇重大阻力，如垃圾分类的推行。诚然，人口代际文化差异阻碍了垃圾分类政策的真正落实，但更深层的原因应该是生态文化氛围不够浓厚，需要进一步重视对其的营造发扬。总之，生态建设不仅需要法律政策的"硬"，更需要生态文化的"软"，软硬兼施，始于自上而下，终于全民环保。（李丽燕）

读书心得三

（1）为辩证思考解决生态危机提供了一种理论思路。

阅读完《自然的理由》这本书籍，令我印象最深刻的是这本书为理解资本主义生态危机提供了一个新角度。在阅读这本书之前，我对于生态危机这个概念的理解倾向于是由环境污染所引发的危机，而作者认为的生态危机既是一种科学的解释，也是一个政治的和意识性的范畴。带着这样的认识，作者运用了马克思主义的方法论进行深入分析，在马克思主义所阐释的第一重矛盾基础上提出资本主义社会存在的生产力、生产关系和生产条件之间的第二重矛盾，并指出由经济危机引起了第二重危机即生态危机。

工业革命之后，西方资本主义国家追求工业化大生产带来的生态问题日益显露，并且严重影响人民的生活质量。这种忽略环境保护盲目发展经济的深刻教训，更要求我们应该要审时度势、因时而新应用马克思主义更好地指导实践。奥康纳很好地做到了这一点，他把自然放在一个重要的位置，从人和自然的实践关系中分析自然，并且探讨了不平衡发展给自然环境与人类带来的问题，为帮助我们更深入研究生态危机提供了全新的理论支撑。

（2）需要辩证吸收生态学马克思主义的重要主张和关系。

不过，奥康纳提出的双重危机理论也存在着一定的缺陷。奥康纳将生产力和生产关系一起纳入生产条件的范畴，生产条件的重组成为解决第二重矛盾的关键因素，而生态危机就变成了可以在政治范围内控制乃至解决的危机。奥康纳认为，资本主义只要通过采取相应的措施来改变现有的生产模式，就能找到克服双重矛盾的解决办法。可以看出，奥康纳希望通过改革政治管理制度来保持资本在人类社会中的作用，以维护资本主义制度的运转。奥康纳在书中的思路仍是通过资本主义改良道路克服资本主义危机，其本质上仍是资本主义制度的支持者，对于资本主义的批判不够彻底。

在书中作者进行了丰富的案例研究，充分证明了生态学马克思主义对于现实世界的指导意义，对于我们将理论联系实际也有很大的启发。党的十九大报告中明确强调"我们要建设的现代化是人与自然和谐共生的现代化"[①]。自改革开放以来，我国经济飞快发展，但由于早期走的是轻视环境保护的工业化发展道路，给生态环境健康发展遗留了许多问题，主客观上都要求注重生态环境的保护。《自然的理由》一书为加快建设人与自然和谐共生的现代化提供了丰富的理论思考，例如双重危机理论从制度建设、平衡发展等视角，为构建人与自然和谐共生提供了反面论证；书中关于可持续性资本主义是否存在的探讨也为生态建设提供了新思路等。这也要求我们多阅读名著，在阅读过程中多客观地看待书中的观点，积极将其联系实际，探寻理论指导实际的路径。（刘思明）

读书学得四

（1）具有浓郁的生态哲学色彩与人文情怀。

通过阅读詹姆斯·奥康纳的《自然的理由》一书，我首次接触到了

---

① 《权威发布：十九大报告全文》，中华人民共和国最高人民检察院网站，2017 年 10 月 18 日，https://www.spp.gov.cn/tt/201710/t20171018_202773.shtml。

生态学马克思主义概念，就我的直观感受而言，奥康纳在著写本书时运用了大量的定性分析，在对经济的定量分析方面存在着不足，同时在社会运动和文化方面投入了大量的篇幅，主要通过对一系列社区"平地政治运动""消费主义""绿色主义"等观念的思想阐述，使得本书拥有着浓郁的哲学色彩，但不可否认的是，奥康纳的资本主义双重危机分析理论、"生产性正义"与"分配性正义"、重构生产条件等观点有着很强的经济学借鉴意义。本书重点论述的对象为生态学社会主义，但社会主义生态学在奥康纳看来，仅仅只是生态学社会主义的一个运动形式，"社会主义生态学大概来说是某种辩证的生态科学和社会政治实践，更多表现是对制度本身漏洞修修补补的运动，这种运动成功地扬弃了地方和中央、一时冲动和周密计划等因素的矛盾。"① 因此，社会主义生态学并不是奥康纳讨论的生态学马克思主义追求的最终社会形态，在他看来，他把生态学的意义十分密切地与社会主义连接在一起，而不是社会主义生态学中将生态学置于社会主义制度下。但我认为，社会主义生态学是走向科学社会主义的一条必经路径，考虑到可实现性问题，需要提高对社会主义生态建设的重视度，保护自然生态就是保护必要的劳动生产条件，也是保障居民幸福生活的必要基础，我国社会主义生态文明建设是我国工作的重点，因此在学习奥康纳的生态学马克思主义观点时，需要加入理性判断。

（2）突出论证了资本是造成生态危机的核心观点。

对于奥康纳的资本主义双重危机理论分析，他提出资本积累是导致社会生态危机的直接原因，并对资本积累如何造成经济危机和生态危机双重危机进行了重要阐述。资本的不断扩张到最后形成了有效需求不足和相对生产过剩的市场不匹配危机，同时，资本的不断扩张是以自然条件的破坏为代价的，也就是说，资本的积累是导致生态危机的直接原因。奥康纳认为，资本将自然看成资源开发的源泉和工业废料的"污水池"，

---

① ［美］詹姆斯·奥康纳著，唐正东、臧佩洪译：《自然的理由——生态学马克思主义研究》，南京大学出版社2003年版，第439页。

资本主义本身存在着的反自然性源于资本的无限自我扩张和自然界资源自身的有限性之间的总体性、结构性的矛盾。同时，奥康纳指出，"资本主义技术实际上是一种压迫、剥削和破坏力量"[1]。在资本主义社会生产当中，改良的新技术是以资本主义的方式使用的，它是遵从"资本的逻辑"，"追求利润、让自身增殖的资本的本性"。由于资本有自毁根基的倾向性，就必须摧毁非正义的资本主义制度和不公平的资本全球权力关系，转而建构以"生产性正义"为导向的生态学社会主义。奥康纳通过分析资本主义制度下存在着二重矛盾，即生产社会化和生产资料私有之间的矛盾、资本扩张的无限性和自然资源供给的有限性组合的二重矛盾，从而得出资本积累是造成资本主义经济危机和生态危机的直接原因，资本主义本身不可能停滞资本的运转，因而无法解决资本主义内部经济危机和全球性的生态危机的结论。

(3) 重新建构"生产条件"的观点有失偏颇。

实际上，奥康纳在用资本主义第二重矛盾理论对全球生态危机进行诊断时有失偏颇。奥康纳认为，资本主义关于生态危机理论的第二重矛盾的关键在于如何重新定义"生产条件"这一核心概念上，奥康纳试图将通过文化、社会劳动和自然三者"协作"建构起来的生态学历史唯物主义方法论运用到资本主义危机批判中。但在这一点上奥康纳的认知出现了部分不妥，他片面地把劳动力、自然、市政基础设施当作生产的一般条件从生产过程中抽离出来，造成了与生产力和生产关系相对立。劳动力、自然、市政基础设施，这些所谓的新定义"生产条件"，其实是囊括在生产力概念之中的，三者共同构成生产力的基本要素，而非独立的外在条件。如果将劳动力、自然、市政基础设施这三者从生产要素概念中粗暴剥离出来，马克思的"生产力"要素中就只包含体现在技术衍生上的"生产工具"概念。此时，马克思的"生产力决定生产关系"多要素概念，就直接变成了"生产技术决定生产关系"概念，技术进步决定

---

[1] [美]詹姆斯·奥康纳著，唐正东、臧佩洪译：《自然的理由——生态学马克思主义研究》，南京大学出版社2003年版，第321页。

人与人之间的社会生产关系这一观点无疑是片面的。

因此,既要肯定奥康纳对马克思主义旁支发展的重要贡献,又要认识到奥康纳关于抽离"生产条件"要素的观点是片面的,这否定了马克思关于"生产力决定生产关系"的基本概念。这更要求我们在阅读本书的过程中,辩证思考"生态学社会主义"概念,坚持从科学社会主义出发,从马克思主义政治经济学角度出发,对新理论进行吸收和补充学习。

(刘琪琛)

该书值得研讨的观点

西方马克思主义的生态危机理论是一种"缺少实践的马克思主义",其特点在于批判性而非建构性。如何借鉴生态马克思主义的观与现实中国生态问题进行对接,避免理论与实践的脱节,需要有更加清晰的理解。《自然的理由》一书所讲的"社会主义"和"资本主义"是根据工业资本主义和社会主义国家的经验制定出来的,该书将生态社会主义与传统社会主义进行比较,生态社会主义是在传统社会主义中引入生态科学理念形成的。"生态社会主义是指一种在生态上合理且敏感的社会,这种社会以对生产手段和对象、信息等等民主控制为基础,并以高度的社会经济平等、和睦以及社会公正为特征,在这个社会中,土地和劳动力被非商品化了,而且交换价值是从属于使用价值的。"① 这种观点显然社会主义市场经济体制的现实国情,市场机制无法解决全部生态问题,但不排斥运用市场机制配置土地和劳动力资源,在严格制度边界基础上推进自然资源商品化、市场化;同样技术进步也不能解决全部生态环境问题,但要充分发挥先进信息技术在提高资源利用效率中的作用。社会主义制度才是解决资本主义生态危机的根本出路。马克思主义关于社会主义或共产主义的最主要的定义在于:它是一个联合起来的生产者以理性的方式管理人与自然之间的新陈代谢,同时消耗最少能量的社会。但是,社会主义制度的建立和完善本身也是一个渐进的过程,生态社会主义也是

---

① [美]詹姆斯·奥康纳著,唐正东、臧佩洪译:《自然的理由——生态学马克思主义研究》,南京大学出版社2003年版,第439页。

一个不断实践的过程,很有必要借鉴西方生态社会主义的合理成分,推进我国生态文明建设再上新台阶。生态文明既是一个人类文明发展阶段,又是人与自然和谐共生的一种状态,也是实现可持续发展的制度体系,它是一个过程、状态和制度的有机结合。

【参考文献】

[1] [加] 威廉·莱斯著,岳长龄、李建华译:《自然的控制》,重庆出版社 1993 年版。

[2] [加] 威廉·莱斯著,李永学译:《满足的限度》,商务印书馆 2016 年版。

[3] [加] 本·阿格尔著,慎之等译:《西方马克思主义概论》,中国人民大学出版社 1991 年版。

[4] [美] 约翰·贝拉米·福斯特著,刘仁胜、肖峰译:《马克思的生态学》,高等教育出版社 2006 年版。

[5] [美] 乔尔·科威尔著,杨燕飞、冯春涌译:《自然的敌人:资本主义的终结还是世界的毁灭?》,中国人民大学出版社 2015 年版。

历史唯物主义空间转向的当代价值及其限度

——读大卫·哈维《资本的限度》

陈晓枫　钱　翀　陈晶晶　曾冠豪　陈其源　赵婼婷[*]

一、写作背景和主要内容

（一）大卫·哈维及其主要学术

1. 大卫·哈维（1935年~　）其人

哈维具有多重身份：地理学家、社会理论大家、哲学家、历史—地理唯物主义的重要代表、当代西方新马克思主义的重要代表人物等。但他最为世人所熟知的两个身份是地理学家和马克思主义者。那么，哈维这个地理学家是如何成功转型为马克思主义者？梳理哈维不同治学时期的主要学术成果，总结其治学研究的关键方法，能够系统地回答这个问题。哈维的治学时期大致可分为三个时期：青年时期、转型时期和成熟时期。

---

[*] 陈晓枫，福建师范大学经济学院教授，博士生导师；钱翀，福建师范大学经济学院博士研究生；陈晶晶，福建师范大学经济学院硕士研究生；曾冠豪，福建师范大学经济学院硕士研究生；陈其源，福建师范大学经济学院本科生；赵婼婷，福建师范大学经济学院本科生。

2. 哈维不同治学时期的主要学术成果

（1）青年时期。

哈维在青年时期的代表性著作是出版于 1969 年的《地理学中的解释》。

在这本书中，哈维总结了当时地理学的研究理论和方法以及"数量革命"的研究成果，对地理学中的数量方法进行了批判继承，突破了传统地理学的局限（传统地理学的主流研究是选择具体、特定区域进行分析和研究，通常只局限于自然科学之中，更多地关注空间位置和几何求证），走向了实证主义。该书的相关理论对地理学领域产生了深远的影响，使得哈维成为实证主义地理学的典型人物。

（2）转型时期。

在《社会公正与城市》（1973 年）一书中，哈维在地理学研究的基础上，将马克思主义理论引入其中，以此来批驳资本主义城市的矛盾，并进一步分析资本主义社会运行中存在的问题。这标志着哈维的一个重要的理论进展——结合社会实际，在实证主义地理学之外探寻跨学科解决路径，有机结合不同学科的方法；他最终选择和运用马克思主义理论，进一步探究社会公正与城市空间的关系。

哈维于 1982 年出版了《资本的限度》。在这本著作中，哈维从空间维度重构马克思的经济学，重新解读马克思的《资本论》。正是在《资本的限度》中，哈维从实质上构建了他后来研究的全部出发点和理论基础[1]，实现了向马克思主义理论的转向。

此后，在 1985 年出版的《资本的城市化》和《意识与城市经验》中，哈维揭示并深入阐明了以下矛盾：资本无限积累与扩张的要求和一定空间所能容纳的有限积累之间的矛盾。到《后现代的状况》（1989年），他批判地吸收其他学术思潮，论述了资本主义文化中的变化，包括向后现代主义的变化。直至《正义、自然和差异的地理学》（1996 年）

---

[1] 袁久红：《历史—地理唯物主义视域下的城市空间生产——哈维的理论范式及个案研究》，载于《东南大学学报》（哲学社会科学版）2012 年第 3 期。

基于马克思主义哲学观,运用空间的生产理论,深入解析空间、权力边界和制度等基本概念;描述了真实地理与想象空间的差异性,强调了社会关系具有空间性;立足于现代性来回应当代政治。至此,哈维基本完成了"历史—地理唯物主义"思想的构建。

(3) 成熟时期。

正如哈维自述的那样,"这个早在二十世纪九十年代后期的某个时候就开始了的'马克思工程'系列,但直到 2000 年后才更加清晰"①。哈维认识到必须要在当代政治经济发展的状况下,阐明马克思思想的合理性和发展性;他将对马克思思想的理解融入对当代实践的分析中,从实际案例中论述、证明马克思的方法论和具体理论。因此,2000～2012 年,哈维的每一本书都以一个特定的话题或者案例探索了马克思思想的某一方面(见表 1)。

表 1　　2000～2012 年大卫·哈维的主要著作

关键词	书名及其出版年份
新帝国主义	《新帝国主义》(2003 年)
新自由主义简史	《新自由主义简史》(2005 年)
不均衡地域发展的空间动态	《资本的空间:走向批判性的地理学》(2001 年);《全球资本主义的空间:走向一个不平衡地理发展理论》(2006 年)
2007～2008 年次贷危机	《资本之迷》(2010 年)
资本主义城市化	《希望的空间》(2000 年) 《巴黎,现代性之都》(2003 年) 《叛逆的城市》(2012 年)

资料来源:根据大卫·哈维 2000～2012 年主要著作的核心内容整理所得。

此后,哈维希望这些积累下来的学术成果,可以引领或激励其他人更加认真、仔细、系统地阅读马克思的著作,然后在坚守马克思主义这

---

① [英]大卫·哈维:《我写过的最危险的一本书》,南京大学马克思主义社会理论研究中心,2016 年 6 月 6 日,https://ptext.nju.edu.cn/b9/3d/c12208a244029/page.htm。

一立场下,展开相关的实践研究。因此,就有了2014年出版的《资本社会的十七个矛盾》和2017年出版的《马克思、资本与经济疯狂的原因》等著作。

通过梳理哈维的主要学术成果,我们可以得知:在学术生涯的青年时期,哈维是实证主义地理学的倡导者(但在《地理学的解释》发表之后不久,人文主义地理学兴起,它反对实证主义排斥价值,单纯追求中立科学的做法,强调研究要协调社会科学和人之间的关系)。哈维认为,在思考地理学问题时,还需要兼顾方法论和哲学;要在正确的哲学观指导下,合理关切空间、城市化和经济发展等问题。自此,在哈维的学术生涯中,他逐渐由实证主义转向马克思主义,并取得了一定的学术成果。在转型时期,他站在马克思主义立场上,提出并逐渐完善历史—地理唯物主义框架。在成熟时期,他依靠扎实的马克思主义理论和实证地理学的功底,对资本主义社会、经济、政治状况展开深入分析。

在所有学术成果中,哈维本人将《资本的限度》称为"作为未来研究基础的文本"。

(二)《资本的限度》的写作背景

1. 思想理论基础

(1)马克思主义经济理论。

主要包括马克思经济危机理论、一般利润率下降理论、资本积累理论等(哈维在熟读《资本论》的基础上,针对这些理论及实际资本主义发展状况提出了自己的危机理论)。

(2)空间理论发展:从"空间缺失"到"空间转向"的研究思潮。

①"空间缺失"。

直至20世纪中叶,在社会科学研究领域,空间的缺位已经成为常态,鲜少有理论涉及"空间"这一关键词。

②"空间转向"。

20世纪60~70年代,"空间转向"研究思潮开始初现端倪。空间成为一种社会性影响元素,被运用于哲学界、社会科学界等理论研究中,成为一种新的研究路径。列斐伏尔、福柯等学者认为,"空间"已成为当代资本主义得以延续存在和发展的主要原因。

2. 社会时代背景

(1) 20 世纪 70 年代,全球出现普遍化的经济危机,资本主义的统治地位受到严重威胁。

具体来说,当时的全球危机呈现的特点是:资本过度积累严峻化、涉及范围扩大化、负面影响叠加化。强势的国家干预主义陷入困境,"滞胀"危机使整个资本主义发达国家的工业生产大幅度下降。大量美元随着石油流入海湾国家。有些国家开始去除金融调节和收紧预算。劳工动乱四处蔓延,群众游行示威活动爆发并迅速蔓延。民权运动等的盛行,反对一切权威,威胁着资本主义社会运转的合法性。

(2) 资本主义新自由主义路线引发了一系列的空间问题和矛盾。

关于经济危机的各种解救方案中,新自由主义路线取得了全面胜利。大多数国家走上了新自由主义道路,以金融资本带头向世界范围内开辟新的市场,寻求资本剩余的盈利性吸收;但这也引出新问题与矛盾。1975~1977 年,纽约市爆发了严重的财政危机,暴露了大城市存在的具体问题:中心空洞化、城市治理混乱等。总之,纽约市危机不仅仅是城市中的危机,它是涉及纽约市政治、经济和社会的全方面危机;从深层次来说,这是城市的危机,是空间的危机。

3. 主观写作条件

(1) 自身社会责任。

1969 年,哈维移居美国,目睹各种美国民权运动以及不公平、不公正等资本主义现象。哈维认为学术研究要基于周围实际世界的发展状况,对这些不平等的运动事件进行反思与研究,承担起自己的社会责任。

(2) 良好的学术研究环境。

1969 年,哈维在约翰·霍普金斯大学任职,这里有着支持跨学科研究的良好氛围。在此,哈维遇到了一群志同道合之人,他们共同阅读马克思著作,一起探索马克思主义思想、理论和方法的相互作用关系。这些经历使哈维更主动、积极、深入地阅读马克思的相关著作，并对多个主题和领域产生浓厚的学术兴趣。

（三）《资本的限度》——"预言性的文本"

在《资本的限度》一书中，大卫·哈维从"时间"与"空间"维度阐述了当代资本主义克服经济危机的方式以及这种修复方式的界限，从而回应了当代资本主义的新变化。需要注意的是，《资本的限度》写于20世纪70年代，彼时新自由主义尚未引发热潮。但是，该书却能够深度解析新自由主义盛行下资本主义的发展前景，并进一步剖析了新自由主义主导下资本主义所引起的新矛盾，作出了前瞻性的研究。具体表现为以下两大点：

1. 书中的各种推论得到了印证

20世纪70年代后，松绑、私有化、国家"裁判员"论等名词，开始变得常见。而在新自由主义迅猛发展的今天，虚拟资本、全球化、城市化、金融危机等名词，已经成为许多人理解世界运转的常识的一部分。而这些基本名词、概念，在《资本的限度》中已有所展示和辨析。书里的推论在观察70年代到现在全球化、局部战争、城市化进程的时候得到了一步步的印证。

2. 资本危机的不可克服性得到了验证

当时，大多资本主义国家选择以新自由主义的道路度过危机，也重新把控了阶级的统治权力。但哈维认为这种"自由"路线仍然会带来危机：一是世界各地都出现贫富分化等现象，资本分配两极化日趋严重；二是全球劳工的劳作环境越发苛刻，对劳动力的压榨更加隐蔽。20世纪90年代以后，通货膨胀上升、资产价格泡沫、经济陷入债务沼泽、财富损失等经济危机现象，也都印证了哈维的结论：新自由化的资本主义无法彻底解决资本主义的内在矛盾，反而会引发新矛盾、新问题。

正因如此，《资本的限度》可以被称为"一个预言性文本"。我们可以根据此书阐述的基本概念，了解变化的经济常识；通过书中总结的理论路径,分析资本主义运作的机制,抓住资本主义矛盾的实质,并以此作出前瞻性的判断和选择。

二、重点选文与解读

(一)"三块"危机理论

《资本的限度》是哈维在解读《资本论》的基础上,运用其擅长的地理空间思想阐述马克思主义政治经济学的一本著作。书中,哈维以"资本三级循环理论"阐明了资本和空间在生产过程中的关系,提出了资本主义之下危机形成过程的"三块"理论,指出了资本主义危机产生的必然性,进而向资本主义生产方式发出警示。为阐明资本主义生产方式中蕴藏着的种种危机,哈维在书中用了较大的篇幅来剖析资本的运动规律。

1."第一块"危机理论

(1)由商品二重性把握其交换过程。

作为哈维研究解读价值规律理论的起点,商品是用于交换的劳动产品,同时具有价值与使用价值两种属性。但在通常情况下,流通过程中任何人都无法同时拥有同一商品的价值与使用价值。在此处,哈维遵循马克思有关价值理论的论述,为读者阐释了价值与使用价值的含义及其两者间的辩证统一关系。价值是商品的社会属性,是凝结在商品中的一般人类劳动。使用价值与人类各式各样的欲求相联系,其存在是为满足人类生产生活的实际需要,是商品的自然属性。由此,我们能够得出一条基础性主张,即相较于自然属性而言,商品的社会属性意味着价值只有在商品完成了交换后才能够得以实现。①

资本家之所以愿意投入大量的货币以生产商品便是想要通过实现商

---

① [英]大卫·哈维著,张寅译:《资本的限度》,中信出版社2017年版,第36页。

品价值获利。可以认为，商品在市场上进行交换构成了资本家获取剩余价值的前提条件，但并非所有被生产出来的商品都能够在流通中实现由商品资本向货币资本的转化。市场上有效需求的不足将会使得相当一部分的商品资本被滞留，随着时间推移直接导致资本损失与价值丧失。① 供给无法创造出与自身相适应的需求，资本主义市场上的供求均衡完全是一种理想状态，两者之间存在矛盾，均衡的偏离才是常态。资本主义的流通过程必然会导致价值丧失。②

在商品交换过程的论述中，似乎大多数学者都将目光聚焦于商品价值的实现环节，忽视了商品的使用价值，但哈维特地强调，使用价值和价值辩证统一于商品中，"马克思从不会孤立地看待任何一个概念"③。

（2）由劳动二重性把握剩余价值的产生。

紧跟马克思的脚步，哈维很快发现了商品货币的等价交换与资本家获利不平等之间存在着矛盾。为探究剩余价值产生的秘密，哈维不得不将研究的重心转向资本主义的生产过程，对劳动过程展开了思考。劳动力由此成为深入研究资本积累的关键。在资本主义社会中，与生产资料分离的自由工人为满足其生存需要只能够将仅剩的"自由"出卖以换取报酬。由此，劳动力进入生产领域成为资本主义生产过程中的可变资本。逐利的资本家们从来都不会成为慈善家，其支付给工人薪酬，自然会利用各式手段剥削工人使其创造出远高于劳动力价值本身的商品价值。这便是劳动力商品的特殊性所在。资本家所获的剩余价值是劳动力在资本主义生产过程中创造出的价值与劳动力价值间的差额。④

（3）资本家阶级内部的个别行为与阶级的需要之间的矛盾。

个别资本家的行为并不取决于"个人的善意或恶意"，当个人成为资本家，就会十分迫切主动地追求利润。⑤ 资本家会尝试通过各种手段提高劳动生产率以节省其在商品生产过程中所需的必要劳动时间，并不断扩

---

① ［英］大卫·哈维著，张寅译：《资本的限度》，中信出版社2017年版，第100页。
②④ ［英］大卫·哈维著，张寅译：《资本的限度》，中信出版社2017年版，第149页。
③ ［英］大卫·哈维著，张寅译：《资本的限度》，中信出版社2017年版，第45页。
⑤ ［英］大卫·哈维著，张寅译：《资本的限度》，中信出版社2017年版，第81页。

大再生产，从而获得更多的利润。这便是资本主义之下组织变革和技术变革的根源。①

工人阶级的再生产能力与消费能力往往会受到资本流通的束缚。为满足工人阶级再生产必需的有效需求，资本家需要将一定数额的可变资本作为工资发放。这也就意味着资本家必须要向市场提供足够的工资品。迫于竞争压力，个别资本家总是妄图降低工人工资、削减可变资本，却又指望劳动者能够为市场提供有效需求。②

个别资本家的谋利行为将不利于长久稳定的资本积累，而积累同时又是资本家阶级持续再生产的手段。由此，个别资本家的行为可能对资本再生产的基础产生危害。③ 为了对资本家之间的竞争进行限制，可借助国家代理人阶级对交换过程展开干预。但这一行为却与自由、个性的交换规则相背④（买卖只是在个别人之间进行的，个性、平等和自由是交换领域的特性⑤）。哈维认为，资本主义积累形式的许多内在矛盾都植根于资本家阶级内部的个别行为与阶级需要之间的矛盾中。⑥

（4）资本的第一级循环及资本主义危机的必然性。

哈维将资本在工业生产过程中的循环称为资本的第一级循环。⑦ 在此循环过程中，单个资本家不断追求利益的欲望与整个资产阶级追求稳定资本积累的要求相对立的矛盾使资本积累表现出过度积累的趋势，单个资本家不断破坏资本积累的平衡，导致整个资产阶级体系出现周期性的积累危机。⑧ 也就是说，过度积累的倾向肯定会在资本主义的历史中表达为在一些时期和阶段，目睹市场上商品的过度生产；作为投入品的不变资本和作为半成品的商品的剩余库存；生产过程中的闲置资本；数额远超

---

① [英] 大卫·哈维著，张寅译：《资本的限度》，中信出版社2017年版，第85页。
② [英] 大卫·哈维著，张寅译：《资本的限度》，中信出版社2017年版，第170页。
③④ [英] 大卫·哈维著，张寅译：《资本的限度》，中信出版社2017年版，第88页。
⑤ [英] 大卫·哈维著，张寅译：《资本的限度》，中信出版社2017年版，第80页。
⑥ [英] 大卫·哈维著，张寅译：《资本的限度》，中信出版社2017年版，第89页。
⑦ 胡乐明：《资本积累、阶级斗争与空间生产——一个文献综述》，载于《山东社会科学》2014年第9期。
⑧ [英] 大卫·哈维著，张寅译：《资本的限度》，中信出版社2017年版，第315页。

货币储备所需的货币资本与现金余额；产业后备军的飞速扩大致使大量劳动力剩余；预付资本回报率的下跌等。①

"不间断的资本积累这架旋转木马并非是一台能够自动运行的机器，甚至不是一台润滑良好的机器"②，其会相当常规、周期性地在资本主义的发展历程中留下伤痕③。当资本过度积累发生在资本的初级循环中（即生产和消费领域）并造成了价值丧失时，这就是哈维所认为的资本主义之下危机形成过程的"第一块"理论。

2. "第二块"危机理论

（1）资本的第二级循环——"第一块"危机的"时间修复"。

资本家对剩余价值的追求一旦达到狂热，剩余价值的生产将无可避免地超出市场可以容纳的范围而无法得到盈利性的吸收，进而催生了诸如库存骤升、机器闲置、货币资本闲置、劳动力失业等一系列过度积累的问题，引发资本主义的"第一块"危机。

哈维认为，在前文阐述的资本的第一级循环的理论中弱化了对资本积累的"时间性"方面的考察，倘若把握资本积累过程中的"时间"维度进行分析，那么过度积累的危机便可以在很大程度上得到转移，也就是实现资本主义危机的"时间修复"。④ 进一步来说，哈维将分析的视域转向与固定资本、消费基金及信用体系等有关的资本流通的具体过程，阐述了资本的第二级循环及其发挥的修复作用。

①固定资本和消费基金。

在"第一块"危机理论中，在资本积累的命令下，产业后备军的骤增、生产能力的闲置、商品剩余转移的停滞等过度积累的危机接连爆发，为了使过度积累的倾向趋于缓和，固定资本与消费基金领域的投资成为延缓危机的有效手段。

固定资本一般意义上指的是像机器设备等以劳动资料形式存在的资

---

① ［英］大卫·哈维著，张寅译：《资本的限度》，中信出版社2017年版，第318页。
② ［英］大卫·哈维著，张寅译：《资本的限度》，中信出版社2017年版，第179页。
③ ［英］大卫·哈维著，张寅译：《资本的限度》，中信出版社2017年版，第319页。
④ ［英］大卫·哈维著，张寅译：《资本的限度》，中信出版社2017年版，第39页。

本,但在这里,哈维想强调的是诸如铁路、水坝等规模庞大、建成周期与价值回流周期较长的基础设施。① 资本家选择着眼未来,将部分资本转移到这类获利周期较长的项目中,从而使资本在长期的一段时间内缓慢地、持续地回流,进而对抗过度积累的倾向。②

同样,正如某些固定资本在生产领域中扮演着重要的角色那样,某些特定的商品在消费领域中也发挥着特殊的功能,这类特殊的商品被称为"消费基金"。③ 哈维认为,消费基金与固定资本的根本差异源于两者使用价值的不同,例如住房这类的商品,它们通常不是被"直接地"消费掉的,这类商品的支付方式往往与利息、租金等支付手段相挂钩。④

②固定资本和消费基金的限制。

哈维认为,固定资本和消费基金消化过度积累的能力是有限的,主要体现在:

一是固定资本和流动资本比例失调的危机。固定资本的流通受制于其独特的物理属性,具有独特的价值周转方式,因此,个别资本家预留足够数量的货币以进行固定资本的投资。⑤ 然而,商品的正常生产必然需要合适比例的固定资本与流动资本,资本家为了实现对固定资本的投资,在现有货币有限的情况下,就必然需要牺牲一定数额本应投入于流动资本的资金,当固定资本与流动资本不平衡的矛盾加剧时,商品的生产过程将受到极大程度的干扰。

二是技术变革加剧了长期过度积累的危机。资本家为了实现更多的利润,往往要借助"技术变革"这一关键手段。技术变革意味着资本有机构成的不断提高,使得大量工人的工作岗位被技术变革的产物(新的机器、技术等)排挤,进而导致广泛的失业人口的产生。此时,固定资本的形成(重点指铁路、水坝等基础设施的建设)成了克服危机的重要途径。但是,过度积累的问题并没有就此解决,随着固定资本不断地形

---

① [英]大卫·哈维著,张寅译:《资本的限度》,中信出版社2017年版,第358~360页。
② 赫曦滢:《"时空修复"理论的系统建构与视野局限》,载于《延边大学学报》(社会科学版)2012年第5期。
③④ [英]大卫·哈维著,张寅译:《资本的限度》,中信出版社2017年版,第376页。
⑤ [英]大卫·哈维著,张寅译:《资本的限度》,中信出版社2017年版,第348~349页。

成、更新，又会驱动一轮又一轮的技术变革，生产机器是为了生产出"制造机器的机器"①，从而再次导致产业"后备军"的形成。不仅如此，在技术变革的"风吹雨打"下，固定资本本身从物质形态上来看仿佛有一个"坚固的物质基础"，但却在频繁的技术革命中不断淘汰更新，面临价值丧失的危机。② 也就是说，过剩的资本可以在短期内投入固定资本的形成过程之中，以此来延缓与对抗过度积累的危机，但在长期的某个时刻，固定资本的贬值、广泛的失业人口等危机将以螺旋式的、叠加式的特征爆发，"过度积累的危机或许将以更为宏大的规模呈现"③。

三是投资于消费基金的资本要求未来收入的扩张。在消费基金之中的投资通常伴随着债权与债务关系的产生，当前的投资必然要求未来相应盈利的产生，以便抵销当下投入的债务。但是，倘若投资于消费基金中的资本无法带来预期的盈利，那么过度积累的危机也会在长期爆发。④ 危机的具体形式则表现为购房者失去家庭住所、金融机构违约、投资者破产等。

总之，固定资本与消费基金消化过度积累的能力达到了"瓶颈"与"限度"。若从生产的角度来看，固定资本是助推剩余价值生产的关键引擎，但从资本流通的角度来看，固定资本却阻碍了资本的进一步积累，背后的原因恰恰是由于固定资本的"价值被固定在一定的使用价值上"⑤。也就是说，当资本家由于各种原因（技术变革、区位变动等）而无法在现有的固定资本上谋取预期的利润时，就会迫使其放弃或撤销原先的投入，转而将资本投资于盈利空间更大的项目，从而导致原先的、现存的固定资本的价值丧失。同理，在消费基金领域中的投资往往也会面临类似的问题。因此，为突破固定资本与消费基金固有的限制，探寻资本积累的新的出路，哈维将分析的视角转向对"与资本积累相关的货币、信用和金融的整个问题"⑥的研究。

---

①③ ［英］大卫·哈维著，张寅译：《资本的限度》，中信出版社2017年版，第354页。
② ［英］大卫·哈维著，张寅译：《资本的限度》，中信出版社2017年版，第344页。
④ ［英］大卫·哈维著，张寅译：《资本的限度》，中信出版社2017年版，第369～370页。
⑤ ［英］大卫·哈维著，张寅译：《资本的限度》，中信出版社2017年版，第378页。
⑥ ［英］大卫·哈维著，张寅译：《资本的限度》，中信出版社2017年版，第379页。

③信用体系:突破固定资本和消费基金的限制。

固定资本的价值的特有实现方式、周转方式给资本流通施加了沉重的负担,因此,信用体系的诞生对于固定资本的顺畅流通变得至关重要了,例如:

信用体系能够在很大程度上克服固定资本和消费基金周转方式的限制。尤其是对铁路、水坝这类规模庞大的固定资本而言,如果没有信用体系的支持,资本就难以大规模地集中从而资助这类庞大的业务。①

信用体系还能够引导过剩的资本和过剩人口重新匹配,投入固定资本的形成过程。信用体系一方面能够吸纳资本家闲置的货币资本,另一方面能够为部分资本家的生产提供资金支持,推动闲置的货币资本与过剩人口一起投入到固定资本的形成中②,也就是把过度积累中的"资本盈余"和"劳动力盈余"匹配起来,一同消化过度积累的问题。

(2) 资本的第三级循环——"时间修复"的另一种形式。

在资本的第一级循环和第二级循环的基础上,哈维还提出了"资本的第三级循环"理论。资本同样可以流入第三级循环,来消化过度积累的问题。如果说资本的第二级循环指的是借助固定资本与消费基金以实现过度积累的吸收,那么资本的第三级循环则是指将资本一级循环、二级循环中过度积累的资本投入社会支出和科技研发等投资领域,例如国防建设、公共设施、科技研发等方面的投资。③

①意识形态和国防建设等领域。

从"时间性"的角度来看,意识形态与国防建设领域的投资可以吸收大量的资本,从而再次达到资本主义危机的"时间修复";从"空间性"的角度来看,前者的建设有利于国内的政治环境稳定、缓和国内的各种矛盾,后者的建设则为资本主义提供了必要的军事保障,两者都为未来资本主义的地理扩张打下了坚实的基础。④ 因此,其一方面再次体现

---

① [英] 大卫·哈维著,张寅译:《资本的限度》,中信出版社 2017 年版,第 418 页。
② [英] 大卫·哈维著,张寅译:《资本的限度》,中信出版社 2017 年版,第 419 页。
③ [英] 大卫·哈维著,张寅译:《资本的限度》,中信出版社 2017 年版,第 611、624 页。
④ [英] 大卫·哈维著,张寅译:《资本的限度》,中信出版社 2017 年版,第 611~612、677 页。

了对资本主义过度积累危机的"时间修复";另一方面也预示了资本主义"空间修复"的必要性。

②劳动者的教育、医保、福利等方面。

资本主义技术的不断变革必然要求劳动者生产能力的相应提高,资本家可以通过优化劳动力再生产过程从而获得更高的利润,例如通过教育、医疗等方面的投资实现劳动力"质"与"量"的提升。①

(3) "第二块"危机的爆发——"时间修复"的限度与金融危机。

在信用体系的支持下,"第一块"危机产生的过度积累问题得以通过资本的第二级循环中的固定资本与消费基金得到缓解;资本第三级循环中的社会支出和科技研发等投资领域也为资本主义的"时间修复"提供了新的场所。然而,第二级循环和第三级循环中各种领域的投资也是有最高限度的,修复过度积累危机的能力同样也是有限的。例如,剩余价值生产的社会条件的改善虽然能够使资本家获取更高的利润,但这却进一步加剧了过度积累的问题;倘若资本家转而以不熟练的劳动力替代熟练的劳动大军,那么对教育的投资所吸收的价值实际上也就随之丧失了。②

并且更重要的是,由于固定资本、消费基金的流通需要信用体系的介入,生息资本的流通过程已经和固定资本的流通过程紧紧联系在一起了。因此,随着信用制度的滥用,资本过度积累的问题不但不会得到完全的解决,反而会被信用体系成倍地放大,最终引发资本主义的"第二块"危机。首先,信用体系的发展加速了利润率的平均化与技术变革的步伐,无可避免地助长了资本家追求相对剩余价值的欲望③;其次,信用体系在聚集、分配资金的时候,货币资本自身"不会特定地分辨自己来自哪里,或者流向何处"④,因此,随着信用体系的发展,更为隐蔽地、更具欺诈性地夺取利润与剩余价值的手段诞生了,失控的投机行为变得

---

① [英] 大卫·哈维著,张寅译:《资本的限度》,中信出版社2017年版,第615页。
② [英] 大卫·哈维著,张寅译:《资本的限度》,中信出版社2017年版,第616页。
③ [英] 大卫·哈维著,张寅译:《资本的限度》,中信出版社2017年版,第449~450页。
④ [英] 大卫·哈维著,张寅译:《资本的限度》,中信出版社2017年版,第451页。

愈发猖狂了①；最后，伴随着资本主义的发展，生息资本"像蛇一样蜕皮"，股票、金融工具等虚拟资本接连产生，虚拟资本的价格越来越变成"投机赌博"的结果，其价格与"货币基础"表达的价值间的缺口将被彻底撕裂，其运动方向更是与现实资本的运动毫无关系，虚拟资本的扭曲就此引发了资本主义的"第二块"危机。②

可见，单纯的"时间修复"已然无法充当过度积累趋势下"资本溢出"的唯一路径。因此，为了寻找过度积累危机的新的解决方案，资本又必须寻求新的增殖渠道。哈维认为，只要像在第二级循环与第三级循环的分析中引入"时间"维度那样，在接下来的研究中继续引入"空间"维度来考察过度积累的转移方式，那么资本主义危机转化的问题又会开辟新的战场。③

哈维预示到，资本主义国家力争把通货膨胀、失业、闲置的生产能力、过剩的商品等向外输出，资本主义"第三块"危机的风暴将席卷全球，不平衡的发展格局、新帝国主义等将成为资本主义全球经济的核心问题。④

3. "第三块"危机理论

哈维的"第二块"危机理论主要考虑一个资本主义国家或者地区内部的生产矛盾而带来的危机，而一旦把这个国家或地区的边界打开，危机的全球特性就逐渐暴露。由于全球不平衡发展的地理格局，各资本主义国家会通过地理扩张等手段转移本国盈余资本和劳动力，试图通过这一"空间修复"的手段来缓解资本过度积累问题，进而获取更大的剩余价值。而由于全球不同国家或者地区的发展水平不平衡，通过"空间修复"这一手段不仅不能有效缓解资本过度积累问题，反而会带来一系列更加严重的问题，哈维称之为"第三块"危机。⑤下面具体来看"第三块"危机的形成过程与具体表现。

---

① ［英］大卫·哈维著，张寅译：《资本的限度》，中信出版社2017年版，第451页。
② ［英］大卫·哈维著，张寅译：《资本的限度》，中信出版社2017年版，第435~437页。
③ ［英］大卫·哈维著，张寅译：《资本的限度》，中信出版社2017年版，第40、649页。
④ ［英］大卫·哈维著，张寅译：《资本的限度》，中信出版社2017年版，第509页。
⑤ ［英］大卫·哈维著，张寅译：《资本的限度》，中信出版社2017年版，第649页。

(1)"空间修复"的方式。

资本"空间修复"的方式有很多种，主要可归为商品输出和资本输出这两种方式。

①商品输出。

商品输出的几种方式具体见表2。

表2　　　　　　　　　　商品输出的几种方式

条件	商品输出方	商品输入方
有可交换商品与货币	输出盈余商品	购买输出方商品，输出货币或其他商品（原材料）
无可交换商品，有可交换货币	开发创造输入方需求，并输出相关商品	购买输出方新创造的商品
有可交换商品，无可交换货币	允许输入方赊账或提供援助	赊账或接受援助，并购买商品输出方商品

资料来源：根据《资本的限度》（［英］大卫·哈维著，张寅译：《资本的限度》，中信出版社2017年版）中相关内容整理所得。

商品输出只能在短期内解决资本过度积累的问题，因为一旦商品交易过程中止，过度积累的缓解进程也面临暂停。

②资本输出。

要想在较长期解决资本过度积累的问题则应采取资本输出的手段。资本输出是指存在资本过度积累的国家将盈余的资本通过"空间修复"的手段输送到其他国家或地区中，让过度积累的资本在其他国家或地区创造出更大的剩余价值。因为资本输出国和资本输入国之间资本主义的发展程度不同且有较大差距，所以资本输入国需要很长的一段时间内才能追赶上资本输出国的资本主义发展程度，因而资本输出国可以在较长的一段时间内向资本输入国输出资本和劳动力盈余。①

---

① ［英］大卫·哈维著，张寅译：《资本的限度》，中信出版社2017年版，第662页。

(2) 空间修复带来的问题。

通过空间修复，资本过度积累的矛盾不可能一劳永逸地解决。新的矛盾出现了，原本的资本输入国会开始效仿资本输出国，变成"新的资本输出国"，并且与原有的资本输出国展开激烈的竞争。这样循环往复，将会产生一系列层叠并高速增长的空间修复体系。① 这一体系可能会在一段时间内、一定范围内和一定程度上缓解过度积累的问题，但其本身蕴含的矛盾会带来一系列的问题：

①形成资本空间的中心—边缘两极化的不平衡发展格局。

资本为了追逐剩余价值的真面目注定了其在全球的扩张绝不是一个公平分配利益的过程，一代资本主义强国强大称霸的背后，是别的民族国家利益被侵占、没落的历史进程。资本主义国家的空间扩张和占用，既转移了资本输出国资本过度积累的危机，又使得资本空间的不平衡发展格局不断深化。②

②"剥夺性积累"带来"新帝国主义"。

剥夺性积累指资本家通过私有化、金融化、操纵经济危机等手段，将过度积累的资本投入最弱势的人群和最薄弱的国家当中。③在全球范围内，资本输出国和资本输入国的经济发展程度不同，资本输出国不断向资本输入国输出过度积累物，这在很大程度上也不利于资本输入国的发展。并且在这一过程中，两国的利益分配极其不均，因而资本输入国会通过设置贸易壁垒等手段，阻止资本输出国过度积累的资本在本国得以发展，这使得资本输出国的资本"空间修复"过程受到影响甚至中断。④

而资本输出国当然不会就此罢休，在剩余价值的驱使下，它们会在不排斥用殖民战争等武力的基础上，操控世界的资源配置，力图清扫横亘在资本循环链条上的障碍，强迫不发达的国家或者地区跟它们发生贸易与资本往来，这也被哈维称为"新帝国主义"。⑤

---

①③ ［英］大卫·哈维著，张寅译：《资本的限度》，中信出版社 2017 年版，第 677 页。
② ［英］大卫·哈维著，张寅译：《资本的限度》，中信出版社 2017 年版，第 657 页。
④ ［英］大卫·哈维著，张寅译：《资本的限度》，中信出版社 2017 年版，第 654 页。
⑤ 刘宇：《论全球化时代的阶级斗争问题》，载于《马克思主义研究》2015 年第 11 期。

(3) 危机的全面发酵——作为价值丧失最终形式的世界大战。

试图通过"时空修复"来解决资本"过度积累"的问题，终究只是暂时之策，无法解决根本性问题。因为资本的"过度积累"是资本主义固有的内在矛盾所带来的。再者，"时空修复"这一行为，还会带来许多后果，如上文所提及的不平衡发展格局与新帝国主义等，也会让资本主义制度遭到更多人的抵制与反抗，20世纪接连爆发的两次世界大战就是血淋淋的例子。

借用大卫·哈维在《资本的限度》结尾的一句话：还有什么更好的理由可以让我们宣布："资本主义离去的时刻到了，资本主义让位给某种更加理智的生产方式的时刻到了？"①

（二）《资本的限度》的逻辑布展

哈维认为，马克思对资本主义生产的研究是迄今为止最优秀的，但却没有为空间问题提供可以直接上手的分析框架。② 这是哈维尝试重构马克思理论的直接动因。随着《资本的限度》的成稿，哈维的理论框架悄然发生了质变，即形成了对《资本论》有全新理解的话语体系，也呈现出了不一样的逻辑结构。其内在的逻辑布展主要表现在以下几个方面：

1. 以商品的使用价值为逻辑起点

在《资本的限度》中，哈维虽然也是从商品出发，但他特意批判了那种认为马克思沿着"商品价值—货币—资本"的分析路径，忽视了使用价值的观点（即对《资本论》的线性解读）。继而，引用《资本论》第一卷中的描述："商品倘若不能满足一种社会欲求或社会需要，就无法具有交换价值或价值"③，用以点明使用价值因其具有社会性而已经发挥了经济职能。由此，哈维成功地将使用价值提升至一个足以醒目的地位，以满足之后空间分析的内在需要，因为这种分析的对象首先表现为各种具有

---

① ［英］大卫·哈维著，张寅译：《资本的限度》，中信出版社2017年版，第677页。
② 胡大平：《探索"资本的限度"或超越〈资本论〉的界限——哈维〈资本的限度〉简述》，载于《中外文化与文论》2016年第3期。
③ 《资本论》（纪念版）（第一卷），人民出版社2018年版，第41页。

不同使用价值的物、场所等。此后，使用价值在该书中被哈维广泛用于概念的区分和各种物的指代。例如，固定资本和消费基金的区别不在于这两者的物质存在方式，而在于其不同的使用价值①；建成环境则是由内嵌在物理景观当中的使用价值组成，如"工厂、水坝、办公室……"②

2. 将固定资本作为空间分析的入口

哈维在《资本的限度》（第 8 章"固定资本"）中表明，他对"固定资本"和"流动资本"的分析是与"不变资本"和"可变资本"范畴有着根本性区别的思考方式。③

换言之，哈维认为，若是讨论剩余价值的生产和剥削的本质，那必然要从不变资本和可变资本着手，但要是想研究资本在生产中的迁移或运动，那就需要切换至固定资本和流动资本的范畴。因为，马克思是根据在剩余价值生产中所起的不同作用把资本区分为不变资本和可变资本的，这种划分方式的目的在于剖析剩余价值的源泉和揭露资本主义剥削的实质。而固定资本和流动资本的划分依据则是资本价值周转的速度和方式（见表3）。资本周转的速度和时间相关联，投在长期固定资本上的资金其回收时间必然更长，循环运动的速度也就更慢，哈维的二级循环本身就是在资本周转、回流的时间上做文章，所以他会特意切换到固定资本和流动资本的范畴。

表 3　　　　　　　固定资本和流动资本的范畴界定

物质形式	生产内部的范畴	
	剩余价值的生产	资本的运动
厂房和设备、生产的物质基础设施	不变资本	固定资本
硬原材料、辅助材料、手头的材料		流动资本
劳动力	可变资本	

资料来源：[英] 大卫·哈维著，张寅译：《资本的限度》，中信出版社 2017 年版，第 367 页。

---

① [英] 大卫·哈维著，张寅译：《资本的限度》，中信出版社 2017 年版，第 367 页。
② [英] 大卫·哈维著，张寅译：《资本的限度》，中信出版社 2017 年版，第 372 页。
③ [英] 大卫·哈维著，张寅译：《资本的限度》，中信出版社 2017 年版，第 336 页。

可以说，哈维对马克思《资本论》逻辑转换的关键一步，正是对固定资本的分析，在此，他不仅找到了对资本主义空间批判的理论依据，而且顺理成章地将资本第一级循环过渡至第二级循环。

3. 以资本积累为逻辑分析的中轴

哈维认为，以对劳动力的剥削为燃料，驱动为积累而积累的引擎，具有必然扩张性的资本会不断重塑世界。① 资本家对技术变革的激情一旦与"为积累而积累"的社会命令结合起来，就会产生资本的过剩，即"资本的过度积累"。② 资本的剩余一旦无法得到盈利性的吸收，就会丧失价值，这些阶段就叫作"危机"。③ 三级循环是在"资本积累"命令下的"资本溢出路径"；三块危机是"资本过度积累危机"在不同层次的"表现形式"；"时空修复"则是缓解资本过度积累的方法。

总而言之，在哈维的概念中，贯穿于资本三级循环并逐层引发普遍性、时间性和空间性危机的资本积累一直是一个意义深远的地理问题。

4. 在研究目的或最终逻辑结论上指向空间矛盾分析

《资本的限度》以资本积累为中轴，从使用价值和固定资本切入，通过对信用体系、国际分工等的分析，考察资本的流通运动，最终指向了资本在空间层面的矛盾，及其可能触及的限度。具体而言，资本在空间层面的矛盾冲突大致有两种形式：

第一，建成与破坏的矛盾。对剩余价值的永恒渴求使得资本积累呈现无限性，与之相伴随的资本主义空间生产也绝非暂时的。在这一时间段便利于资本积累所建立起来的地理学景观，在另一个时间段却成为资本积累的障碍。资本要开始新的空间生产，那么，就意味着旧的空间必将会被破坏，要进行重建。由此，空间的建成与破坏就处于不断循环的状态中。正如哈维在其之后的著作《新帝国主义》（2003 年）中描述的那样，"创造性破坏的历史被写入资本积累真实的历史地理学景观

---

① ［英］大卫·哈维著，张寅译：《资本的限度》，中信出版社 2017 年版，第 263 页。
② ［英］大卫·哈维著，张寅译：《资本的限度》，中信出版社 2017 年版，第 317 页。
③ ［英］大卫·哈维著，张寅译：《资本的限度》，中信出版社 2017 年版，第 26 页。

之中"①。

第二,不平均地理发展的矛盾。因为国际分工,世界上有着不同历史且生活在不同环境中的各个民族被拼接成了一个复杂的统一体。这一拼接的过程主要包括两个方面:一是资本主义生产关系不平衡的渗透,它在某些地方的渗透是相对和平的(如南美洲的阿根廷等),但在另一些地方的渗透则使用了种族灭绝的暴力②(如非洲、澳洲等);二是物理环境上的不平均的变化,在某些地区呈现出的是大量积聚的工厂、生产资料和劳动力等,在另一些地区却只有空旷的场所。这一切合起来就是资本主义的"不平均的地理发展"③,这是资本积累的结果④。而资本主义空间生产的非正义性⑤必然性地会引发一系列大规模的斗争反抗运动,这些矛盾冲突最终会使资本扩张触及极限,爆发战争。

综上所述,《资本的限度》的逻辑布展可概括为"商品使用价值—固定资本—空间",在这其中资本积累是中轴。

(三) 哈维空间转向的元理论——历史—地理唯物主义

《资本的限度》中所呈现的逻辑布展,在哲学方法论上,也为哈维带来了更深的理论困扰,即他需要为此提供一种更根本的"元理论"支撑。换言之,那就是该如何面对马克思的历史唯物主义。

1. 历史—地理唯物主义的缘起和构建

在《资本的限度》出版后不久,他便"抱怨"马克思的历史唯物主义在面对当代资本主义的空间时有点"力不从心"。正如哈维在《意识与城市经验》(1985年)序言中声明的,历史唯物主义需要上升到"历

---

① [英]大卫·哈维著,初立忠、沈晓雷译:《新帝国主义》,社会科学文献出版社2009年版第83页。
②③ [英]大卫·哈维著,张寅译:《资本的限度》,中信出版社2017年版,第575页。
④ 张凤超:《资本逻辑与空间化秩序——新马克思主义空间理论解析》,载于《马克思主义研究》2010年第7期。
⑤ 任政:《资本、空间与正义批判——大卫·哈维的空间正义思想研究》,载于《马克思主义研究》2014年第6期。

史—地理唯物主义"。① 从《后现代的状况——对文化变迁之缘起的探究》（1989 年）中提出的建构"历史地理唯物主义"的纲领，到《正义、自然和差异地理学》（1996 年）中阐述时间、空间和自然环境的基本哲学观念，随着历史唯物主义和地理学的不断交流与融合，哈维完成了"历史—地理唯物主义"（Historical—Geographical Materialism）思想的构建，并使其成为连接空间形式与社会过程的桥梁与纽带。②

2. 时空的辩证关系

与列斐伏尔、苏贾等学者对空间进行本体论的再阐发不同，哈维侧重于通过辩证法的再解释从认识论上澄清空间的多重维度。因此，哈维的分析框架中的时空辩证关系如下：

空间的生成（空间时间化）：哈维认为，通过时间来消灭空间（即通过技术创新和设备升级来减少空间摩擦，使资本流通提速）是资本家在竞争愈发激烈的市场上尽快获取剩余价值的有效途径。其必然产生的结果就是，空间结构更加易变和不稳定。

空间的存在（时间空间化）：与空间时间化相对的是时间空间化，即通过空间来对抗时间。对此，哈维侧重在艺术、建筑等方面展开阐述。例如，绘画艺术就常常截取历史中的某一片段，将其固定于具体之物——画布上，以呈现于当代人的面前；古罗马《建筑十书》中，"坚固"是一个重要的原则，屹立成百上千年的建筑之所以能够对抗时间的流逝就是因其有坚固的空间结构。

场所和空间：场所和空间在日常用语中常常被混淆使用，哈维也没有对此进行明确的界定。在哈维看来，场所更具体、绝对，而空间则更抽象、相对。在讨论个体和具体事物时，会用场所的概念；在探讨抽象共性和相对关系时，更多地采用空间的范畴。

---

① David Harvey. *Consciousness and the Urban Experience*. Oxford：Basil Blackwell and Johns Hopkins University Press，1985.

② 康建军、李德楠：《历史地理唯物主义之探赜索隐——兼论历史地理唯物主义与历史地理学之关系》，载于《海南大学学报》（人文社会科学版）2018 年第 5 期，第 116~120 页。

3. 认识论角度的时空划分

基于辩证法的再解释，哈维依据物质性、关系性和相关性三个基本特征[①]对时空进行了如下划分：

绝对的时空："物理意义上的孤立空间和时间。"[②] 哈维认为，《资本论》中具体的工厂车间、绝对工作日的长度以及绝对剩余价值等所对应的就是绝对时空的范畴。[③] 此外，小至商品的物质形式，大到土地的产权与国家的边界，都是空间的界定范围，因此，绝对的时空也是使用价值的范畴。

相对的时空："运动的世界所界定的时空结构不是固定的。"[④] 例如，纽约与伦敦之间的绝对距离大约是 5556 千米[⑤]，但由于基础设施的改善和交通工具的升级，两地之间的相对距离（通行时间）则处于不断的变化之中。"《资本论》中的相对剩余价值就存在于相对时间框架之中"[⑥]，关键不在于绝对工作日的延长，而在于必要劳动时间的相对缩短。

关系性的时空："关系性的时空是无形的、无法触摸和测量但又极其重要的概念。"[⑦] 例如，在社区中，当一所住房被翻新后，其货币价值会提升，但由于该住房的翻新使得整个社区的环境得到了改善，周边房屋的价值也相应提升，这就是时空的关系性的体现。在《资本论》中，关系性的价值就属于这个范畴。[⑧]

最后需要明确的是，"空间本身不是纯粹绝对的、相对的或关系性的，在不同的情况下，它可能是其中一种或同时是所有三种"[⑨]。

---

① 薛稷:《空间批判与正义发掘——大卫·哈维空间正义思想的生成逻辑》，载于《马克思主义与现实》2018 年第 4 期。
② [英] 大卫·哈维著，周大昕译:《马克思与〈资本论〉》，中信出版社 2018 年版，第 215 页。
③ [英] 大卫·哈维著，周大昕译:《马克思与〈资本论〉》，中信出版社 2018 年版，第 217~218 页。
④ [英] 大卫·哈维著，张寅译:《资本的限度》，中信出版社 2017 年版，第 19 页。
⑤ 笔者根据网络地图测算所得。
⑥⑦⑧ [英] 大卫·哈维著，周大昕译:《马克思与〈资本论〉》，中信出版社 2018 年版，第 216 页。
⑨ 胡大平:《哈维的空间概念与历史地理唯物主义》，载于《社会科学辑刊》2017 年第 6 期。

三、《资本的限度》的当代价值及其限度

(一) 历史唯物主义空间转向的当代价值

20世纪70年代后,福特主义与凯恩斯主义相结合的效用明显减弱,并逐渐为"弹性生产"的方式所取代。弹性生产以需求为导向,将原本内置于一国之内的完整的产业链通过外包、对外直接投资等方式拆散并在全球范围内分散到不同国家。这种转变得以实现的一个重要基础条件就是基础设施的改善和交通、通信设备的升级大大减少了跨越不同地区的时间和成本,这就是哈维所称的"时空压缩"。

列斐伏尔、苏贾等学者认为,"空间"已成为当代资本主义得以延续存在和发展的主要原因。哈维甚至提出,如果没有空间重组和地理扩张,"资本主义很早以前就不能发挥其政治经济系统的功能了"①。如此看来,资本主义经济生产运行模式的转变是历史唯物主义"空间转向"的根本原因,而空间转向也在承袭历史唯物主义的基础上提供了一种解码当代资本主义的新方案。当代资本主义空间生产具有新的特征②,《资本的限度》正是从空间的视角解释了资本主义依然腐而不朽的原因,由此在一定意义上丰富和加强了历史唯物主义的时代解释力。

(二) 由历史唯物主义空间转向引发的思考

1. 之于历史唯物主义,空间维度究竟是"植入"还是"内在"?

福柯、列斐伏尔、爱德华·苏贾等学者从历史唯物主义对时间维度

---

① [英] 大卫·哈维著,胡大平译:《希望的空间》,南京大学出版社2006年版,第23页。
② 庄友刚:《空间生产的当代发展与资本的生态逻辑》,载于《马克思主义与现实》2014年第3期。

偏好出发得出空间缺场的论断,哈维也强调包括马克思在内的社会理论的元叙事通常集中于时间变迁过程而保持空间的恒定性。那么,之于历史唯物主义,空间维度究竟是"植入"还是"内在"?

"一切存在的基本形式是空间和时间"①,马克思主义时空观认为,时间和空间是事物存在的基本形式,没有时间的社会空间是僵化的,没有社会空间的时间是虚无的。历史没有了空间性,就失去了丰富性和具体性;历史没有了时间性,就会停滞不前,也不可能发展进步。在马克思的诸多著作中,"空间"一直是剖析资本主义的一个重要维度。例如:

"一方面,协作可以扩大劳动的空间范围……另一方面,协作可以与生产规模相比相对地在空间上缩小生产领域。"②

"不断扩大产品销路的需要,驱使资产阶级奔走于全球各地。它必须到处落户,到处开发,到处建立联系。资产阶级,由于开拓了世界市场,使一切国家的生产和消费都成为世界性的了。"③

"资本一方面要求摧毁交往即交换的一切地方限制,征服整个地球作为它的市场,另一方面,它又力求用时间去消灭空间,就是说,把商品从一个地方转移到另一个地方所花费的时间缩减到最低限度。"④

由此可见,马克思的著作中蕴含着丰富的空间思想,空间一直内置于历史唯物主义的理论逻辑中,并且其空间概念并非恒定而是动态的。

2. 空间维度缘何处于相对隐形状态?

对于历史唯物主义,空间维度从未"缺场",但可以说处于相对隐形状态。⑤ 究其原因,历史唯物主义本身就已经给出了答案——社会存在决定社会意识。空间问题之于历史唯物主义的隐形状态是由其批判对象所处的发展阶段决定的,换言之,有其历史必然性。在马克思生活的年代,资本主义处于自由竞争阶段,资本逻辑虽然支配着资本主义空间重组及

---

① 《马克思恩格斯选集》(第3卷),人民出版社2012年版,第1070页。
② 《资本论》(纪念版)(第一卷),人民出版社2018年版,第381页。
③ [德]卡尔·马克思、弗里德里希·恩格斯著,中共中央马克思恩格斯列宁斯大林著作编译局译:《共产党宣言》,人民出版社2018年版,第31页。
④ 《马克思恩格斯全集》(第30卷),人民出版社1995年版,第538页。
⑤ 庄友刚:《空间生产与当代马克思主义哲学范式转型》,载于《学习论坛》2012年第8期。

变化，但空间的生产还处在酝酿和萌芽阶段，远不如当今时代空间扩张和聚合范围之广、程度之显著。另外，为了粉碎资本主义永恒化所编制的谎言，从时间角度厘清资本主义诞生、发展、演变进程及其历史宿命是马克思的必然批判进路。但不能由此就认为历史唯物主义失去了解释力和合法性。

总之，空间维度虽然处于相对隐形状态，但其一直内置于历史唯物主义的理论架构中。

（三）《资本的限度》的限度

1. "物"的向度

在马克思那里，关于"拜物教"的阐释不仅展现出人们在共同层面对于资本的误认，而且深刻揭示了这一误认产生的根本原因以及将其彻底消除的社会条件和实践路径。这是在认识论上解放工人阶级物化意识的科学理论依据，由此能够充分发挥工人阶级的主观能动性，通过无产阶级革命以打破资本的奴役。

虽然哈维分析生产和交换关系，甚至在一定程度上触及剥削关系，但他关注的是以上关系在资本积累中的相互影响，及其如何最终导致资本的价值贬值。在这种逻辑转换的过程中，哈维也许有意，也许无意地掩盖了马克思在纠正资本误认上的杰出成果。马克思的"拜物教"，哈维在《资本的限度》中仅在第65~67页以只言片语提及，主要是用于表达"货币物的形式掩盖了价值的社会关系与社会意义"[①] 这一观点，进而推论价格对价值的偏离（即价格的波动）就是源自于此。

因此，哈维不仅淡化了"拜物教"，而且还有靠向"空间拜物教"的倾向。

2. 回避了对资本主义私有制的批判

哈维努力在空间结构中探寻资本主义的内在矛盾，尤其是在对《资

---

① ［英］大卫·哈维著，张寅译：《资本的限度》，中信出版社2017年版，第65~67页。

本论》的解读过程中注重对"使用价值""固定资本""金融资本""时空修复""不平均的地理发展"等问题进行阐述，提出了一些独到的见解。但他仍未对资本主义最核心的问题，即资本主义私有制及其内在矛盾进行深入研究，也完全没有提及"社会主义公有制"。

《资本的限度》中共有 23 处提及"私有制"，其中 20 处（分别出现在第 144、145、273、513、524、531、535、542、547、552、553、554、570、571、627 页）是涉及租金理论的土地所有制，即为了表述"地租是依据土地私人所有权而获得的"这一理解。另外 3 处真正涉及"资本主义私有制"的表述（分别出现在第 632、633、634 页）则是引用《资本论》的原文，一方面是哈维认为马克思将资本主义视作一个"封闭的"经济体系；另一方面是为说明资本主义社会贫富两极分化"被迫要寻找外在的解脱"。① 以上表述的主要目的都是为其后续的"资本地理扩张"设置理论创新的前提。关于"公有制"这个名词，《资本的限度》全书没有提及。

可以说，哈维在《资本的限度》中"刻意"提升了资本权力的空间实践以凸显自己的理论创新，却淡化了资本主义制度最根源的矛盾。每每在即将触及问题的本质时，要么戛然而止，要么漂移转向了。相较于马克思，正如其自己在书中描述的那样，哈维对资本主义危机的分析更像是针对资本积累运行方式提出的一种具象化的"技术性的理解"②，在进行《资本论》的解读及理论建构的整个过程中，仍局限在对资本现象（资本三级循环）和"物"的维度（固定资本、物理景观等）等方面的描述③。剖析的深度有限（哈维认为资本主义积累的矛盾植根于资产阶级的内部矛盾④，也回避了对资本主义私有制的批判），革命性也不够彻底（"更加理智的生产方式"⑤ 究竟是怎样的生产方式没有说明，"就要靠我

---

① ［英］大卫·哈维著，张寅译：《资本的限度》，中信出版社 2017 年版，第 632~634 页。
② ［英］大卫·哈维著，张寅译：《资本的限度》，中信出版社 2017 年版，第 314 页。
③ 张文树：《大卫·哈维对〈资本论〉空间思想的解读及其现实意义》，载于《东南学术》2020 年第 4 期。
④ ［英］大卫·哈维著，张寅译：《资本的限度》，中信出版社 2017 年版，第 89 页。
⑤ ［英］大卫·哈维著，张寅译：《资本的限度》，中信出版社 2017 年版，第 677 页。

们找出办法"①，究竟是怎样的办法也没有交代）。

但需要注意的是，哈维的马克思主义转型也经历了一个渐进式的过程，这符合事物发展的一般规律：从《资本的限度》（1982年）中回避对"资本主义私有制"的批判和对"公有制"只字不提，到《希望的空间》（2000年）中倡议"全世界无产者，联合起来"②，再到《资本之谜——人人需要知道的资本主义真相》（2010年）中期望以团结起来的无产者"控制过剩产品的组织、生产和分配"③；从《社会正义与城市》（1973年）中"仍需要革命的理论来设计一条从以剥削为基础的城市化转变为适宜人类的城市化的道路"④，到《资本的城市化：资本主义城市化的历史与理论研究》（1985年）中表明"社会主义替代性选择的建构"⑤的重要性，再到《资本社会的17个矛盾》（2014年）中提出的可供政治实践的方向——"私有财产与国家权力的对立，尽可能以共同权利制度代替"⑥。

因此，不可否认的是，随着在《资本的限度》中初步构型的"空间理论"的不断完善，哈维的革命立场也在犹豫和妥协中愈发坚定了。

总而言之，我们认可空间转向的西方马克思主义学者对内含于马克思、恩格斯著作中的空间元素进行了系统性的整理和一定程度的发展，在承袭历史唯物主义的基础上提供了一种解码当代资本主义经济现象的新方案，是当代马克思主义自我丰富的体现⑦，这是《资本的限度》一书最主要的价值之所在。但是，绝不能因此得出历史唯物主义失去解释力和合法性的结论，并就此全盘西化。研究资本主义，认识资本主义制度，

---

① ［英］大卫·哈维著，张寅译：《资本的限度》，中信出版社2017年版，第688页。
② ［美］大卫·哈维著，胡大平译：《希望的空间》，南京大学出版社2006年版，第46页。
③ ［美］大卫·哈维著，陈静译：《资本之谜——人人需要知道的资本主义真相》，电子工业出版社2011年版，第236页。
④ David Harvey. *Social Justice and the City*. Revised edition：University of Georgia Press，2009.
⑤ ［英］大卫·哈维著，董慧译：《资本的城市化：资本主义城市化的历史与理论研究》，苏州大学出版社2017年版，第222页。
⑥ ［美］大卫·哈维著，许瑞宋译：《资本社会的17个矛盾》，中信出版社2016年版，第328页。
⑦ 车玉玲：《历史唯物主义的空间转向与当代启示》，载于《马克思主义与现实》2014年第1期，第23~28页。

首先应是深入学习马克思的《资本论》。只有在深刻理解《资本论》之后，才能够对经济现象有分析能力，对各种西方理论有分辨能力。同时，也不必怀揣"自怀珠玑，何必拾人之瓦砾！"之执念，还应在学好《资本论》的基础上，以一种开放的心态、客观的态度和发展的眼光，学习性地批判各种西方的经济理论。

四、扩展性阅读文献

（一）经典文献类

[1]《资本论》（纪念版）（第一至三卷），人民出版社 2018 年版。

[2]［德］卡尔·马克思著，中共中央马克思恩格斯列宁斯大林著作编译局译：《共产党宣言》，人民出版社 2018 年版。

[3]《马克思恩格斯选集》（第 3 卷），人民出版社 2012 年版。

[4]《马克思恩格斯文集》（第 10 卷），人民出版社 2009 年版。

[5]《马克思恩格斯全集》（第 30 卷），人民出版社 1995 年版。

（二）专著类

[1] 陈征：《〈资本论〉解说》（第 1~3 卷），福建人民出版社 2017 年版。

[2] 李建平：《〈资本论〉第一卷辩证法探索》，福建人民出版社 2017 年版。

[3]［美］大卫·哈维著，胡大平译：《希望的空间》，南京大学出版社 2006 年版。

[4]［英］大卫·哈维著，初立忠、沈晓雷译：《新帝国主义》，社

会科学文献出版社 2009 年版。

　　[5] [美] 大卫·哈维著,陈静译:《资本之谜——人人需要知道的资本主义真相》,电子工业出版社 2011 年版。

　　[6] [美] 大卫·哈维著,许瑞宋译:《资本社会的 17 个矛盾》,中信出版社 2016 年版。

　　[7] [英] 大卫·哈维著,董慧译:《资本的城市化:资本主义城市化的历史与理论研究》,苏州大学出版社 2017 年版。

　　[8] [美] 大卫·哈维著,周大昕译:《马克思与〈资本论〉》,中信出版社 2018 年版。

　　[9] David Harvey. *Consciousness and the Urban Experience*. Oxford:Basil Blackwell and Johns Hopkins University Press,1985.

　　[10] David Harvey. *Social Justice and the City*. Revised edition:University of Georgia Press,2009.

(三) 期刊类

　　[1] 张凤超:《资本逻辑与空间化秩序——新马克思主义空间理论解析》,载于《马克思主义研究》2010 年第 7 期。

　　[2] 任政:《资本、空间与正义批判——大卫·哈维的空间正义思想研究》,载于《马克思主义研究》2014 年第 6 期。

　　[3] 刘宇:《论全球化时代的阶级斗争问题》,载于《马克思主义研究》2015 年第 11 期。

　　[4] 车玉玲:《历史唯物主义的空间转向与当代启示》,载于《马克思主义与现实》2014 年第 1 期。

　　[5] 庄友刚:《空间生产的当代发展与资本的生态逻辑》,载于《马克思主义与现实》2014 年第 3 期。

　　[6] 薛稷:《空间批判与正义发掘——大卫·哈维空间正义思想的生成逻辑》,载于《马克思主义与现实》2018 年第 4 期。

　　[7] 袁久红:《历史—地理唯物主义视域下的城市空间生产——哈维

的理论范式及个案研究》，载于《东南大学学报》（哲学社会科学版）2012 年第 3 期。

［8］庄友刚：《空间生产与当代马克思主义哲学范式转型》，载于《学习论坛》2012 年第 8 期。

［9］张文树：《大卫·哈维对〈资本论〉空间思想的解读及其现实意义》，载于《东南学术》2020 年第 4 期。

［10］胡大平：《哈维的空间概念与历史地理唯物主义》，载于《社会科学辑刊》2017 年第 6 期。

［11］胡大平：《探索"资本的限度"或超越"〈资本论〉的界限"——哈维〈资本的限度〉简述》，载于《中外文化与文论》2016 年第 3 期。

［12］康建军、李德楠：《历史地理唯物主义之探赜索隐——兼论历史地理唯物主义与历史地理学之关系》，载于《海南大学学报（人文社会科学版）》2018 年第 5 期。

五、读书心得

现实世界日新月异，我们为何还要阅读那些年代有些久远的经典著作和文献？经典著作和文献能够帮助我们解答、解决现实问题么？阅读经典的意义究竟何在？

首先，阅读经典著作和文献可以帮助我们把握"可应万变之不变"。经典著作和文献之经典，源自其在这一知识领域中的权威性，其价值经过历史的选择被广泛认可并奉为典范。而经典之所以为经典，是因为它关注的是那些长期困扰人类社会的极具影响的问题，并致力于在纷繁复杂、瞬息万变的现象背后，探寻不变的关键要素，总结最根本性的规律。学习经典著作和文献中的思想、观点、方法等，可以帮助我们于"万变"中求得那"不变"的根本性规律，从而避免被事物的表象牵着鼻子走。

其次，不同的经典著作和文献为我们提供了不同的观察分析视角。

不是世界在那里，你就观察到了这个世界。"横看成岭侧成峰，远近高低各不同"，不同的观察视角呈现在你眼中的景观很可能大不相同，并且集合不同的视角也有助于建立对事物更完整、全面的认识和理解。同理，对于同样的经济问题，从不同的视角寻得的不同证据会引导人们得出各异的结论。马克斯·韦伯曾警告那些被自由主义的政治经济学蒙蔽了眼睛的人，单一视角是危险的，"尤其是把一种只具有相当限定性的视角当成唯一的视角"①。因此，正如《潜夫论·明暗》中所言，"君之所以明者，兼听也；其所以暗者，偏信也"，我们需要不同的观察分析视角，以建立更完整、全面的认知体系，而这，也正是丰富的经典著作和文献所能给予我们的。

最后，阅读经典著作和文献更是为了让我们能够"走出"经典。阅读经典是与当时最睿智的人对话，这不仅帮助我们了解那个时代人们对某一领域认知的最高水平，同时对经典著作、文献从陌生和不解到理解与领会的这一思索探究过程也是一种极佳的思维训练。但是，"睿智聪明"不等同于"绝对正确"。社会存在决定社会意识，人的意识是对客观实在的反映，时代发展的客观局限性必然体现于认识领域，彼时的观点和理论在新的历史条件下需要与时俱进。此外，作者的判断有其自身的立场，所应用之工具方法也值得进一步考究。因此，在我们看来，经典著作和文献更像是一座提供跨时空对话的桥梁，让我们能够"走进"经典，学习经典，进而"走出"经典，回归现实问题，提出争议并检验和发展经典。因此，阅读经典著作和文献是为了"走进"经典而不囿于经典，"走出"经典并发展经典，这也正是恩格斯要求我们重视的——"我们的理论是发展着的理论，而不是必须背得烂熟并机械地加以重复的教条"②。

---

① ［德］马克斯·韦伯著，甘阳、李强等译：《民族国家与经济政策》，生活·读书·新知三联书店1997年版。

② 《马克思恩格斯文集》（第10卷），人民出版社2009年版，第562页。

由价值规律扩展到对外贸易

——读安瓦尔·谢克的《对外贸易与价值规律》

陈伟雄　蔡静妮　杨锦妮[*]

一、写作背景和主要内容

安瓦尔·谢克教授是美国最著名的政治经济学家之一，其研究领域涉及国际贸易理论、经济增长和危机理论、美国宏观政策问题、福利国家制度问题等方面。1971～1972年，谢克教授曾在哥伦比亚大学经济系任教，1973年至今在新学院大学任教。谢克教授的政治经济学以独立于新古典主义经济学的竞争理论为基础，开展新左派社会运动背景下的教学和研究，重点研究工业化资本主义的运动规律和经验模式。他的研究既保持了对古典理论的继承，同时又吸收了投入产出、数值模拟、经济物理学等多种现代分析方法。谢克始终认为，不存在没有价值或社会中立的经济学。《对外贸易与价值规律》是安瓦尔·谢克教授分两期发表在1979年和1980年的 Science & Society 杂志上的重要文献，后由国内学者吴奎罡翻译成中文版，发表在1982年第1期、第2期的《国际经济评论》杂志上。我们知道，马克思在他的"五篇写作计划"或"六册写作计划"中都打算专门阐述有关国际贸易和世界市场的理论，国际贸易理论是马

---

[*] 陈伟雄，福建师范大学经济学院副教授，硕士生导师；蔡静妮，福建师范大学经济学院本科生；杨锦妮，福建师范大学经济学院本科生。

克思国际经济理论的重要组成部分,从而也是马克思经济学的重要组成部分。但遗憾的是,这项工作马克思最终没能完成。谢克的《对外贸易与价值规律》正是基于这样的背景撰写的,其目的就是"由价值规律扩展到对外贸易问题"。在论文的开篇,谢克就指出,"在马克思分析资本主义时,价值规律是作为资本运动规律的主要基础提出来的。在此基础上,马克思阐述了货币规律、价值规律、利润规律、积累规律、再生产规律和经济危机规律等"。谢克认为,价值规律的作用范围在三卷《资本论》中作了阐述,但在有些问题的分析上还不够甚至还未涉及,其中就包括价值规律与对外贸易的论述。因此,谢克希望在这一问题上能够有所贡献。

在《对外贸易与价值规律》一文中,谢克分成两部分对价值规律与对外贸易展开阐述。在第一部分中,谢克主要分析了李嘉图比较成本理论的由来,从李嘉图的价格理论、货币理论引出了其著名的比较成本规律,货币数量学说成为比较成本规律的关键基础。李嘉图在比较成本理论基础上得出了"贸易是普遍有利的"结论,谢克对此进行了批判,认为贸易是由资本家进行的,"总是他们赚钱"。谢克还分析了在比较成本规律基础上延伸的一些理论,并且对正统派和马克思主义对比较成本规律的批判进行了解读。在第二部分中,谢克分析了马克思关于资本主义交换规律的论述,用马克思对李嘉图价值理论的批判来推翻比较成本规律,并将马克思提出的价值规律扩展到对外贸易中。谢克详细分析了马克思对李嘉图的货币数量学说的批判,指出资本主义不发达地区尽管处于普遍落后状态,但仍然可以生产某些比资本主义发达地区具有绝对优势的商品。不过不发达地区的全部贸易总的来说仍将是逆差,仍将处于债务地位,"贸易将起不到消灭不平等的作用,而将是起着维护这种不平等的作用"。在此基础上,谢克还分析了发达资本主义国家直接投资造成的影响:一方面,形成了资本主义不发达地区出口典型的二元性质,即外国资本支配的大规模现代化工业和当地资本支配的落后工业并存;另一方面,直接投资加速对当地生产的破坏,对当地生产力的发展形成一种强有力的阻碍作用。谢克进一步分析了资本主义不发达地区出口典型的二元结构暗含的地区间的价值转移,指出剩余价值的转移是两种不同类型转移的结果:工业部门内部的转移,取决于同一工业部门内个别生产者和一般生产者之间的差异;工业部门之间的转移,则取决于不同工业部门中一般生产者有机构成的差异。生产价格的形成把有机构成低的工业部门的剩余价值转移到有机构成高的工业部门;在某一工业部门内部,剩余价值由效率低的生产者那里转移到效率高的生产者那里。价值从资本主义不发达地区向发达地区的净转移将等于资本主义不发达地区的进口减去资本主义不发达地区的出口。谢克最后指出,"自由贸易不是否定不平衡发展,而被证明是扩大这种不平衡发展;直接投资不是缩小贫国与富国之间的差距,而是加强强者对弱者的控制"。以上便是谢克的《对外贸易与价值规律》这篇文章的主要内容。

二、重点选文及解读

选文 1

"迄今所讨论的一些规律只是与生产价格有关。可是我们从市场价格规律得知,假使某种商品供过于求,那么它的市场价格就会下降,也就是它交换到的别种商品较少。如果这种规律也适用于货币,那就会立即导致下述情形的发生:当金币的数量超过流通的需要量(所谓对硬币的需求)时,金币的价格就会下降。现在黄金既然是货币,那它就不能有货币价格。可是它既能被用来在市场上购买任何商品,那就可以说,它简直有千万种的'商品价格'——人们可用 1 镑(1/4 盎司)黄金购买的各种数量商品的价格。所以,古典派的货币数量学说宣称:当金币的数量超过流通的需要量时,所有黄金的'商品价格'就会下降,因为这意味着黄金将能买到的各种商品变得较少,这就等于所有货币价格上涨。

迄今这种讨论只在黄金货币方面展开,但是,李嘉图迅速扩大了这个论点,把一切类型的货币包括在内:在其他条件不变的情况下,货币供应量增加将使所有货币价格上涨,而货币供应量减少又使所有货币价格下降。这种货币理论在李嘉图的外贸理论中起着一种关键性的作用。"

——选自《对外贸易与价值规律》(第一部分)

解读：《对外贸易与价值规律》第一部分主要是集中阐述比较成本规律的由来、比较成本规律被正统派理论引用以及它对马克思主义现代外贸理论的影响。探讨比较成本规律，我们必然得先了解李嘉图货币理论体系中的货币数量说。李嘉图在研究货币的商品性质及其价值决定的过程中，认为当时有关货币的理论已经较为成熟，更应该明确货币流通的规律。

在18世纪末的"黄金价格战"中，英国短时期内难以摆脱拿破仑战争的不利影响，国内经济萧条，且战争期间政府采购了大量军需品，英国政府陷入了财政困境。为了弥补财政赤字，英国政府采取发行大量纸币的策略来进行融资。大量发行货币，致使货币发行量远超流通中所需的货币量，随之带来了英国总体物价水平的上涨与纸币的贬值。

李嘉图等人认为英国国内物价水平的总体大幅上涨是由于政府大量发行纸币，尽管大量发行纸币有助于政府融资、缓解财政赤字，但并不利于物价稳定，这必将对社会经济生活产生影响。在此基础上他们要求恢复金块本位制。在李嘉图看来，货币的主要功能是流通。且纸币的购买力和流通中的货币量有关联。当流通中的货币数量多于流通中所需货币量时，货币就会贬值，相应地商品价格就上涨；相反，当流通中货币数量小于流通中所需货币量时，货币就会增值，相应地商品价格即下跌，此时需依靠货币的进口才能恢复商品贸易的平衡。

受历史社会环境限制，李嘉图认为货币价值理论已经较为完善，因而转向研究货币流通关系，更关注货币的数量关系。他过于关注货币的流通功能，忽视了货币的贮藏手段职能。李嘉图的货币理论是基于以下假设：货币只是一种流通手段，除了奢侈品，所有的贵金属都是作为货币进入流通领域的。然而，这种假设是虚幻的，金属货币的职能是伴随着商品经济的发展过程逐渐产生的，具有价值尺度、流通手段、贮藏手段、支付手段、世界货币五大职能。首先，货币是一种价值的衡量标准，衡量商品的价值量大小。其次在商品流通过程中，货币发挥流通手段助力商品价值实现。总而言之，李嘉图货币理论所基于的前提已然崩溃。

除此之外，李嘉图在分析货币理论时受阶级利益所限制，误认资本主义经济规律为一般规律。因此，他忽视了经济范畴和经济规律的历史性研究，只注重研究经济范畴的数量关系，这在理论上造成了不可缓和的矛盾，使得他陷入劳动价值论和货币理论两难的困境，一方面他坚持劳动价值论：商品价值取决于生产该商品的劳动时间；一方面受货币数量论影响：在流通过程中，商品价值的高低取决于流通中的货币数量。

选文 2

"增加黄金供应量确实可以引起有效需求的增加，这或者是因为它被原先的所有者再消费了，或者是间接地因为它扩大银行储备，从而扩大可贷货币资本的供应，这势必导致利息率的降低，也可以增加用于投资的资本主义借贷。虽然这种有效需求的增加可以暂时引起某些商品价格的上涨，因而增加某些部门的利润，但是它最终必将导致生产的扩大，以满足新的需求。而随着生产扩大（其他条件不变），价格将下降至它们原有的水平为止。在上述商品价格上涨的情况下，全部商品的价格总额将会增长。这不是因为价格水平已经提高，而是因为所生产的商品量自身已经增加了。因而就黄金供应量的净增加而引起有效需求增加来说（亦即在黄金供应量的净增加不只是扩大银行储备或加入奢侈品生产行列的情况下），这也将引起对流通金币需求的增加。"

——选自《对外贸易与价值规律》（第二部分）

解读：在这一段落中，谢克从马克思的角度解释了为什么即使银行通过降低利息率把多余的货币投入流通中会增加有效需求，最终也不会导致商品价格上涨。这其实也是李嘉图货币理论与马克思货币理论的不同之处。

从李嘉图的货币理论来看，李嘉图忽略了货币的贮藏手段职能，认为流通环节可以吸纳任何数量的货币。这样一来，李嘉图的货币理论的最终观点就是货币的价值取决于货币的流通量，并用货币数量的变动来说明商品价格的变动，即在其他条件不变的情况下，货币供应量的增加会促使所有的商品价格上涨，而货币供应量的减少又会使所有商品价格下降。但在马克思的货币理论中，考虑到了货币的贮藏职能，因为商品生产的本性，为使货币储备适应变化的市场需要，所以实际的货币量必然会超过流通中所需要的货币量。出于这一点，马克思是不认可"黄金供应的净增加一般将导致商品价格的提高"的说法的。

谢克这一段的分析也符合当今的现实情况，当一国经济面临下行压力时，为刺激经济发展，通常会采用宽松型货币政策来搭配扩张性财政政策，通过提高货币供应的增长速度来刺激总需求，产品的供不应求会导致其价格上涨，但也会激励厂商加大生产，提高供给水平，最后达到供求平衡，从而价格回落。基于时代的考量，通过谢克的分析，可以看出马克思的货币理论仍然具有很强的现实意义和应用指导。

这一段落为后文以马克思主义的角度分析国际贸易奠定了基础，简明扼要地阐述了流通中增加的货币流通量的分配。在发生贸易顺差的国家，货币净增加，但并不会因此而简单地导致该国国内的商品价格下降，从而逆转与之进行国际贸易的国家之间的比较优势，而是由于货币的贮藏职能和资本的逐利本性，导致一部分货币用于满足增长的有效需求所需的货币流通量，一部分货币转化为银行储备的形式，还会有一部分货币通过对外投资或贷款形式流入其他国家。如此一来，反倒会恶化在国际贸易中处于劣势地位的国家的处境，而不是如李嘉图所言，国际贸易具有绝对益处。

总之，谢克总结的这段话以浅显的语言提炼出了马克思货币理论的精华，为说明货币资本的国际性流动问题作了很好的铺垫，通过批判李嘉图的货币理论为下文推翻比较成本原理打下基础，从而进一步实现将马克思的价值规律扩大到外贸中的写作目的。当然，这段话只是表明了一个结果，关于货币量的增加导致有效需求的增加，从而生产扩大，对商品价格水平上升又下降这一过程中的时间问题并没有进行详细的说明，若是要分析这其中的问题还需进行更深入的研究，但在该文中这种分析已经能够体现作者的观点和意图。

选文3

"根据马克思的分析，黄金从英国流出的最初后果是减少可贷的货币资本的供应。另一方面，由于英国布和酒的生产敌不过外国竞争者，英国方面对货币资本的需求也将随之减少。不过，当这些部门已经达到它们最小规模（总有一些英国人始终不买外国人的东西）时，黄金的继续减少必将使利息率提高；由于这将缩小投资，其他商品的产量将下降。因此，英国黄金的耗竭将会导致银行储备减少，生产收缩和利息率上升。在葡萄牙，这些后果恰恰相反。因为，黄金流入葡萄牙，部分黄金将被扩大的布和酒的生产的流通需要所吸收；一部分黄金将以奢侈品形式被吸收；余下的一部分黄金将以扩大的银行储备形式被吸收。最后的一种后果将是增加可贷的货币资本的供应，通常说来，这是会降低利息率和导致生产扩大的。于是，在葡萄牙黄金的流入将增加银行储备，扩大生产和降低利息率。"

——选自《对外贸易与价值规律》（第二部分）

解读：马克思通过这一段的分析，明确否认了黄金供应的"净"变化与价格水平之间存在联系，也就是否定了李嘉图的货币数量学说。这一分析及其结论实际上是对上述"重点选文之二"的进一步阐释与拓展。

选文4

"证明比较成本的规律不符合马克思的价值理论，是本文的中心课题。实际上，符合的是绝对成本规律；如果确定了这一点，马克思主义者们或从垄断资本主义或从不等价交换中被迫引申出的一系列现象，就变成了自由贸易本身的结果。自由贸易不是否定不平衡发展，而被证明是扩大这种不平衡发展；直接投资不是缩小贫国与富国之间的差距，而是加强强者对弱者的控制。"

——选自《对外贸易与价值规律》（第二部分）

解读：这一段文字是对该文观点的总结，进一步明确了李嘉图的比较成本规律是不符合马克思价值理论的。李嘉图所谓的通过比较优势理论进行的自由贸易能够给参与各国都带来好处的观点是不成立的。自由贸易最终会导致世界各国的不平衡发展，发达资本主义国家在国际贸易与投资中会不断加强对落后国家的控制，资本的所有权日益集中到少数资本家手上，但价值规律在其中始终发挥作用。正如谢克指出的，传统理论错误地以为涉及竞争的价值规律和生产价格规律只适用于早期的资本主义（直到 19 世纪末），没有意识到即使从 20 世纪到现在，价值规律和生产价格规律实际上也在发挥着作用。

三、该文献的当代价值

（一）对研究自由贸易与贸易保护的理论意义

安瓦尔·谢克的《对外贸易与价值规律》一文将马克思的价值规律扩展到对外贸易的问题上，对马克思未具体阐述的国际贸易理论进行了有益的解析。其中，谢克通过理论分析批判了自由贸易，并指出资本主义发达地区为逐利总是倡导自由贸易，但当自由贸易损害其切身利益时就会要求实行保护主义。正如马克思所揭示的那样，"贸易的自由不过是资本的自由，是'排除一些仍然阻碍着资本前进的民族障碍，只不过是让资本能充分地自由活动罢了'"。

谢克的这篇文章发表于 20 世纪 80 年代，时逾四十余载，当今的国际贸易经济形势也仍是如此，关于自由贸易与贸易保护的讨论经久不衰。如今，我国"以国内大循环为主体、国内国际双循环相互促进"的新格局的提出，也需对这一话题进行重新思考，谢克在文中的分析对这一问题的研究具有很强的理论意义，为构建国际贸易新秩序提供有益启示。

就瑞士良好棉花发展协会（欧盟 BCI 协会）抵制新疆棉花的事件来看，欧美资本主义发达国家想借此以莫须有的罪名抹黑和抵制新疆棉花。尚不论其背后的政治目的，就其经济目的来看，本质是想抵制中国棉花及其连带的服装纺织产业。

在 20 世纪 80 年代以前，美国是全球头号棉花生产国，不但生产量巨大，而且还把控着全球棉花的定价权。但现如今，中国的棉花产量已稳居全球前二，而新疆就是中国最大的产棉区①，同时，中国纺织业规模占比超全球50%，贸易占全球的1/3。② 关于棉花的定价权，自2004年于郑州商品交易所上市的棉花期货品种如今单日出货量也已远超美国，郑州商品交易所也成了世界棉花交易中心。美国的棉花产量已被中国迅速赶超，中国已经成为世界棉花市场影响力最大的国家之一。美国掌握棉花的定价权既有利于其棉花出口，又方便其控制棉花的产业链以此来收割其他国家的利益，而中国的棉花和纺织业的发展已经开始威胁到它的定价权，于是想通过打击新疆棉花来绞断中国棉纺的产业链，阻止中国获取棉花定价权。

无数活生生的例子告诉我们，资本的逐利色彩是永恒不变的，当资本主义发达国家想获取更多的超额利润时，就会在全球寻找原料、劳动力等成本低廉的地区成立跨国公司进行资本投资，进行产业转移。但当该地区的该产业的经济逐渐开始发展壮大，资本发达国家所能摄取的利润减少时，资本主义发达国家就会以各种"道貌岸然"的借口打压该国经济，让其"听话"，并开始寻找下一个"猎物"，掠取超额价值。

因此，资本自私和贪婪的本性必然决定着它所主导下的国际贸易秩序是不平等的，资本主义发达国家自己都在自由贸易和贸易保护之间反复横跳。发展中国家面对这种情况，能支撑自己的唯有科技实力和经济底气。作为最大的发展中国家，中国面对这种形势要坚持经济转型升级，优化产业结构，在优势产业领域掌握一定的定价权和标准认定权，力争在世界价值链上游占有一席之地，从而在国际贸易中掌握话语权。于是，随着"一带一路"倡议的提出和新格局的构建，建立起互惠共赢、平等互利的国际贸易新秩序，开展互惠互利的贸易活动。

---

① 《新疆棉花有多牛?!》，华尔街见闻，2021年3月25日，https：//baijiahao.baidu.com/s?id=1695194172097211435&wfr=spider&for=pc。

② 刘瑾：《纺织服装业将长久受益》，光明网，2021年4月30日，https：//m.gmw.cn/baijia/2021-04/30/1302264724.html。

（二） 以马克思的两点论看待国际贸易交易

《对外贸易与价值规律》一文将价值规律拓展到国际贸易中。先回顾李嘉图的价值理论、货币理论、比较成本理论，再阐述比较成本理论对正统派、马克思主义学者的影响。该文在分析马克思主义学者对比较成本规律的批判时，安瓦尔·谢克认为，马克思主义学者并没有对比较成本规律进行根本性、彻底性的批判，相反在一定程度上也默认了比较成本规律不合理的内核。因此在《对外贸易与价值规律》第二部分，安瓦尔谢克主要从货币论、价格理论角度进行批判，进而最后提出了马克思主义关于对外贸易价值规律的观点。

在该文第二部分中谢克提出，就整个资本主义不发达地区而言，外国投资不仅可能损害资本主义不发达地区的地方工业，而且可能损害资本主义发达地区的某些资本。谢克还通过对国际价值转移的分析，发现剩余价值的转移就是国际不平衡发展的现象，自由贸易不是否定不平衡发展，而是扩大这种不平衡发展；直接投资不是缩小贫国与富国之间的差距，而是加强强者对弱者的控制。安瓦尔·谢克的另一个贡献是指出国际贸易下价值转移的净效应可能对发展中国家、欠发达地区也有一定的益处。

马克思主义经济学家研究国际贸易价值规律时，总是更为关注发展中国家处于资本出口、对外贸易的劣势竞争地位。但是，随着参与到经济全球化的国家越来越多，资本总体流动量增加、资本流动方向变化莫测，部分发展中国家也可以从全球剩余价值再分配中获益。因此，在金融全球化和经济全球化的大背景下，我们再次考察安瓦尔·谢克提出的部分观点是具有实际意义的。

谢克对价值转移的研究符合马克思的初衷。我们应当坚持用马克思的两点论看待当下的国际贸易，即由于发展中国家与发达国家经济、科技、产业发展水平存在较大的差异，在国际产业分工中，发达国家较多承担附加价值较高的环节，掌握着关键技术，垄断技术创新。而发展中国家则集中于低附加价值环节，处于国际产业链的低端位置。国际分工的不公平扩大了国家之间的贫富差距。但国际贸易也给发展中国家带来一定益处，有利于发展中国家引进外资、技术，利用人口红利、劳动力较廉价等优势，促进就业。同时，带动世界范围内多种形式的自由经济区发展。

在新的发展模式下，中国不能走封闭单一的国内单循环路线。与之相反，我们要积极推动形成一个开放的、相互推动发展的国内、国际双循环。对外开放有利于繁荣，我们谨记历史的教训，以马克思的两点论看待国际贸易交易。虽然强调以国内大循环为主，但推动国内国际双循环也十分重要。通过提高"引进来""走出去"的水平质量，来促进国内国际产业链供应链畅通。

四、拓展性阅读文献

［1］杨圣明、冯雷、夏先良：《马克思国际贸易理论研究》，当代中国出版社 2017 年版。

［2］杨玉华、丁泽勤：《马克思国际贸易理论及其在当代中国的实践》，经济管理出版社 2013 年版。

［3］鲁晓璇、张曙霄：《对马克思主义国际贸易理论和西方国际贸易理论及其关系的思考》，载于《经济学家》2018 年第 1 期。

［4］刘国晖、吴易风：《国际贸易理论——马克思经济学与西方经济学的比较》，载于《政治经济学评论》2015 年第 4 期。

［5］齐昊：《马克思主义的不平等交换理论与中国对外贸易的现实》，载于《政治经济学评论》2008 年第 1 期。

［6］李翀：《关于马克思主义国际经济学的构建》，载于《学术月刊》2008 年第 6 期。

［7］李翀：《论国际剩余价值的生产与分配》，载于《当代经济研究》2008 年第 3 期。

[8] 李翀：《马克思主义国际生产价格理论的构建》，载于《马克思主义研究》2007年第7期。

[9] 李翀：《马克思主义国际价值理论的构建》，载于《当代经济研究》2007年第4期。

[10] 邱德民：《价值规律在对外贸易中的作用》，载于《国际贸易》1982年第11期。

[11] 黄亚钧：《国际价值的形成与国际贸易的不等价交换——论价值规律在国际上应用的重大变化》，载于《复旦学报》（社会科学版）1983年第4期。

五、读书心得

读书心得一

这篇文章的中心论点是世界规模的不平衡发展是自由贸易本身的直接结果，而非是由资本主义发达地区和不发达地区间的价值转移引起的，这些价值转移及以这种转移为依据的不等价交换只是不发达的从属现象。以李嘉图的比较成本规律为基础的传统派理论认为国际贸易有利于一个国家的发展，同时直接投资是弥合资本主义富国和穷国之间的差距的一种手段。但从马克思理论分析可得，自由贸易扩大了发达国家和不发达国家的不平衡发展，直接投资并不会缩小贫国与富国之间的差距，反倒使得发达国家通过直接投资、加工贸易把各国的要素优势转化为自身的竞争优势，加强了强者对弱者的控制，恶化了弱国的国际处境。

其实，在马克思看来，资本主义社会的生产就是一种供给过剩、消费却不足的生产，而自由贸易就是资产阶级进行商品倾销以提高利润的借口。但与此同时，马克思从生产力的角度来看，不可否认，自由贸易符合生产力的发展，有利于展开竞争、提高效率。那么，我们对于国家间的自由贸易需要辩证的看待，从历史和现实的角度出发，完全的"闭关锁国"是绝对不允许存在的，但对自由贸易也不可一味地全盘迎合，要在全球化的浪潮中保有自主性与立足点。

由此，结合现实来看，发展中国家在参与国际贸易时，除了允许外国产品的流入外，还应注意发展本国的工业，不能只顾追求眼前的利益，忽视了长远发展的可能。发展中国家在资本和技术不足时发展劳动密集型产业，不可只是一味地利用人口红利和自然资源的优势参与到国际分工中，这样很容易陷入产品低附加值的循环，导致贫困化增长，到时要突破经济发展的"瓶颈"就得花费很大的气力，而是应该在资本逐渐积累的同时注重产业组织的调整和产业结构的优化。在国际产业转移的浪潮中，发展中国家在承接发达国家的产业转移和引进、模仿先进的技术时要注意自主创新能力的提高，不可过度依赖技术引进，争取在某一领域具有一定的话语权。

作为世界上最大的发展中国家，我国在与其他国家进行贸易时应坚持平等互利的原则，这样有利于保护本国的利益，同时旨在消除资本主义国际分工中的强制性和剥削性，反对强权的掠夺和控制，积极主动地参与国际规则的制定，改变过去发达国家在国际贸易中占主导地位的局面，建立起尊重各国主权和平等互利的国际贸易新秩序。

总之，对外贸易是一把"双刃剑"，现如今的国际经济形势严峻，加上新冠肺炎疫情的影响，我国在参与经济全球化时，要在遵循独立自主、平等互利原则的基础上，调整和优化我国的产品结构以提升竞争优势，结合实际和自身的要素禀赋发展新兴产业，提高在对外贸易中的竞争力，稳步向全球价值链中高端迈进。

读书心得二

安瓦尔·谢克出生于巴基斯坦的卡拉奇，研究生期间在美国哥伦比亚大学学习。在这段时期里，对他影响颇深的一篇论文是1962年贝克尔发表在《政治经济学杂志》上的专题论文：《非理性行为和经济理论》(*Irrational Behaviour And Economic Theory*)。他发现在不提理性选择的情况下也能推导出微观经济行为的主要经验模式，这为他走向非主流经济学埋下了伏笔。

谢克的政治经济学以独立于新古典主义经济学的竞争理论为基础，

开展新左派社会运动背景下的教学和研究，重点研究工业化资本主义的运动规律和经验模式。谢克始终坚持：不存在没有价值或社会中立的经济学。他的出生地、在不同国家受教育的经历以及美国人权运动带来的政治觉醒，激起了他对经济学的兴趣。他认为新古典主义经济学缺乏说服力，而对理论更坚实基础的追求，使他看到了凯恩斯、哈罗德、里昂惕夫、琼·罗宾逊的著作，随后又找到了亚当·斯密、大卫·李嘉图和卡尔·马克思的著作，后成为美国著名马克思主义政治经济学家。

《对外贸易与价值规律》一文由价值规律拓展到对外贸易。其中受学界争议较大的是，作者认为比较成本理论在理论和经验方面都是根本性的错误。《对外贸易与价值规律》一文的目的是按照马克思主义的观点对国际交换的规律进行探讨。

我们认为应以马克思主义的国际价值理论为基点来看待比较成本理论。

马克思对待比较成本理论秉承着批判性、科学发展的态度，吸收比较成本理论中科学、合理成分后建立了国际贸易理论。在李嘉图把劳动价值理论拓展到世界市场时，他遇到了矛盾。基于资产阶级利益，他对此采取的态度是规避矛盾并停止深入探究。因此，比较成本理论存在根本性缺陷，是一种不完整、不成熟的国际贸易理论。马克思并没有主张所有国家都应该依据比较成本理论来发展本国的国民经济和对外贸易。但他指出，发展中国家应在坚持独立自主的前提下，认真研究实现经济利益的可能性，从发展战略的高度充分发挥比较优势，充分利用国际市场条件。

此外，在构建新发展模式的背景下，稳定外贸发展仍是中国这个发展中国家经济发展的重要任务。在构建以国内大循环为主体、国内国际双循环相互促进的新发展格局下，国际贸易连接着国内国外两个市场。中国经济发展离不开世界市场，一不能惧怕退缩，二不能过分依赖它，要科学利用它。为此，中国应继续两方面的建设：一方面，学习并充分利用世界贸易组织规则，积极维护自身权益，推动公平合理的国际贸易新秩序建成，创造良好的国际环境；另一方面，矢志不渝地坚持独立自主，唯有中国综合国力的强劲增长，才能更好地维护自身在国际市场上的利益，这也是最根本的。

【参考文献】

[1] Anwar Shaikh. Foreign Trade and the Law of Value：Part Ⅰ. *Science & Society*，1979，Vol. 43，No. 3.

[2] Anwar Shaikh. Foreign Trade and the Law of Value：Part Ⅱ. *Science & Society*，1980，Vol. 44，No. 1.

[3] 安瓦尔·谢赫、吴奎罡：《对外贸易与价值规律》（第一部分），载于《国际经济评论》1982年第1期。

[4] 安瓦尔·谢赫、吴奎罡：《对外贸易与价值规律》（第二部分），载于《国际经济评论》1982年第2期。

[5] 廖小浩：《马克思对李嘉图货币理论的批判及其当代启示》，载于《当代中国价值观研究》2019年第4期。

[6]《马克思恩格斯选集》（第1卷），人民出版社2012年版。

[7] 李傲挺、王晨钰：《马克思对资本主义自由贸易的本质批判对当今中美贸易摩擦的有益启示》，载于《湖北经济学院学报》（人文社会科学版）2021年第1期。

[8] 谢富胜、李安：《国外学者对马克思国际价值理论的新探讨》，载于《中国人民大学学报》2010年第4期。

《为什么美国没有社会主义》
——桑巴特"美国例外论"释析

白　华　丘雅琪　林嘉雯　陈芷楦[*]

一、写作背景和主要内容

（一）写作背景

就理论背景而言，桑巴特的学术思想多变，在其学术生涯早期，亲近马克思主义，深受马克思学说影响，甚至一度自称是一位"坚定的马克思主义者"[①]。在马克思理论的学习过程中，桑巴特承袭了马克思对"历史研究"的重视，强调对特定社会和时代的性质与特征进行考察。[②]在布勒斯劳大学任教期间，桑巴特开始对资本主义起源与社会主义发展问题进行研究，并取得丰硕的成果。由此可以看出，桑巴特具有深厚的马克思理论功底，并且对资本主义和社会主义发展问题已有较为透彻的理解。这让他能够在马克思关于资本主义和社会主义相关论述的理论框架下，快速捕捉19世纪后期、20世纪初期美国反常的社会现象（至少与

---

[*] 白华，福建师范大学经济学院副教授，硕士生导师；丘雅琪，福建师范大学经济学院本科生；林嘉雯，福建师范大学经济学院本科生；陈芷楦，福建师范大学经济学院本科生。
[①] 邓超：《桑巴特问题的探究历程》，载于《史学理论研究》2013年第2期。
[②] 赖海榕：《资本主义起源与社会主义研究的界碑——关于桑巴特及其〈为什么美国没有社会主义?〉的评述》，载于《马克思主义与现实》2001年第4期。

欧洲国家的社会运动相比），解释相关原因，为《为什么美国没有社会主义》一书的写作奠定了理论基础。

从时代背景看，本书是桑巴特立足于一百多年前的美国现状的写作成果，因此，关于时代背景的讨论也应回溯至当时的美国。马克思关于社会主义国家建立的设想是："在生产力高度发达的资本主义基础上建立社会主义"，也即资本主义国家的生产力越先进，越能产生激烈的社会主义运动。按照该设想，美国作为19世纪后期全世界工业最发达、生产力最强大的国家，它应当第一批产生激进的社会主义运动，美国的工人阶级也应该成为最激进的社会主义运动的支持者。然而，即使是在资本主义统治陷入危机的时刻，像欧洲般浩荡的社会主义运动也未在美国出现。与欧洲各国影响广泛的社会主义运动相比，美国既没有形成具有广泛影响力的社会主义政党（如欧洲的社会民主党或工党），也没有产生具有无产阶级意识并支持社会主义的工人阶级。① "美国没有社会主义"的矛盾现象引起桑巴特的关注，与当时普遍的"美国何时或者如何才能转变为社会主义国家"的研究路径不同，桑巴特致力于"美国没有社会主义"的原因研究。② 他基于已有的理论基础，对美国社会各类现象进行观察，并将其与欧洲各国（主要是德国）进行对比，提出"美国例外论"的宏观命题，完成《为什么美国没有社会主义》一书的创作。

（二）主要内容

《为什么美国没有社会主义》一书共包括4个章节，分别为导论、第一章、第二章和第三章。

在导论部分，桑巴特以资本主义和社会主义在美国的发展基础为出发点，提出资本主义发展所需要的一切条件在美国得到满足，而社会主

---

① 常欣欣：《也谈美国为什么没有社会主义》，载于《人民论坛》（学术前沿）2019年第15期。

② 吴强：《桑巴特的"美国例外论"释析》，载于《山西农业大学学报》（社会科学版）2016年第8期。

义的发展基础却较薄弱。这主要是因为：社会主义政党的基础薄弱，选举选票少且不稳定；在绝大多数美国工人的心里，工商业精神占统治地位；工人组织基础薄弱，服务于职业集团利益，很少考虑无产阶级整体，工会运动的性质是资本主义的；美国工人不存在反抗意识。

在第一章中，桑巴特主要以美国的政治生活特征为切入点来解释为什么美国社会主义的力量十分弱小，具体可以概述为两个方面：一是美国工人对美国的政治制度和公民整合制度持友好态度；二是美国运作良好的两党制有效抑制了第三政党的崛起。

首先，桑巴特提出，美国工人对美国的政治制度和公民整合制度持友好态度。在意识上，美国工人对本国宪法有着崇高信仰。宪法规定人民有权以直接投票的方式改变法律，有权控制所有的公共权威，可以在任何时候提出意见，选举出人民的代表。在美国社会，这种公民权利的保证被极度地宣传为民主，从而营造出"美国人总是受到公民的神圣权利的号召，总是被独立自主的崇高声望包围"的现象，使得每个美国人心中都深深埋下对民主宪政持有崇高信仰的种子。在实践中，美国工人阶级的利益可以在民主程序中得到满足。与欧洲国家不同，美国的政治制度（即总统共和制）赋予工人阶级表达要求的权利，使工人认为其在所谓民主程序中也占据关键一环。美国公民权利较为直接快速的表达过程使工人阶级的利益诉求能够在民主程序中得到满足，工人阶级对资本主义持友好态度。"工人阶级的利益在民主程序中得到满足"也成为桑巴特"美国例外论"中最经典与最有力的论点。

其次，桑巴特认为美国运作良好的两党制有效抑制了第三党的崛起。第一，美国两大政党拥有雄厚的资金储备。民主程序中"巨大的选举机器"的正常运转需要大量的资金支持。两大党（共和党和民主党）凭借建国之初便拥有的巨大影响力，通过"富裕党员的自愿捐赠和普通公众的捐款、向在职党员征收会费及对竞选官职候选人的收费"三大方式吸纳社会上的资金，形成充足的资金储备，用于购买选票、雇佣工作人员，并通过资金在选举的其他方面影响选民，从而获得极高的支持率。新建立的社会主义性质的工人政党在资金层面处于弱势，难以与之抗衡。第二，政党分肥制引诱工人阶级向其靠拢，打击社会主义运动。在美国，对任一有政治抱负的人来说，不论他追求的职位如何，只有对所加入政党奉献整个自我，才能实现对国家或社区职位的抱负。"胜者分肥"制给予两大政党一种便利，那就是可以通过给予有影响力的工人领袖利益丰厚的职位（也即引诱），换取工人领袖十足的忠诚，从而巩固自身的地位。就工会领导人而言，一方面他们是工人领袖，通过控诉现有社会政治秩序的虚伪性、提倡社会主义运动的必要性及要求"推翻现有社会秩序"，获得工人们的尊敬与信任；另一方面，若是他们选择宣誓忠诚于执政党，则将得到高薪的职位或高额的回报。而每一次的工人领袖接受"引诱"，都是对一个可能保持独立的工人政党的破坏性打击。第三，两大政党无特别阶级特征的属性自发吸纳工人阶级向其靠拢。桑巴特认为，美国的政党不是在共同政治原则上团结一致的群体，而是在利益基础上，以获得权利与官职为唯一目标的政党，它使得工人阶级很容易被传统政党吸引并加入。

在第二章中，桑巴特认为，美国公民在权利上的形式平等并不是美国社会主义力量微弱的全部原因。一个激进民主的政府体制确实可以将人民吸引到国家的观念中来，但是如果经济状况无法保障人民拥有较好的生活条件的话，社会主义浪潮仍有兴起的可能。因此，还需从美国工人的经济地位论证"美国例外论"。

这一章中，作者主要通过对比分析美国工人和德国工人在货币收入水平与生活成本上的差异，从经济地位的角度说明美国工人生活得更好，以至于"工人意识不到他与统治阶级的差别，无法产生对现存社会秩序的任何不满"[①]。在论证方法上，桑巴特主要以价格水平为线索，引用大量经济数据，通过图表对比的方式说明两国工人生活舒适程度的差异性。

在对货币收入的说明中，桑巴特采用总体—局部的论证方法，先对比两国总体年平均工资的差异，后为排除个别极端值影响、深入国家内

---

① ［德］维尔纳·桑巴特著，赖海榕译：《为什么美国没有社会主义》，社会科学文献出版社2014年版，第162页。

部，选择具体的地区、行业及工厂数据进行对比。在总体分析中，作者对比了1990年德国和美国各个产业的年平均工资数据，得出"美国工人的货币工资是德国工人的2~3倍"的结论。在局部分析部分，作者分别选择了1990年美国伊利诺伊州和德国斯图加特地区工业工人的周平均工资分布、1902年两国乡村地区煤矿工人日平均工资分布及两国森林工业成年男性工人平均周工资分布数据进行对比分析，均得出"美国工人的工资水平远远高于德国工人的工资水平是普遍情况"的结论。

在生活成本方面，桑巴特从住房、饮食和服饰三个层面考察两国工人支出水平的差异，并通过数据对比发现，两国的生活费用基本上差不多，甚至美国的生活费用还会更低一点。那么，美国工人在"工资水平远高于德国，生活成本相差无几甚至更低"的环境下，是怎样生活的呢？作者对比两国工人的收入和储蓄差额数据发现，美国工人将更多收入用于生活花费，在吃、穿、住方面相比德国工人都更好。因此，在当时的环境下，对现存社会秩序的不满很难根植于工人的思想意识里，甚至他们体会到的繁荣恰恰是来自资本主义。

在第三章中，桑巴特提出，工人能从舒适的生活环境中获得十足的内心享受前，还需要有宽松的社会环境。因此，还需要从工人的社会地位进行解释。桑巴特分两个方面进行阐述，一是美国工人的社会地位，通过对美国公共生活的民主方式、雇主对工人的态度两个方面以大量举例的方式说明美国工人较欧洲工人具有较高的社会地位；二是"自由的"西部，桑巴特认为资本家给工人提供的东西并不足以完全使美国工人和解，那为什么美国社会主义的力量还是很微弱呢？桑巴特提出美国西部存在广阔的土地给予工人们逃往自由的机会，提供了和解的可能。在论证方法上，由于无法像考察工人的政治地位和经济地位那样有精确的法律条纹和数字，作者在这一部分主要从对各种社会现象的评估及描述中捕捉细节，来说明工人的社会地位。

在对美国公共生活的民主方式的论证中，作者从生活、精神及社会三个层面说明美国工人拥有较高的社会地位。在雇主对工人态度方面，桑巴特认为雇主不仅通过提供舒适愉快的工作环境使工人保持良好的情绪，而且还从三个心理层面来影响美国工人，使他认为自己不是资本主义的敌人，反而是促进者。①

即使美国雇主对工人有良好的态度，为工人提供舒适的工作环境，还从心理层面上使得工人保持良好的情绪，但资本主义提供给工人的东西是否足以使工人阶级转变成和平公民仍然值得怀疑。答案是否定的，桑巴特认为工人还应有从另一个角度考虑问题的可能：一方面是与欧洲工人相比，美国工人脱离本阶级的可能性要大得多；另一方面，是"到荒芜的西部去获得一块自由的土地"的目标。美国西部所特有的广阔的土地让美国工人感到安全和满意，它类似于最后的屏障和兜网一般让美国工人继续忍受压迫性的环境与实际上极为严重的剥削。

至此，桑巴特也就从政治、经济和社会三个方面阐明了"美国例外论"的主要原因。

二、重点选文与解读

根据前述，桑巴特主要从工人的政治地位、工人的经济状况和工人的社会地位三大方面对"为什么美国没有社会主义"这一问题进行了阐述，并且从这三大部分我们可以提炼出桑巴特的六大主要论点②：一是美国公民对美国资本主义及民主宪法持有友好态度；二是美国工人利益能在民主程序中得到满足；三是美国的第三政党很难在强大的两党下成长起来；四是美国工人较富裕的生活消除了工人阶级潜在的激进倾向；五是美国的社会流动性使得美国工人拥有向资产阶级等级靠近的可能性；六是美国广阔开放的西部边疆缓解了社会矛盾，为工人提供了逃往自由的发展机会。接下来便选取书中的重点片段对其中的几个论点进行具体解读。

---

① ［德］维尔纳·桑巴特著，赖海榕译：《为什么美国没有社会主义》，社会科学文献出版社2014年版，第169页。
② 邓超：《桑巴特问题的探究历程》，载于《史学理论研究》2013年第2期。

(一) 美国公民对美国资本主义及民主宪法持有友好态度

选文1

"美国工人最常见的特性,就是他们感到自己国家宪法有一种神圣的启示,进而对宪法充满虔诚的敬意。他们对宪法的感觉,就好像宪法是一种神圣的东西,不受人类意见的制约。这可以恰当地称为'宪法偶像崇拜'。"[①]

"人们总是一遍又一遍地听到去行使'公民的神圣权利'的号召,普通人便一次又一次地感到他被全体公民'独立自主'的崇高声望包围着。'我们,自由的美国公民……','我们……州的人民,感谢全能的上帝赐予我们自由……'这些声音在美国人的耳里从小就不断地回响。"[②]

解读:在桑巴特看来,美国工人对美国的资本主义及其所谓的民主宪法拥有极大的热爱。由于美国早期的民主宪法特性给美国人留下了极深的印象,并且这种民主自由的陈词滥调为后世所极大地宣扬,在这种环境下,美国人从小便被灌输这种民主宪法的观念。因此,在每个美国人的心中便深深地埋下了对民主宪政信仰的种子,一种对称自己是"美国人民"的无限热忱。加之美国资本主义利用各种经济手段,例如利润分配机制、奖励机制、隐形剥削的计件工资制度等,使美国工人阶级形成具有资本主义的思维方式,即运用商人(老板)思维不断开发突破自己的能力,从而在经济方面将美国工人整合进来。因此,美国工人对于现行的美国政治及社会秩序持有非常友好的态度。

(二) 美国工人利益能在民主程序中得到满足

选文2

"在宪法中,公民有权控制所有公共权威,而且可以在任何时候提出

[①] 维尔纳·桑巴特著,王明璐译:《为什么美国没有社会主义》,上海人民出版社2005年版,第78~79页。

[②] 维尔纳·桑巴特著,王明璐译:《为什么美国没有社会主义》,上海人民出版社2005年版,第79~80页。

意见。于是，选举出的人民代表——无论他们是司法官员、执政官员，还是议会成员——都要受到人民的持续控制。"①

"国家不仅给予他在公共生活中的全部份额，而且从政治上和社会上也承认他作为一个完整公民的价值。所有的一切都努力赢得他的支持。在美国，工人，正如他自己所见的低位，被完全赋予了罢工的权利，他可以高昂着头说，'我是美国公民'。"②

解读：美国工人阶级的利益能在美国的民主程序中得到部分的反映和满足，更加巩固了美国工人对于美国政治制度的坚定信仰，使得美国工人阶级的激进运动发展失去了成长壮大的土壤。在美国总统共和制度下，不仅是美国总统，所有高级行政官员和高等法院法官都是由普选产生，所有的成年男性公民都拥有选举权，这就使得美国的选票工人可以通过民主程序来投票选举自己心仪的行政法律官员，撤换掉不得人心的法官警长等，从而较为直接、客观地表达自己的政治意愿。而对比欧洲国家的议会制度，以英国议会制君主立宪制为例，要想选举政府首脑，选民得先要选举出下议院的议员，下议院大选中获胜的多数党领袖担任首相，再由首相提名组阁，最后首相与内阁共同行使行政权。经过如此重重的选举过程，选民的意愿就很难被客观的表达出来。因此，在桑巴特看来，美国的选举制度是一个更加有效、直接的过程。

桑巴特的这一论断曾获《为什么美国没有社会主义》一书英译本前言作序者哈林顿、英译本研究性论文的作者哈斯班兹等的高度赞扬，被认为是"美国例外论"的经典型论述。因为在欧洲，工人运动的兴起与发展多半是起源于工人争取民主权利，获得跟资产阶级相同的政治地位，如英国的宪章运动便是很典型的例子。而在美国，早在工业化大发展，劳资矛盾激化之前，美国的工人阶级便与资产阶级一样，拥有基本的民主权利，包括普选权和基本的政治权利。因此，美国工人阶级从未感到

---

① 维尔纳·桑巴特著，王明璐译：《为什么美国没有社会主义》，上海人民出版社2005年版，第80页。
② 维尔纳·桑巴特著，王明璐译：《为什么美国没有社会主义》，上海人民出版社2005年版，第81页。

被排除在上述权利以外,这就大大消除了工人的激进运动倾向,使美国工人阶级对美国资本主义持有长期稳定的友好支持态度。

(三) 美国的第三政党很难在强大的两党下成长起来

选文 3

"财力必须跟得上所需的人力,从而这一机制才有可能得以运行。几个数据就足以说明这一点。布赖斯认为,在一个普通(非总统)选举年里,纽约的选举费用为 700 万美元,其中 29 万美元是由该市承担的。"①

"即使是通向最普通的官位的道路,也是由政党成员身份控制的。任何一个想要一个州内或者社区公务位置的人,不论位置多小,他都首先要将自我完整的交给政党。"②

"这两个主要政党完全缺乏政治原则的特征,第一次变得如此明显。事实上在今天,他们也不过是以追求官职为共同目的的组织而已。"③ "它使得工人阶级很容易隶属于传统的政党。工人阶级将自己依附于两个政党中的一个,即使是具有阶级意识的个人也永远不用反对知识分子中的一个,因为这些政党不必被看作是阶级组织或是某个特定阶级的拥护者;相反他们也许可以被看作是本质上中立的群体,为了某个目标联合起来;而这一目标,正如我们所见的,即使是工人阶级的代表对之也不是无动于衷——这就是,追求公职。"④

解读:以上三个片段分别从两大党的经济实力、政治垄断和无意识形态的内部特征三个方面,阐释了为何在民主党和共和党两党制下,美国的第三政党很难崛起。首先来看两大政党的经济实力,由于在美国成

---

① 维尔纳·桑巴特著,王明璐译:《为什么美国没有社会主义》,上海人民出版社 2005 年版,第 45 页。
② 维尔纳·桑巴特著,王明璐译:《为什么美国没有社会主义》,上海人民出版社 2005 年版,第 52 页。
③ 维尔纳·桑巴特著,王明璐译:《为什么美国没有社会主义》,上海人民出版社 2005 年版,第 68 页。
④ 维尔纳·桑巴特著,王明璐译:《为什么美国没有社会主义》,上海人民出版社 2005 年版,第 71 页。

立之初，民主党和共和党便已主宰了美国的正式生活，凭借着强大的影响力，两大政党可以吸收社会上大量的资金以投入复杂的选举机制当中，从而维持选举活动的稳定持续进行。而如此雄厚的经济实力是一个新兴的第三政党所难以匹敌的。其次是两大政党的政治垄断，两大政党通过分赃体系来为其支持者谋取官职，从而巩固其政治垄断地位。从原文选取片段我们可得知，在美国，一个普通官职都是由政党控制的，这就给了两大政党引诱工人领袖的机会，使得两大政党可以很轻易地将工人领袖所领导的这一群工人阶级吸纳进来。最后是两大政党的内在特征，在成立之初两大政党或许在意识形态上有着一定区别，但是从根本上来讲，其都是以利益为基础、以追求胜选获任官职为目标的政党，因此都可本能地称为意识形态的政党。这就使得两大政党很容易地就能吸收第三政党的改革意见，从而将工人阶级吸纳进来。

（四）美国工人较富裕的生活消除了工人阶级潜在的激进倾向

选文 4

"美国人的工资（南方除外）比德国工资最高的地区（例如西部）要高出 100%，当然比低工资的德国地区（东部和部分南部地区要高出 150%~200%）。"①

"美国工人的货币工资是德国工人的两倍或三倍，而购买到同样数量的日用必需品又不比在德国贵。"②

"美国工人花了更多的收入用来满足他们更丰富的'基本'生活需要，换句话说，他们比德国工人住得更好，穿的更好，吃的也更好。"③

解读：在这里，桑巴特运用了大量笔墨对工人的经济状况进行描述，

---

① 维尔纳·桑巴特著，王明璐译：《为什么美国没有社会主义》，上海人民出版社 2005 年版，第 103 页。
② 维尔纳·桑巴特著，王明璐译：《为什么美国没有社会主义》，上海人民出版社 2005 年版，第 130 页。
③ 维尔纳·桑巴特著，王明璐译：《为什么美国没有社会主义》，上海人民出版社 2005 年版，第 133 页。

并通过大量的统计资料和数据,从货币收入、生活费用、消费水平论证了美国工人阶级相比欧洲工人的富裕水平。正是这种富裕的生活,消除了美国工人阶级潜在的激进倾向,使得工人阶级安于现在的生活状况。然而桑巴特的这一论断,也引来了广泛的批评。学者对20世纪60年代美国的新左派运动和德国从《反对社会主义非常法》的废除到第一次世界大战爆发期间的工人运动进行了反驳,生活贫困并不能与工人运动划上等号。且哈林顿指出,桑巴特在对比美国工人与欧洲工人的生活水平时,只考虑了初次分配,而当时的欧洲社会福利水平远高于美国,若考虑到再分配,欧洲工人生活水平未必比美国工人差。①

(五) 美国广阔开放的西部边疆缓解了社会矛盾,为工人提供了逃往自由的发展机会

选文5

"我完全相信这是美国工人拥有平静情绪的主要原因,许多只有健康的肢体,而没有或几乎没有任何资本的人,通过开发这片自由的土地如其所愿地成为了独立的农场主。"②

"动荡突然改变了方向,具有反叛倾向的过剩人口,开始以不断增加的数额出发前往西部自由的土地。"③

解读:桑巴特认为,美国广阔的西部边疆为美国工人阶级提供了摆脱剥削、逃往自由的机会,从而消除了美国工人阶级的好斗性,大大化解了社会矛盾。然而桑巴特的这一论断与其前述产生矛盾。桑巴特在前面论述道,美国工人对于资本主义怀有无比的热忱,并且积极拥护美国的政治制度。既然如此,美国工人又为何要摆脱资本主义的温室而逃往

---

① 赖海榕:《资本主义起源与社会主义研究的界碑——关于桑巴特及其〈为什么美国没有社会主义?〉的评述》,载于《马克思主义与现实》2001年第4期。
② 维尔纳·桑巴特著,王明璐译:《为什么美国没有社会主义》,上海人民出版社2005年版,第158页。
③ 维尔纳·桑巴特著,王明璐译:《为什么美国没有社会主义》,上海人民出版社2005年版,第161页。

西部未开荒的大草原呢？桑巴特的这一论断值得我们重新思考。

三、当代价值

有别于其他马克思主义经济学者，桑巴特并未讨论美国怎样转向社会主义，而是从美国为什么没有社会主义的视角出发，提出了著名的"桑巴特问题"，并在其《为什么美国没有社会主义》一书中，从美国工人对资本主义的友好态度、美国工人对美国政治制度和公民整合度的友好态度、两党制下新政党的"难产"、工人阶级激进主义被物质生活所抑制、工人的流动机会和开放的边疆地区六个角度论述了美国工人阶级缺乏社会主义意识的主要原因。面对"美国为什么没有出现社会主义"这一宏大的历史命题，桑巴特所做的研究和其主要观点引起了国际学术界经久不衰的关注和讨论，其《为什么美国没有社会主义》一书不仅通过美国个案研究推动了"美国例外论"经典命题的形成与发展，还为观察与对比不同时期资本主义和社会主义的产生与发展提供了更加广阔的空间与视角，对于我们回顾建党百年的社会主义发展史，正确理解社会主义与资本主义的特点与关系，充分认识社会主义代替资本主义历史过程的长期性、曲折性和复杂性，树牢"四个意识"、坚定"四个自信"、坚决做到"两个维护"具有较好的当代价值和现实意义。

（一）对美国与其他资本主义国家的比较研究有助于深入了解资本主义发展的阶段特征

《为什么美国没有社会主义》是桑巴特的早期著作，这一阶段桑巴特对于资本主义的认识受到马克思和恩格斯思想的影响颇深，在美国资本主义发展特点的论述上存在若干观点的传承和联系。马克思和恩格斯充分肯定了资产阶级起源后资本主义生产方式对生产力的改进和提升作用，但是马克思和恩格斯也深刻地通过剩余价值理论和劳动二重性学说揭示了资本主义剥削的实质，指出资本主义生产方式基本矛盾是引致资本主义社会周期性商业危机的根本原因，这一矛盾是天然的、无法克服的，因此资本主义的经济危机也具有客观性和周期性，并就此决定了走向毁灭是资本主义发展的历史趋势。桑巴特对于资本主义的发展、社会结构和资本主义精神等的观点均源于马克思的观点，他在很多著作中均坦承受到马克思观点的启发和影响，恩格斯在《资本论》第三卷的增补中也认为桑巴特的相关研究对于马克思体系的轮廓，总体上进行了出色的描述，是对马克思体系的进一步的发展（注：桑巴特的一生著作颇丰，思想多变，这里恩格斯的评论仅面向增补发表前的桑巴特相关研究）。

桑巴特在《为什么美国没有社会主义》一书中用大量翔实的数据比较了美国和欧洲其他资本主义国家在资本主义发展历程上的不同之处。立足于全世界范围内资本主义生产方式的发展历史，桑巴特认为当时的美国是全球资本主义的"领头羊"。针对美国资本主义的快速发展，桑巴特强调，贪婪在任何其他的国家都没有像在美国那样明显，在美国，大家并不了解资本主义以外的生活模式，资本主义生产方式在堆满尸体的道路上快速前进。桑巴特引用了《纽约晚报》的铁路事故数据，毫不留情地指出了美国铁路在1898~1990年间的死亡人数相当于英国在同一阶段布尔战争中的死亡人数，其事故发生率是每百千米3.4人、每百万乘客19人，远远高于澳大利亚的每百千米0.86人、每百万乘客0.99人。这一历史事实深刻地说明了美国工业体系形成及发展过程的血腥和暴力，以及其为资本服务以保障最大化利润的根本目的。

（二）对"美国社会主义例外论"进行界定与剖析有助于正确认识"美国例外论"的本质及其历史趋势

"美国例外论"由来已久，并对美国文化、国民精神甚至内政外交等领域均具有一定影响。美国例外论（American exceptionalism）又被称为美国卓异主义或美国例外主义。这一思潮最初源于美国建国之初的清教主义，19世纪的法国自由主义学者亚历西斯·德·托克维尔在其政治学著作《论美国的民主》中首次使用"exceptionalism"一词，他采用这一词语强调了美国的建立和扩张过程中在地理环境、法制和民情等方面具有与法国和其他欧洲国家不同的独特性。在托克维尔及"最初的激进的代表人物"克里格等人的研究基础上，桑巴特进一步分析了美国在资本主义发展过程中的独特性，他把"美国例外论"表述为"为什么美国没有社会主义""为什么美国的工人阶级不信奉社会主义"，并强调这里的社会主义是"真正有着马克思主义特征的社会主义"。桑巴特的系列著作引起了国际学术界对于美国例外论的兴趣，并推动美国工人阶级的软弱性研究成为美国例外论研究中的一个经久不衰的主题。由此，在世界社会主义运动史上，"美国例外论"也常被称作"桑巴特问题"。

在美国资本主义发展的早期阶段，资本主义经济学家往往基于狭隘的民族主义观点去认识美国资本主义的快速发展史，忽略了美国资本主义发展的优良环境，简单地将美国资本主义发展速度优于欧洲的原因归结为美国的民主共和制度，片面地强调美国制度的优越性。事实上，正如马克思、恩格斯指出的，美国资本主义与全世界的资本主义相同，都要受到商品经济和资本主义基本经济规律的作用和支配。虽然桑巴特对于资本主义产生和发展的认识与阐述视角不同于马克思，但是他对于马克思、恩格斯所指出的资本主义社会发展的历史趋势是将被社会主义所替代，社会主义将成为资本主义发展、阶级分化不可避免的结果这一基本观点是持有认同态度的，其提出美国为什么没有社会主义的问题，事实上已经认同在基本经济规律的作用下，资本主义制度最终将走向瓦解，强调美国在资本主义发展上的"例外"，正是认同其他国家资本主义向社会主义过渡的"必然"。此外，桑巴特在其著作中还给读者留下了若干经典的疑问：美国工人的这些条件是持续的和永久的吗？这些条件是美国特有的还是资本主义共有的？美国还是欧洲的"未来之地"吗？当前，美国的经济危机频繁出现，且给美国乃至全球资本主义国家带来了沉重灾难；七国集团（G7）的全球治理作用风光不再，欧盟国家不再紧随美国；美国应对新冠肺炎疫情失策……美国资本主义发展过程中出现的新特点和新趋势已经用经济发展事实对上述问题进行了很好的解析。事实上,"例外论"是美国统治阶级对国家行为的美好叙事,具有较大的欺骗性和危害性,是对美国政治和经济的幻想。然而,起伏不定的工潮、愈演愈烈的政治斗争和种族纷争、越来越大的贫富差距和不可避免的经济危机早已打破了"美国例外论"的美梦与神话,种族矛盾或许可以在一定程度上掩盖阶级矛盾,但是无法变革阶级对立的本质,在基本经济规律的作用下,资本主义的经济危机与社会运动可能迟来却没有例外。

(三) 辩证吸收和借鉴其有益观点有助于发展和完善社会主义市场经济和中国特色社会主义政治经济学

虽然《为什么美国没有社会主义》一书不可避免地存在作者的个人局限性和时代局限性,但是桑巴特在著作中阐述的很多观点及其论证对于中国当代的改进进程而言具有一定的现实意义,可为更好地建设中国特色社会主义提供很多启示。桑巴特通过对一百多年前美国资本主义发展状态的清晰描述,揭示出在20世纪初的美国,资本主义就已经发展到一个新的阶段,具备了一定的自我修补能力。美国没有"社会主义"的根本原因在于资本主义生产方式还可以在一定程度上推动生产力的发展。历史已经证明,社会主义道路带领中国人民实现了独立自主,走向了繁荣富强。通过桑巴特对欧洲和美国资本主义发展进程的比较,我们可以发现,美国资本主义制度的修补能力更强,这在某种程度上加快了其资本主义扩张速度。人类社会的发展是生产力不断进步的过程,生产关系要适应生产力的发展,从历史角度来看,任何一种制度都不是绝对完美的,均存在需要优化和改进之处,社会主义制度亦然。因此,我们不需要机械地探讨和预测资本主义灭亡的历史时刻,而是要坚持自己的道路,多措并举建设和完善中国特色社会主义。

桑巴特在《为什么美国没有社会主义》一书中,着重通过"物质替代"或"价值替代"两个视角回答了"美国例外论"的问题,他对于提高工人待遇和物质生活保障水平、美国精神及文化认同等方面的很多论点对当前的社会主义建设依然具有较好的借鉴意义。如"烤牛肉和苹果派"论强调了富裕的物质生活对资产阶级的工人群体形成了物质收买,可以有效地维护社会稳定。对于社会主义建设而言,物质文明一样非常重要。不同于资本主义国家用"烤牛肉和苹果派"来缓和阶级矛盾,消除贫困、改善民生、逐步实现共同富裕是社会主义的本质要求,也是全体人民的共同愿望,党的十八大以来,以习近平同志为核心的党中央始终把人民群众的利益放在首位,创新性地提出的"精准扶贫"就是最好的见证。桑巴特认为美国没有社会主义和社会主义运动的主要原因在于其具有相对稳定的社会环境,他强调了"公民整合"对于维护资本主义国际机器运行的重要性,对美国工人阶级群体而言,可以用优势意识形态的语言,通过合法的途径来表达诉求,"美国主义"替代了"社会主义",也就是所谓的价值替代。桑巴特这一"公民整合"论点得到了其后很多学者的关注与肯定。通过美国发生的"黑命贵"① 等社会现象和社会运动,我们可以清晰地观察到美国的公民权利和诉求途径不断受到挤压和侵占,引致了其"公民整合"能力、政府的对内公信力和对外影响力均不断降低。改革开放以来,中国的社会结构发生了较大变化,从计划经济到市场经济,我国经济转型过程中的制度变迁也反映了中国特色社会主义具有极强的制度吸纳力、制度整合力和制度执行力。此外,桑巴特强调精神和文化对于实现公民整合的重要作用,他在《为什么美国没有社会主义》一书中用很大篇幅论述了"痴迷于巨大"的这一美国精神,阐述了"将巨大误以为伟大"的民族特性推动美国工人倾向于用数字和财富的积累来衡量价值,从而产生强烈的竞争心理和对资本主义体系进行有利强化的"个人完全之自由"的美利坚民族性格核心要素。虽然桑巴特对文化和精神的认识带有唯心主义的局限性,但是强调精神文化的功能和作用,尤其是民族文化的建设对于发展和完善中国特色社会主义是有益的。改革开放之后,人们的物质生活得到了极大满足,人们的需求已经从主要满足物质需求转化为精神需求。在经济全球化背景下,文

---

① "黑命贵"(black lives matter)是一项起源于美国非裔黑人社群的运动及其政治口号。该运动兴起于2013年,因射杀黑人青年的警察George Zimmerman被宣判无罪,引发了黑人与白人大量的抗议与骚乱。

化软实力也已经成为国家综合实力的重要组成部分,面对西方资本主义国家的文化渗透和文化霸权,我们必须加强中国特色社会主义文化建设,秉承中国的文化价值理念,坚持中国的文化立场,大力弘扬中华文化,建设社会主义文化强国,推动新时代文化繁荣兴盛。

四、拓展性阅读文献

[1][德]恩格斯、马克思著,翼如译:《马克思恩格斯给美国人的信》,人民出版社1986年版。

[2][美]约翰·尼古拉斯著,陈翼平译:《美国社会主义传统》,社会科学文献出版社2013年版。

[3]原祖杰:《试析19世纪美国劳工运动中的"例外论"》,载于《世界历史》2019年第6期。

[4]高建明:《美国社会党及社会主义运动研究(1876-1925)》,山东大学博士学位论文,2016年。

[5]许宝友:《从桑巴特到李普塞特的美国社会主义例外论——国外名家论社会主义(四)》,载于《科学社会主义》2005年第1期。

[6]郭瑞芝:《冷战期间的美国工人运动研究(1945-1991)》,陕西师范大学博士学位论文,2015年。

[7]高建明、蒋锐:《略论恩格斯晚年对美国工人运动的看法》,载于《社会主义研究》2015年第2期。

[8]潘世伟、徐觉哉:《"为什么美国没有社会主义"的争论在继续——从W.桑巴特到S.李普塞特的研究》,引自潘世伟、徐觉哉主编:《世界社会主义研究年鉴》,上海人民出版社2015年版。

[9]刘军:《桑巴特命题的联想:读〈为什么美国没有社会主义〉》,载于《北大史学》2005年。

[10]常欣欣:《疫情、危机与美国社会主义》,载于《科学社会主义》2021年第2期。

［11］蒋锐、高建明：《共和传统与19世纪末的美国工人运动——为什么恩格斯晚年的期望未能实现》，载于《当代世界与社会主义》2015年第5期。

［12］秦晖：《公平竞争与社会主义——"桑巴特问题"与"美国例外论"引发的讨论》，载于《战略与管理》1997年第6期。

［13］刘疆：《为何星火难以燎原》，华东师范大学博士学位论文，2005年。

［14］赖海榕：《资本主义起源与社会主义研究的界碑——关于桑巴特及其〈为什么美国没有社会主义？〉的评述》，载于《马克思主义与现实》2001年第4期。

［15］杰罗姆·卡拉贝尔、朱晓红、黄育馥：《评〈美国为什么没有社会主义？〉》，载于《国外社会科学》1980年第1期。

［16］吴晓林：《工业化进程中的美国为什么没有社会主义——一个"阶层分化与政治整合"的分析框架》，载于《福建师范大学学报》（哲学社会科学版）2011年第2期。

五、读书心得

读书心得一

20世纪初，桑巴特的著作《为什么美国没有社会主义》引出了"美国社会主义例外论"的命题。自此以后，学术界关于该问题的研究似乎从未停止过，美国社会主义究竟例外在何处？是美国没有社会主义运动，还是美国没有社会政党。其实两者说法都并不完全正确。在社会运动方面，早在19世纪后期美国就爆发过大规模的社会运动；在工人政党方面，1876年美国社会主义工人党成立，这是美国的第一个社会主义政党。经过长时期的辩驳，目前学者们基本形成的共识是，美国不存在一个强大的、以工人阶级为基础的、偏社会主义的政党。作为一个移民国家，美国跨越奴隶社会与封建社会，由原始社会直接过渡到资本主义社会。而当欧洲工人在通过社会运动努力争取自己的政治权利时，美国工人已经享有选举权，这意味着工人阶级可以采用更加温和的方式表达自己的诉求。桑巴特在书中也有提到，美国工人的政治权利得到宪法的切实保障，这样有利于工人阶级感受到自己在参与公共事务管理方面的价值。长此以往，工人的激进主义受到抑制，工人对资本主义持友善态度便成了主流。但是我们要明确的是，桑巴特描述的仅仅是1900年的美国，虽然经历过南北战争，但就本质而言，当时美国的社会运动并不是以推翻资本主义为目的的社会主义运动。并且美国工人很少像欧洲工人那样直接要求推翻资本主义政府。所以在经济大危机爆发之前，美国资本主义的内在矛盾还没有达到显而易见的地步，而100多年后的今天，我们带着发展的眼光清晰地看到美国资本主义所暴露出的种种弊端，工人阶级受剥削的状况从未消失，尤其在新冠肺炎疫情爆发的全球背景下，阶级不平等问题进一步放大，这都是桑巴特受历史局限性所没有预见的。（白华）

读书心得二

桑巴特在著作《为什么美国没有社会主义》中花费了大量的篇幅描述美国工人的体面生活，并从两党抑制论、投票权抑制论、观点认同论、"烤牛肉与苹果派论"、阶层流动论、自由土地论六大角度为"美国例外论"作出解释。但是回到该书的导论部分，桑巴特提到，美国人贪婪的特性以及对"巨大"的追求，使获利和赚钱贯穿于美国一切经济活动的全过程。由此可见，美国工人的生命安全与人身保障在资本逐利面前势必处在劣势地位。就铁路工人而言，恶劣的工作环境与缺失的安全保障让美国铁路工人意外事故频发，事故发生率远超同时期的澳大利亚。实际上，美国工人的处境并不如桑巴特在书中所描绘的那样安逸稳定，比如美国也存在巨大的贫富差距问题，贫民窟以及大量的非本土出身的工人处境是相当艰难的。但是桑巴特本人或许由于公共交通限制，并没有亲眼见识到这些贫困工人的生活环境，因此对美国工人生活水平以及意识形态的判断存在一定偏差。因此虽然桑巴特在这本书中为"美国例外论"作出了相当精彩的论述与解释，但是我们要用马克思主义的观点辩证理性地看待问题，由此引发的思考将有助于深化我们对马克思主义理论的认识。（丘雅琪）

读书心得三

在桑巴特在《为什么美国没有社会主义》这本书中描绘的美国工人群体，男人穿得像绅士，女人穿得像淑女，他们拥有舒适的房子和充足的食物，不必经历饥寒交迫的日子，不仅能享受到高水平的物质生活，还拥有自由民主的政治权利。在外表上他们几乎与德国的中产阶级无异，倘若物质生活水平能够决定人们的意识形态，那么在物质生活的掩盖下，美国的工人群体似乎感受不到与资产阶级的鸿沟，更看不到资产阶级与无产阶级之间存在的对立与矛盾，甚至他们所拥有的一切恰恰来自资本主义，桑巴特由此认为，一切社会主义的"乌托邦"在"烤牛肉和苹果派"上都烟消云散了。但是我们也要明确地知道，资本主义的内在矛盾并不会因为工人穿上漂亮衣服而消失，更不会因为美国而"例外"，只是短暂地被隐藏了起来。随着1929年美国经济危机的爆发，"烤牛肉和苹果派"的美好图景便随之破灭，无产阶级与资产阶级的矛盾便赤裸地展露出来。而2019年暴发的新冠肺炎疫情更是使包括美国在内的资本主义国家的内在矛盾被进一步激化，美国作为全球经济最雄厚的国家，拥有最先进的医疗技术，但是却成为世界上感染数与死亡人数最多的国家之一。许多处在社会底层的工人们无法得到有效的防疫保障，只能在接触病毒的风险下继续工作，与此同时，部分富人们纷纷涌向海滨度假胜地来躲避病毒。由此可见，新冠肺炎疫情在加剧美国社会阶级的不平等，而这种不平等便来自资本主义。（林嘉雯）

读书心得四

桑巴特在《为什么美国没有社会主义》一书的开头处提出美国作为一个特别的国家，拥有丰富的矿产资源、辽阔的土地以及充满活力的欧洲移民，三者相互作用交织，让美国成为资本主义发展的黄金国度，资本在这片沃土上迅速积累。其中桑巴特在书中关于自由土地论的解释让我印象深刻，首先桑巴特为"自由土地论"所取的标题是"工人们逃往自由"。因为美国辽阔的自由土地为阶级流动提供了可能，相对于欧洲工人而言，美国工人可以更容易地得到土地，这意味着只要工人们愿意，他们也可以成为农场主，由无产阶级变身成为资产阶级，进而实现阶级跨越。这是一个让美国工人感到安心的局面，也在一定程度上缓解了阶级贫富差距问题，弱化阶级对立矛盾。然而广阔的土地也是存在边界的，虽然桑巴特在书中没有提到，但实际上早在1890年时，美国的自由土地就已经开垦殆尽。

尽管如此，美国的阶级矛盾或者工人运动并没有随着自由土地的消失而深化或高涨，这就与美国的第三个特征有关，即大量的外来移民提高了美国的社会流动性，使得最底层、最受剥削、最容易爆发阶级矛盾的工作往往由外来移民承担，而美国本土工人则在退出雇佣劳动群体，成为农场主方面具有天然优势，长此以往，阶级固化，无产者的处境将由外来移民承受。可见，外来移民也将在一定程度上阻碍社会主义在美国的发展，削弱美国本土人民对资本主义内在矛盾的认识。（陈芷楦）

系统研究劳动价值学说的一部重要著作

——读罗纳德·米克《劳动价值学说的研究》

陈美华　翁昀诗　彭之晴　郑若男[*]

罗纳德·米克是英国著名的马克思主义经济学家,是英国激进经济学的先驱者,也是 20 世纪 50 年代马克思主义经济学说在西方处于低潮时期的最主要代表人物。1917 年 7 月,罗纳德·米克出生于新西兰的惠灵顿,20 世纪 30 年代他在新西兰求学,起初是学习法律专业,后来转为学习经济学专业。1946 年他到剑桥大学攻读博士学位,师从著名马克思主义经济学家莫里斯·多布。1948 年,罗纳德·米克在格拉斯哥大学政治经济学系任讲师;1963 年,被英国赖斯特大学授予经济学教授职称。1978 年 8 月去世。无论政治环境多么恶劣,罗纳德·米克始终坚持从事马克思主义经济学和古典政治经济学史的研究,他关于马克思主义经济学的许多观点经受住了时间的考验,为捍卫马克思经济学的科学性和权威性作出了重要的贡献。其主要的学术成果包括:《劳动价值学说的研究》(1956 年)、《重农主义经济学》(1962 年)、《经济学和意识形态》(1967 年)、《斯密、马克思和后继者》(1977 年)。

---

[*] 陈美华,福建师范大学经济学院副教授,硕士生导师;翁昀诗,福建师范大学经济学院本科生;彭之晴,福建师范大学经济学院本科生;郑若男,福建师范大学经济学院本科生。

一、本书的写作背景及缘由

（一）工业革命和边际革命的影响

工业革命对西方资本主义国家的生产方式带来了极大的影响，它促进了生产力水平的提高与资本主义经济的发展，巩固了资本主义的统治，享受着资本主义带来的各种好处。因此，西方主流经济学家们都力图回避资本主义的现实矛盾，虚构一个理论上的和谐世界，大力倡导西方资本主义经济理论，反对从工人阶级利益出发的马克思劳动价值学说。此外，边际效用理论是以数学微积分中"极限"的思想作为分析方法，以个人需求的满足程度为导向的主观价值理论，其将需求置于核心位置，这使得消费者的主观评价成为影响商品价格的重要因素，而劳动力成本对价格形成的作用逐渐减小。随着边际效用理论逐渐成为主流经济思想，边际效用理论的发展对马克思劳动价值学说产生了巨大威胁。在这一背景下，同西方资产阶级经济学家作斗争，维护马克思劳动价值学说的科学性和权威性是马克思主义者的紧迫任务。

（二）期望在马克思主义经济学家与非马克思主义经济学家之间建立一座沟通的桥梁

《劳动价值学说的研究》的写作，起因于1951年作者同罗宾逊夫人关于某些经济理论问题的长期通信。两人就劳动价值学说的确实性问题，展开了激烈的讨论并产生巨大的分歧，这是限制他们相互了解的主要障碍，彼此都觉得对方多少有点绝望了，于是停止了通信。但让作者觉得不安的是，他不能使罗宾逊夫人信服劳动价值学说的真实意义和真实科学性，他认为错误在于作者而不在罗宾逊夫人。所以，米克认为，肯定能够在马克思主义经济学家与非马克思主义经济学家之间建立某种桥梁，从而使后者至少可以看到前者所努力追求的目标。这本书的原意就在于试图提供这样的桥梁。作者觉得遵循历史发展的道路来叙述劳动价值学说是有好处的。如果弄清楚这一学说是怎样演进的——不仅是在一定历史时期内演进的，而且是在亚当·斯密、李嘉图和马克思等经济学家思想中演进的，其目的是劝使那些真诚而又怀疑的非马克思主义经济学家相信，劳动价值学说以及马克思的全部经济教导的合理性，严重地被一些人所贬低了，而他们就是在这些人的著作里熏陶出来的。所以，希望在马克思主义经济学家与非马克思主义经济学家之间建立一座沟通的桥梁，这是该书研究的目的之一。

（三）论证劳动价值学说在当代的科学性

该书研究的另一个目的是论证劳动价值学说不仅在马克思时代是真正的科学，就是在今天来讲也是真正的科学。在马克思写作的时代以后，资本主义并不是静止不动的，它已发展到马克思主义者所说的帝国主义或垄断资本主义阶段，在这一阶段，经济进程的某些重要方面与马克思所了解和分析的资本主义不一样了。在新的历史条件下，一些久已公认的马克思经济规律不再起作用了，至少作用的形式不同了。虽然如此，马克思主义者仍可争辩说，尽管垄断资本主义与一百年前的制度有一些差别，但它依然是资本主义，因而马克思经济分析的基本范畴，既是正确理解旧的形势又是正确理解新的形势的关键。所以，米克认为，除非我们真正做点工作，使这些基本范畴能够适应新的形势，并论证现阶段资本主义的运动规律，像马克思论证他自己经历的那一历史阶段一样的有力，否则我们就很难使别人信服我们是正确的。

因此，这样一本书，不只是为了非马克思主义的同行写的，而且也为了那些关心发展马克思的基本经济范畴使之适应新情况的马克思主义者写的。当然，作者也担心同时写给两种不同的对象，将不能满足任何一方的要求。不过，作者的初衷是：这本书可能有助于开辟一个两派共存的时代,在这个时代里,马克思主义者与非马克思主义者将由互相攻击对方的虚伪性和不学无术,而转变为互相了解和评价对方的观点,双方进行和平的竞赛,看看谁能对经济现实给予更正确和更有用的分析。

二、本书的主要内容和重点选文解读

(一) 马克思以前的价值学说

1. 圣典学者对"公平价格"理论的探讨

以阿圭那为代表的早期圣典学者对于公平价格的研究可以算是人们对于价值论的最初理解和劳动价值论的最初缩影。米克从独立小生产方式出发,阐述了圣典学者的"公平价格"理论。米克指出,在开始之初,独立小生产是没有任何价款或者货币去购买自己所需要的商品的。因此,在购买商品之前应当要先售卖自己的商品并获得价款。但是由于每个独立小生产者都是按照自身劳动的耗费来制定自己产品的"价格",即通过个人的劳动生产率制定价格,这种制定产品价格的方法并不规范,存在很大的个体差异性。米克认为这种问题是"价值"在道德上对卖者或者买者的不公平。①"公平价格"就是为了避免"价值"在道德上对卖者或者买者的不公平这种问题而提出的。"一般来讲,对成本与报酬间的平衡点的判断,被认为只是社会的共同协议或评价。"② 但是公平价格理论的适用性与实用性是受到制约和限制的。由于公平价格理论是需要对生产过程中的各项生产成本进行衡量的,只有在中世纪那种相对自给自足、小而停滞的社会里才可以将生产者付出的劳动和费用进行直接比较。

2. 重商学派对价值的阐释

15~17世纪中期,由于商业的不断发展,使得基于社会独立小生产

---

①② [英] 米克著,陈彪如译:《劳动价值学说研究》,商务印书馆2014年版,第9页。

者的公平价格理论不再适用。在资本主义社会,生产的目的是获取剩余价值,或者说存在着商人收益的需要,但是这种收益的需要是与公平价值理论相冲突的。因此,重商主义学派选择放弃生产成本的观点,而改用所谓"惯常价格"的解释,与"公平价格"相比,"惯常价格"其实也就是多论证了商品的"价值"在一定程度内,决定于它对买者的效用。

米克指出,不同于圣典价值学者只初步地提出了价格的观点,重商主义学派制定了他们的价值学说、价值规律。在他们的价值学说里,他们广泛地将商品的"价值"(有时称为"自然价值")和商品的实际市场价格等同起来;指出"价值"决定于市场的需求与供给,并且认为"价值与内在价值之间存在着类乎因果关系的体现"①。

3. 古典学派对价值学说的发展

(1) 对"自然价格"概念的阐释。

在市场竞争情况下,当时的人们发现商品往往以趋近于"自然"的价格数字进行交易。但是这个发现是一个很缓慢且循序渐进的过程。米克把这个过程大致分为配第、坎梯隆、哈里斯、坦普尔、斯密时期这五个阶段。

起初,配第曾经区分"自然"价格和"政治"价格,他在一定程度上为古典学派概念的形成奠定了基础。1730 年左右,坎梯隆在配第的基础上更进一步,他区分商品的市场价格和他所谓的商品的"内在价值"。② 在他看来,市场上具有内在价值的物品,在多数情况下,并不是按照它的内在价值在市场上出售的,而是与人们的心情、爱好和消费状况息息相关。但坎梯隆也仅仅是得出了市场价格趋向于和生产成本相等的结论,但他并不知道形成这种结果的内在原因。

到了哈里斯时期,哈里斯大体上继承了坎梯隆的衣钵。哈里斯在《论货币和铸币》一书中表达了其对价值学说的理解,他认为物品的价值并不取决于它们满足人们需要的真实用处,而是与生产它们所必需的土

---

① [英] 米克著,陈彪如译:《劳动价值学说研究》,商务印书馆 2014 年版,第 12 页。
② [英] 米克著,陈彪如译:《劳动价值学说研究》,商务印书馆 2014 年版,第 28 页。

地、劳动和技能成正比。对此,米克认为,哈里斯显然已经形成了自然均衡价格的观念,但是他似乎没有清楚地意识到,"自然价格"是市场价格波动所环绕的中心,经常吸引市场价格趋向于它。

1758年,坦普尔发表的一本名为《为贸易和技艺辩护》的小册子,逐渐露出古典学派的缩影。由此,到了斯密时期,关于"自然价格"的概念才有了较为清晰和正确的认识。斯密将正常利润包括到长期竞争价格中去,作为它的一个构成部分,并且认为价格水平是受"规律支配"的。这一发展足以表明,过去的"供求"原理是把价格的决定归咎于任意的因素,而新的"生产成本"原理则把价格看成受规律所支配的。①

(2)对劳动成本概念的解析。

当资本主义商品生产的活动范围扩大时,受规律支配的商品数量逐渐增加。越来越多的商品的价格显得是受"规律支配"的,使得"自然价格"不能再作为货物的独立的决定因素存在。另外,古典经济学家十分强调利润的重要性,他们认为有很大一部分资本是从利润中产生的,而资本积累又是一国经济发展和积累财富的关键所在。因此,利润的形成与决定应当作为价值学说中的重要组成部分存在。

米克考察了古典经济学家如何系统地阐述劳动和土地在生产过程中所分别扮演的角色。从劳动上来看,古典经济学认为商品的价值是建立在劳动的耗费的基础上的,是由生产商品所必要的劳动在社会总劳动中所占的比例来决定的。因此,生产的唯一真实成本,就是人类劳动的耗费。②

但随着社会发展,古典学派对于劳动是财富唯一源泉这种观点进行了改进。例如,在斯密看来,在资本积累和土地私有权出现之后,商品价值不再取决于耗费劳动,而是取决于购得劳动。因此,商品价值是由资本主义社会三种基本收入构成的,即工资、利润、地租。

4. 亚当·斯密对劳动价值学说的发展

在米克看来,斯密研究价值学说的首要任务就是要说明价格水平是

---

① [英]米克著,陈彪如译:《劳动价值学说研究》,商务印书馆2014年版,第33页。
② [英]米克著,陈彪如译:《劳动价值学说研究》,商务印书馆2014年版,第48页。

由什么决定的。为此，斯密提出了两个问题：一是什么是自然价格的构成因素？二是为何市场价格趋向于同自然价格一致？

在此，斯密不是把一宗商品的自然价格同生产这种商品所使用的劳动的实际价格联系起来，而是同所谓劳动的自然价格相联系的。斯密认为生产者在出卖产品时，其所获得的报酬除了可以补偿生产过程中所支出的所有费用外，还需要多出一部分用于补偿生产者劳动的自然价格。在这里需要强调的是，此时自然利润还不是自然价格的一个独立构成要素。

关于第二个问题，即为何市场价格趋向于同自然价格一致的问题，斯密从讨论支配市场价格的各种情况进行分析。斯密认为，商品的市场价格是受三种情况支配的。第一是"需求或对商品的需要"；第二是"相对于需要来讲，商品数量的多寡"；第三是"需求商品的人们的贫富情形"。换句话说，市场价格取决于现有供给和有效需求之间的关系。因此，市场价格和自然价格虽然是按照完全不同的原理决定的，它们之间却有着"必然的联系"。①

基于上述分析，米克总结了斯密对劳动价值学说的发展所做出的贡献：一是将商品的使用价值和交换价值分离开来；二是坚持劳动是一切商品价值的源泉，是衡量一切商品交换价值的真实尺度。同时，米克也指出了斯密劳动价值学说的不足：一是认为斯密的"真实尺度"所运用的二重论法并不必要；二是错误地将劳动的价值视为有恒定性；三是将生产物的价值归结于分配领域，而忽略生产条件的变化。

5. 李嘉图对劳动价值学说的发展

米克通过对李嘉图的《金块高价论》《利润论》《政治经济学及赋税原理》等重要文体和著作的分析解读，总结和归纳了李嘉图在劳动价值学说方面的发展和贡献。

一是对价值的概念作了更深入的分析，大体上区分了价值和交换价值。他说如果一种商品全然没有用处，就不具有交换价值，认识到使用

---

① ［英］米克著，陈彪如译：《劳动价值学说研究》，商务印书馆2014年版，第55页。

价值是交换价值的物质承担者。他提出，价值和财富在本质上是不同的。价值不取决于数量的多寡，而取决于生产财富的困难和便利程度。

二是坚持价值取决于生产所必需的劳动量的原理。李嘉图认为，一种商品生产出来以后，它的价值可以在不同社会成员中进行分割，但不管价值怎样分割都不会影响商品价值量。劳动时间决定价值这一原理不会因资本与雇佣劳动者的交换而失败。

三是对决定商品价值的劳动的性质提出了一系列深刻的见解。首先，决定商品价值的劳动是社会必要劳动。但他所说的必要劳动，是指在最不利的条件下进行生产的人所必须投入的较大量劳动。其次，考虑了不同质的劳动以及简单劳动与复杂劳动如何决定价值的问题。最后，他区别了价值生产的直接劳动和间接劳动，阐明了商品的价值包括由工人直接劳动创造的新价值和由间接劳动所体现的旧价值的观点。

（二） 马克思的劳动价值学说

1. 马克思经济思想的初期发展

米克指出，从马克思对劳动价值学说的初步认识，到理论基础的建成，再到对私有财产的批判，都体现了马克思经济思想的历史与逻辑的过程，正是这一过程，为马克思的经济方法奠定了坚实的基础。

（1）马克思对私有财产的批判——劳动的"疏远化"。

马克思在《经济学——哲学手稿》中使用"疏远化"概念来批判私有财产，米克在《劳动价值学说的研究》一书的第四章以及第二版导言中，阐明了马克思对疏远化概念的见解以及疏远化概念在马克思经济理论体系中的地位。

根据马克思的论述，所谓劳动的"疏远化"，就是在私有制条件下，工人创造的财富越多，他越贫困。工人的一部分劳动和他的一部分生命体现在他的产品中，并对他"疏远化"了。工人劳动的产品仿佛是外在的东西，不依赖于他的一种权力，而与他对立着。劳动的疏远化不仅表现在生产的成果上，而且也表现在生产的行为中，即只有当一个人受到物质的强制时他才工作，也只有当他从事动物般的非人的工作时他才真正感到自由。而且这种劳动的疏远化也使他对自己的族类疏远化了，因为只有在生产中人才证实自己是他的族类中一个有意识的成员。

总之，劳动的"疏远化"就是生产者创造了不属于他的产品，也就创造了非生产者占有生产和产品的权力，劳动疏远化的结果是私有财产。一方面，人的生活为了它的现实化曾经需要过私有制，而另一方面现在人的生活却需要对私有制的扬弃。马克思认为在以生产资料私有制为基础的社会里，人与人相互结合的真正主要的纽带，是他们作为商品生产者，从而作为交换者所结成的关系。

(2) 对蒲鲁东的反驳——《哲学的贫困》。

对于蒲鲁东著的《贫困的哲学》里把地租、利润、工资、交换、价值等经济范畴看作永恒的法则，马克思进行反驳并出版了《哲学的贫困》一书。马克思指出，这些经济范畴只有对于一定历史发展阶段和一定生产力发展阶段才是实际有效的法则。米克指出，马克思在《哲学的贫困》一书里，唯物史观的主要命题是一贯保持的，特别是马克思指明了蒲鲁东关于构成全部问题基础即关于交换价值的观点是模糊、不正确和不彻底的，并指出价值是历史现象，它以交换和分工为前提；价值是这种社会中人与人的生产关系的表现。米克认为，马克思这时已经把劳动价值学说看作"生产物的交换的方式依靠诸生产力的交换的方式来决定"这一定理之另一种说法。米克指出，这一点突破之后，马克思经济思想发展的初期阶段就告一段落，而进入充分发展、提高与应用的时期。

(3) 对马克思经济方法的探索。

米克指出，唯物史观是马克思之后经济研究的出发点，他把唯物史观作为一种假设，要在应用于经济事实时加以检验。这种一般抽象——唯物史观的主要命题，成为马克思在经济学领域里进行验证所做的假设。

在马克思看来，经济研究的第一件事情就是考察并且明确最简单的、最基本的经济范畴。这样做后，下一步就必须从简单逐步进到复杂，从各个抽象部分建立起具体的整体。当然,在分析的每一阶段,经济范畴必须从它们的相互联系与发展过程中加以考察,得出的结论还必须通过事实来加以检验。米克又进一步指出,马克思的方法论是丰富的,在上述广阔的研究方法的范围内,马克思采取了"逻辑的、历史的方法",认为这是马克思研究黑格尔最有兴味最有意义的成果之一。米克还提出,马克思运用逻辑的、历史的方法来研究任何一定的社会形态,不一定意味着"把经济范畴按它们在历史上起决定作用的先后次序来排列"[①]。它们的次序倒是应该按照它们在所考察的一定社会形态中的相互关系来决定。在此,米克极力强调的一点是,要理解马克思的价值学说的意义以及这一学说在他的整个理论体系中所占的地位,就必须掌握"价值法则是如何表现出来"的。

2. 马克思的价值学说的发展

(1)《资本论》第一章中的价值概念。

首先米克引入了马克思在《政治经济学批判》中关于商品、使用价值和交换价值概念的论述。马克思说:"商品首先是一个外界的对象,一个靠自己的属性来满足人的某种需要的物"。[②]"使用价值总是构成财富的物质内容……使用价值同时又是交换价值的物质承担者"。[③]"交换价值首先表现为一种使用价值同另一种使用价值相交换的量的关系或比例,这个比例随着时间和地点的不同而不断改变。因此,交换价值好像是一种偶然的、纯粹相对的东西"[④]

对于上述概念的讨论和界定,一贯地严重地被人曲解了。米克认为,曲解的原因是没有正确理解马克思的分析方式。米克指出,马克思力求通过"通俗化"的叙述,用简单的例证表明,进行交换的各种商品间的价值关系能够表现为相对形式和绝对形式,那么,这样一种分析,要求把各种商品所固有的或具有的某种性质当作价值的实体,米克认为这个某种性质就是马克思所说的除了重量、体积外的"共同属性",即劳动生

[①] 《马克思恩格斯文集》(第8卷),人民出版社2009年版,第32页。
[②] 《马克思恩格斯文集》(第5卷),人民出版社2009年版,第47页。
[③][④] 《马克思恩格斯文集》(第5卷),人民出版社2009年版,第49页。

产物的性质。

米克指出,马克思关于效用的逻辑的抽象,可以说是历史的抽象的反映。因为,在马克思看来,交换价值是个历史范畴,只适用于商品生产和商品交换的一定时期。当生产物最初开始交换时,它们的交换比率主要取决于双方对生产物效用的主观评价,是任意和不确定的;当生产物完全转变为商品时,它才"当作价值量来固定",这时物品互相交换的量的比例"依存于它们的生产自身",即生产物的劳动的量。在此,米克称之为物化劳动的价值概念。

基于上述理解和认识后,米克进一步分析了马克思的"抽象劳动"和"有用劳动"及其区别。有用劳动即"某种特殊的合目的的生产活动",创造使用价值,创造价值的劳动是抽象劳动——生产活动本身,把各种不同活动间的差别抽去。马克思认为:自人类依某种方法彼此相互劳动以来,劳动就具有社会性,但这一社会性质表现的特殊形式是随时代而不同的,在商品生产社会里,各个生产者的劳动的社会性质才简化为抽象劳动。所以,米克引用马克思的论述,说明正是由于商品作为抽象劳动的生产物,所以它才最明显地反映商品生产社会所特有的社会生产关系。

(2) 价值概念的改进与发展。

米克指出,有关价值概念的分析,是作为一个适当的价值学说的基础,还需要一定程度的改进与发展。因此,米克分析了马克思是如何从价值概念出发,阐述形成商品价值实体的抽象劳动时间,以及简单劳动和熟练劳动等概念。

对构成价值实体的抽象劳动的阐述。马克思指出:"形成价值实体的劳动是相同的人类劳动,是同一的人类劳动力的耗费……每一个这种单个劳动力,同别一个劳动力一样,都是同一的人类劳动力,只要它具有社会平均劳动力的性质,起着这种社会平均劳动力的作用。"[①] 对于这一重要观点,米克认为,"平均化"早已在历史上发生,并且随着商品生产

---

① 《马克思恩格斯文集》(第5卷),人民出版社2009年版,第52页。

制度的发展，每个人的劳动也就简化为抽象劳动。而对于马克思提到的"社会标准的生产条件"，米克认为纯粹是技术条件，他强调在现阶段可以很合理地把这些条件看作根本不依赖于有关商品的价值。

对"熟练劳动转化为简单劳动"问题的理解。对于"熟练劳动化为简单劳动"的问题，马克思提出要用生产一定商品的工业"现有的社会平均的劳动熟练程度……"来测定生产这种商品所需要的社会必要劳动量。在这里，米克对马克思的理论做了进一步的说明。他认为我们应当认识到，一个工业在一定时期现有的"社会平均的劳动熟练程度"可能与另一个工业不同，由比较熟练劳动所生产的商品的均衡价格，相对于生产这些商品所花费的劳动小时数来讲，一般要高于由比较简单劳动所生产的商品的均衡价格。所以，商品的价值，只有在适当考虑到不同商品需要（平均地讲）不同程度的劳动技巧的情形下，才能说是取决于生产这些商品平均必要的劳动量。克服这一困难最方便的方法，自然是将熟练劳动"化为"不熟练的（或"简单的"）劳动，而以后者来计算一切商品的价值。

（3）价值概念的应用。

对商品价值、均衡价格与供求三者关系的说明。米克指出，从一开始，马克思的价值学说就主要说明供求相等时的"价格"，即重点分析供求"平衡"或彼此"相等"那一点所决定的价格。马克思主张，供求关系确能说明市场价格与均衡价格的背离，但不能说明均衡价格本身的水平。事实上，价值规律正是通过"供求"的波动来决定均衡价格的。即当供求不"平衡"时，价格就会与价值背离。米克认为，马克思同他的古典学派前辈一样，是假定需要变化本身不会引起有关商品的长期均衡价格的变动的，但马克思并没有忽略需要，在此，米克摘引了马克思相关的论述进行佐证，说明供给必须等于需要，即使用价值是交换价值的必要前提。进而，米克还引证了马克思在《资本论》第三卷的相关论述，说明在一定劳动生产率的条件下，需要必然会决定投在生产某种商品的工业的总劳动量，但是决定一单位商品价值的是劳动生产率，而不是需要。

将价值概念应用于剩余价值产生过程的前提假定。当马克思从事资本主义制度下剩余价值生产规律的初步分析时，他有一个假定，即商品倾向于"按照它们的价值"出售。而这也就暗含地假定了资本有机构成相同或利润率不等。然而，资本主义的实际趋势是有机构成的高低不等和利润率的平均相对形式。对于这个假设，米克认为，各部门间资本有机构成的不同是与利润率的不同结合起来，而不是与交换比率和物化劳动比率的脱节结合起来。在这种情况下，剩余价值的创造和榨取现象就好像是一种纯粹的形态。但是，资本主义一旦产生了，它很快就会影响价值规律作用的形式。资本主义竞争的扩展与加强，促进了平均利润率的形成，这意味着，只要资本有机构成不同，均衡的交换比率就会与物化劳动的比率脱节。现在商品倾向于按照它们的"生产价格"而是不按照它们的"价值"出售了。

价值理论在工资、利润上的应用。在资本主义社会里，劳资关系的经济方面，"决定这个生产方式的全部性质"，所以马克思特别注重揭示那些决定工资劳动者和资本家收入分配的规律。米克认为，要理清工资劳动者和资本家间的经济关系，必须借助价值学说。就如马克思所强调的，不能用"欺骗"或"买贱卖贵"来说明利润的产生，必须根据商品按照它们的正常均衡价格出售以获得利润的假定来说明利润的一般性质。那么，资本家按照均衡价格买卖一切东西，顺利实现利润，那是因为他们在市场上找到一种特殊的商品——劳动力，这种商品现实的应用，是劳动的对象化，就是价值的创造。它不仅能创造满足劳动力再生产所必需的劳动量，而且大大超过了这个必要劳动量，并被资本家无偿占有，即剩余劳动。所以，工资劳动者与资本家关于"生产物的分配"，就取决于这种"必要劳动"和"剩余劳动"的比例。

当然，米克也认识到把劳动价值学说应用到劳动力商品，有两点特殊困难：一是与其他商品不同的是，"劳动力价值的决定，含有一个历史的和道德的要素。"而且还会受到"一国气候的和别种自然的特征"的影响，只有工人阶级能将劳动力的价格相当长期地保持在它的价值以上，它可能因此提高了劳动力的价值。二是劳动力的生产通常不是由那些经常随需要变化来调节供给以便获取最大量净收入的个人控制的,它似乎没有使价格符合于价值的那种普通机构。所以,在资本积累率高的情况下,劳动力价格可能高于它的价值,但近代工业的发展,总是引起资本有机构成的长期增长,所以劳动的需要相对于资本积累来讲有减低的趋势,使劳动力的长期均衡价格十分接近于它的价值。

(三) 西方经济学家对马克思劳动价值学说的批评

1894年《资本论》第三卷的出版以及马克思主义作为主要的欧洲社会党的官方理论促使劳动价值学说发展到一个新阶段,此后攻击与保卫劳动价值学说便具有重要的政治意义,再加之第一次工业革命、边际效用论的影响,批评劳动价值学说的声音愈发凸显。米克将西方经济学家对马克思劳动价值学说形形色色的攻击分成三类,并依次进行考察分析。

(1) 第一类攻击绝对地否定了马克思主义劳动价值学说,其主要论题是用其他理论、学说对马克思理论进行补充,其代表人物主要有庞巴维克和帕累托。

①庞巴维克派:马克思主义者与庞巴维克派之间互不认同,他们都指责对方不曾洞察社会表面现象下根本的决定要素。庞巴维克不认同马克思主张的物质资料生产方式是社会发展的决定力量,而是将主观价值视为客观价值的决定因素。在米克看来,这既割裂了价值与劳动之间的内在关系,又掩盖了商品、价值和价格等经济范畴的历史性和社会性。

②帕累托讥讽马克思著作在其追随者心中所谓的宗教性质,用嘲笑代替了说理的批评,对此,米克认为帕累托的部分论点具有一定的合理性,但是多多少少都存在一些不合逻辑和不合实际之处。

(2) 第二类攻击的主要观点是马克思劳动价值学说虽然具有一定价值,但是仍不足以作为价值学说的基础,主要以伯恩斯坦、林赛、克罗齐为代表。

①伯恩斯坦认为马克思的价格概念是失去了一切具体的性质的、纯

粹抽象的概念，"不能用作适当的交换比例学说的基础"①，对此，米克承认马克思的交换比率是根据抽象的概念近似地符合于现实，但也指出一切概念的真正性质就在于它们只能近似地符合于现实，因而这并不影响它是一个适当的学说。

②针对林赛提出的劳动价值学说是自然权利学说而不是价格学说的观点，米克认为其没有认识到劳动价值学说在某种程度上已成为市场价值如何决定的学说；并且由于其理论过分强调个人，因而没有认识到价值是社会的产物。

③克罗齐将《资本论》的研究方法视为抽象的考察，主张资本主义社会在历史上不曾有过的社会，因而不能成为实际。对此，米克认为马克思这种抽去"一切阶级差别"开始考察商品生产社会本身的分析方法是正确而且重要的，并正是这种抽象才使得将抽象的社会和充分发展的资本主义社会间进行比较成为可能。

（3）第三类攻击主要认为劳动价值学说并非不可缺少的工具，以兰格、施勒辛格、罗宾逊夫人为代表。

①兰格认为马克思主义经济学的优越性只在于提供一种经济均衡和经济发展理论，其主张优越的真正原因在于阐述和预测经济发展的过程。米克认为兰格没有认识到一种分配论必须以某种价值学说为基础，而这一基础却被"资产阶级"分配论所抽象掉了。

②施勒辛格十分重视马克思主义学说中"质"的方面。对此，米克认为这是施勒辛格的优点，但他认为施勒辛格对"马克思劳动价值学说'量'的方面是靠不住的，主张将其完全抛弃"的认识是完全错误的。

③罗宾逊夫人否定马克思劳动价值学说"质"的方面，认为马克思的价值定义只不过是一种"纯粹教条式的说法"②，认为即使没有价值这一概念，也可以表示马克思的一切重要思想。对此，米克认为她未曾认真考虑马克思所说的"价值是社会关系"这个定论到底是什么意思，以

---

① [英]米克著，陈彪如译，《劳动价值学说的研究》，商务印书馆2014年版，第260页。
② [英]琼·罗宾逊著，邬巧飞译：《论马克思主义经济学》，商务印书馆2019年版，第29页。

至于完全曲解了劳动价值学说在马克思价值体系里所起的作用。

总之，在米克看来，马克思价值学说主要分析的是资本主义自由竞争阶段，所以在其他阶段的应用还需要一定的调整，马克思主义者的任务就是要依据不断变化的具体情况来丰富、发展马克思价值学说。但是解决这些问题的基本前提之一，是对马克思的原来学说有正确的理解，"不幸的是，以上考察的各批评家的著作——尽管其中也有许多表现出真诚和智慧——实在距离这种理解太远了"①。

（四）对马克思劳动价值学说的再应用

在这一部分，米克以边际革命为背景，主要论述了"价值规律"在社会主义制度和垄断资本主义制度下的作用。

1. 价值规律在社会主义制度下的作用

马克思和恩格斯认为他们的"价值法则"与商品生产制度有着独特的联系，与商品生产"共存亡"，因而认为社会主义可以摆脱价值规律的影响。然而，米克并不认同这一观点，他以斯大林的著作《苏联社会主义经济问题》为背景，以苏联的实践展开分析，主张在社会主义制度下价值规律依旧发挥作用。米克指出，苏联正处于资本主义向社会主义的过渡阶段，还没建成完全"按需分配"的社会，因此"商品生产""商品关系"依旧存在，所以价值规律依旧发挥作用，至于价值规律是如何发挥作用的，作者以斯大林的观点来予以说明：一方面价值规律对商品流通起着调节者的作用，其表现为通过价格同价值的关系，影响市场的供求关系和消费构成的变化；另一方面价值规律也影响着商品生产，这是因为由于社会主义制度下的商品生产者大多也都是独立核算、自负盈亏的经济单位，因此他们必定十分关注生产结果。此时，若商品价格与价值背离，将会对他们对生产要素和劳动力要素的投入产生影响，进而在一定程度上影响生产要素和劳动力要素在社会生产各部门之间的分配。

---

① ［英］米克著，陈彪如译：《劳动价值学说的研究》，商务印书馆2014年版，第297页。

虽然价值规律在社会主义制度下仍然发挥作用，但是其范围、程度和形式，都同它在资本主义制度下有很大的区别，米克主要归纳为以下三个方面：

①在社会主义条件下商品生产、交换不是无所不包的，价值规律作用的范围也受到限制。例如在社会主义制度下劳动力已不再是商品，价值规律在这个范围内就不再发生调节作用。

②社会主义与资本主义所依照的经济制度与基本规律有所不同，在资本主义制度下，价值规律对生产和流通的调节，是在资本主义私有制的基础上，同剩余价值规律和生产无政府状态规律一起发生作用，是社会生产的全面调节者。而在社会主义制度下，生产和流通的调节者不仅仅是价值规律，而首先是社会主义基本经济规律和国民经济有计划发展规律。

③社会主义公有制使价值规律发生作用的形式也发生了根本的变化。资本主义制度下，价值规律作为市场上的自发势力发生作用；而在社会主义制度下，价值规律主要是作为一种被人们自觉利用的力量发生作用的。社会主义国家对国民经济实行计划指导和计划管理时，自觉利用价值规律，合理调整价格，引导企业按照国家计划的要求发展生产。同时，社会主义国家也自觉利用价格机制来限制需求或鼓励消费，调节商品流通及其构成。

2. 价值规律在垄断资本主义制度下的作用

在自由竞争的条件下，即使价值转化为生产价格，价格依旧由价值规律所决定，因为生产价格同价值的偏离可以根据《资本论》第一卷的分析来说明，但在垄断的条件下，"价格既不是由商品的生产价格决定，也不是由商品的价值决定，而是由购买者的需要和支付能力决定"①，因而，《资本论》第一卷的分析就无法对其进行解释了。在米克那个时代，垄断组织已经十分普遍，作者认为在这一条件下研究价值规律在垄断资本主义下的作用是马克思价值学说的再应用所必须考虑的情形。

---

① 《马克思恩格斯文集》（第7卷），人民出版社2010年版，第864页。

在作者看来,"垄断并不意味着竞争的消失,有时(例如在价格竞争时期)反而意味着竞争的加强"①。所以,垄断价格学说与竞争价格学说便不是对立关系,相反垄断价格学说是对竞争价格学说的补充。

首先,作者认同马克思对"价值"的认识,认为商品价值是对人们以商品生产者资格结成的基本关系的反映,并主张这一基本关系存在于整个商品生产时期而非特定某一时期。其次,作者分析了导致价值发生偏离的原因,一方面,在商品生产的每一发展阶段所特有的生产关系决定了那一阶段中价格同价值的典型偏离;另一方面,这种偏离具有两种不同的类型:其一是供给价格同价值的偏离,其二是实际价格同供给价格的偏离。在垄断时期主要展示了实际价格与供给价格的偏离,其表现为垄断组织可以通过限制商品的总供给量的方式,使其价格大于竞争价格。此时,生产关系还会对垄断资本家产生影响,扩大垄断资本家的利润来源。

综上可知,垄断资本主义下价值规律依旧能够发挥作用,但由于受客观条件的限制,米克还无法对垄断资本主义时期价值规律的作用做出具体说明。正如作者所说,"根据我们现有的知识水平,我们除自由竞争资本主义阶段外,还不能够对商品生产其他发展阶段价格同价值的典型偏离的大小(这与性质和原因不同)做很多有用的概括,但这决不等于说,没有这样的概括可做"②。

最后,米克也指出,由于自由资本主义发展到垄断资本主义以后,生产关系发生了变化,这也导致了由生产关系决定的交换关系发生改变。此外,他认为垄断资本主义时期的价格与自由资本主义时期的价格不同,所以所考察的价格同价值的偏离便由自由资本主义阶段以供给价格同价值的偏离为主转变为垄断资本主义阶段以价格同供给价格的偏离为主。

---

① [英]米克著,陈彪如译:《劳动价值学说的研究》,商务印书馆2014年版,第353页。
② [英]米克著,陈彪如译:《劳动价值学说的研究》,商务印书馆2014年版,第365页。

三、《劳动价值学说的研究》一书的当代价值

（一）捍卫了马克思劳动价值学说的科学性和权威性

1956 年，罗纳德·米克写作《劳动价值论研究》的初衷就是要证明"劳动价值学说不仅在马克思的时代是真正的科学，就是在今天来讲也是真正的科学"[①]。1894 年，《资本论》第三卷出版以后，再加之第一次工业革命、边际效用论的影响，批评劳动价值学说的声音愈演愈烈。面对西方经济学家对马克思劳动价值学说的歪曲、诽谤和攻击，作者一方面与某些非马克思主义学者经常通信讨论，使之能够信服劳动价值学说的真实意义和科学性，试图在马克思主义经济学家与非马克思主义经济学家之间建立某种沟通的桥梁；另一方面他依次考察了西方经济学家对马克思劳动价值学说进行的各色各样的攻击，指出这些对马克思劳动价值学说的批评包含片面的真理、肤浅的解释和事实的歪曲，有些更是无稽之谈和别有用心。此外，他还对马克思劳动价值学说在社会主义制度下和垄断资本主义制度下的作用进行研究，说明价值规律在当代仍能发挥重要作用。这对于当前坚持、运用和发展马克思劳动价值学说具有重要指导价值，为维护马克思劳动价值学说的科学性和权威性作出不懈的努力，是一部学习、研究和坚持马克思劳动价值学说的重要文献。

（二）系统展现了劳动价值学说的演进过程

作者遵循历史发展的逻辑思路来叙述劳动价值学说，从对圣典学者"公平价格"的初步探讨，到对重商学派"惯常价格"的阐析，介绍了劳

[①] ［英］米克著，陈彪如译：《劳动价值学说的研究》，商务印书馆 2014 年版，第 4 页。

动价值学说的历史渊源，阐明了劳动价值学说是如何在亚当·斯密、李嘉图和马克思等经济学家思想中演进和不断丰富与发展的。这一发展脉络让我们能够充分了解价值理论发展的过程与各个阶段的历史背景，也正是这一部分的梳理使我们对劳动价值学说的形成发展过程有了更加全面的认识和了解。此外，米克在对马克思价值理论的主要内容的叙述中，从马克思接受劳动价值学说的历程着手，探讨了马克思经济思想的初期发展和建成阶段，把马克思的《哲学的贫困》《神圣家族》《德意志意识形态》等重要文本与劳动价值学说的形成发展有机联系起来，把唯物史观和劳动价值学说密切结合起来，具有很强的学习性。而且，在马克思价值学说的发展部分，作者简洁地讨论《资本论》第一卷中价值的概念后，概括了马克思关于劳动作为价值的"实质"的对价值概念的升华，进而说明了马克思怎样将他的价值理论应用到工资和利润的决定上来，最后转向价值转形问题。这不仅是简单的理论阐述和介绍，也是逻辑的运用，更是一个历史发展过程。这种对劳动价值学说的论证与辨析，整个理论发展的脉络清晰明了，对于我们全面了解、学习劳动价值学说有很大的帮助。

（三）为当前运用和发展马克思劳动价值学说提供理论指导

马克思的劳动价值论是在批判地继承古典学派劳动价值学说的基础上形成的，其逻辑思维缜密，内容博大精深，包括商品二因素、劳动二重性、价值形式、价值规律等一系列问题。马克思的劳动价值论始创于19世纪中期，其主要目的在于分析资本主义自由竞争阶段的商品生产，揭示剩余价值的产生以及资本对劳动的剥削实质。那么，马克思劳动价值学说能否应用到前资本主义、垄断资本主义和社会主义阶段呢？这个问题直接关系到马克思劳动价值学说在当代的科学性。米克在该书第七章"马克思劳动价值学说的再应用"中，论述了价值规律在社会主义制度以及在垄断资本主义制度中的作用。米克指出，在社会主义社会还没达到完全"按需分配"的阶段，仍然存在着"商品生产"和"商品关系",价值规律依旧发挥作用。但是其范围、程度和形式,都同它在资本主义制度下有很大的区别,例如在社会主义制度下劳动力已不再是商品,价值规律在这个范围内就不再发生调节作用;又如在社会主义制度下,生产和流通的调节者不仅仅是价值规律,而首先是社会主义基本经济规律和国民经济有计划发展规律。此外,米克认为研究价值规律在垄断资本主义下的作用是马克思价值学说的再应用所必须考虑的情形。米克认为,"垄断并不意味着竞争的消失,有时(例如在价格竞争时期)反而意味着竞争的加强"①。所以,垄断价格学说与竞争价格学说便不是对立关系;相反,垄断价格学说是对竞争价格学说的补充。但由于自由资本主义与垄断资本主义的生产关系是不同的,价值规律在这两个阶段上发挥的作用存在一定的区别。

基于上述认识,米克认为不能把马克思的价值学说机械地应用于新的历史环境,要把这个学说应用到前资本主义、垄断资本主义和社会主义阶段,还有很多的工作要做,所以他提出马克思主义者总是担负着这样一个任务,即依据不断变化的具体情况来丰富和发展马克思的劳动价值学说。

四、扩展性阅读文献

[1]《马克思恩格斯文集》(第5~7卷),人民出版社2009年版。

[2]《当代马克思主义政治经济学十五讲》编写组:《当代马克思主义政治经济学十五讲》,中国人民大学出版社2016年版。

[3][英]琼·罗宾逊著,邬巧飞译:《论马克思主义经济学》,商务印书馆2019年版。

[4][英]彼罗·斯拉法、M. H. 多布主编,寿进文译:《李嘉图全集》(第8卷),商务印书馆2013年版。

---

① [英]米克著,陈彪如译:《劳动价值学说研究》,商务印书馆2014年版,第353页。

［5］陈征：《论现代科学劳动——马克思劳动价值论的新发展》，福建人民出版社 2017 年版。

［6］李铁映：《关于劳动价值论的读书笔记》，载于《中国社会科学》2003 年第 1 期。

［7］贺爱忠、刘凤根：《罗纳德·米克．经济学思想研究》，载于《经济学动态》2003 年第 12 期。

［8］刘骏民、李宝伟：《劳动价值论与效用价值论的比较——兼论劳动价值论的发展》，载于《南开经济研究》2001 年第 5 期。

［9］马艳、程恩富：《马克思"商品价值量与劳动生产率变动规律"新探——对劳动价值论的一种发展》，载于《财经研究》2002 年第 2 期。

［10］吴易风：《坚持和发展劳动价值论》，载于《当代经济研究》2001 年第 10 期。

五、读 书 心 得

通过学习和解读罗纳德·米克的《劳动价值学说的研究》，为我们今后学习、研究运用和发展马克思经济思想提供了新思路。

首先，要始终坚持和捍卫马克思主义经济思想的科学性和权威性。米克写作《劳动价值学说的研究》的目的，不仅是阐明劳动价值学说在马克思的时代是真正的科学，就是在今天来讲也是真正的科学，而且他试图让非马克思主义者也理解和信服马克思的劳动价值学说。当前我们进行社会主义现代化建设，马克思主义是我们认识和改造世界强大的思想武器，是人类思想史上巍然屹立的思想高峰，习近平总书记在庆祝中国共产党成立 100 周年大会上的重要讲话中指出，中国共产党为什么能，中国特色社会主义为什么好，归根到底是因为马克思主义行！所以，作为马克思主义经济思想的学习者，不仅要学好用好马克思主义经济理论，而且要同攻击、污蔑马克思主义的经济学家作斗争，坚决捍卫马克思主义经济理论的科学性和权威性。

其次，理论学习要具有批判性思维。批判性思维的养成，是理论学习的关键所在。无论是对亚当·斯密以前的价值学说的考察，还是对古典学派亚当·斯密和李嘉图价值学说的分析，米克都是坚持批判性的思维，既看到他们在价值学说方面的理论功绩和贡献，同时也总结了他们的历史局限性与不足。作者在分析西方经济学家对马克思劳动价值学说的批评时，虽然说这些批评都是为资产阶级辩护的无稽之谈，但作者也承认其中不乏一定的合理之处。当然，米克也承认马克思劳动价值学说并不是十全十美的。所以，在理论学习过程中，我们需要运用批判性思维方法，取其精华，弃其糟粕，既不能全盘照搬照抄，也不能完全否定和抛弃。唯有如此，才能辩证地看待问题，才有利于思维创新。

最后，理论学习要坚持发展和与时俱进的态度。任何理论、方法的产生都是基于某一特定的历史环境和时代背景，针对某些问题提出的。因此，随着经济的发展和社会的不断进步，理论学习也不能一成不变，也要不断发展和与时俱进。米克反对把马克思的价值学说机械地应用于新的历史环境，提出马克思主义者要依据不断变化的具体情况来丰富、发展马克思价值学说。当前经济条件和劳动特点与马克思当时开创劳动价值学说时出现了很大的不同，尤其像工业机器人、无人超市、无人驾驶，以及精神劳动的出现等，这些新问题、新现象对马克思劳动价值学说提出新的挑战，所以我们要结合新的历史特征，继承和发展马克思主义经济理论。

驳马克思主义终结论与实践有害论
——读特里·伊格尔顿《马克思为什么是对的》

张宝英　毛颖珂　喻　文　王乃馨[*]

一、写作背景和主要内容

（一）写作背景

特里·伊格尔顿，1943年出生于英国的一个普通工人阶级家庭，在其成长过程中深受其父的社会主义信仰的影响，耳濡目染地接受了社会主义的熏陶。在当时的时代背景下，工人阶级无法融入贵族精英阶层，加之当时正值政治运动高潮时期，伊格尔顿随即投身于学校文化圈外的政治运动中。在求学期间又受其导师威廉斯的影响，便积极投身于马克思本人及"西方马克思主义"理论家著作的研究中，也正是这些丰富而宝贵的人生经历对伊格尔顿的学术研究历程产生了重要的影响，使其逐渐成长为一位马克思主义批评家。

2008年全球金融危机爆发以来，在全球化背景下，金融危机不断冲击着资本主义市场，资本主义内部的弊病纷纷显现，资本主义制度在西

---

[*] 张宝英，福建师范大学经济学院副教授、硕士生导师；毛颖珂，福建师范大学经济学院本科生；喻文，福建师范大学经济学院本科生；王乃馨，福建师范大学经济学院本科生。

方也备受质疑，由于西方去马克思化倾向的不断兴起，马克思主义深陷低谷。在这一现实背景下，特里·伊格尔顿通过多年来对马克思主义深入系统的研究，认为现在有必要让世界再次思考马克思主义，重新深刻领会马克思主义的重要内涵。

2011年，特里·伊格尔顿以一个坚定的马克思主义者的姿态，基于当时的时代背景，带着普及马克思主义基本思想的信念和鲜明而又坚定的社会主义立场，出版了《马克思为什么是对的》一书，书中通过逻辑缜密的申辩论证，以及借用大量社会现实逐一驳斥了种种关于马克思主义的偏见误解，深刻地表明了在当下全球化背景中，马克思主义理论仍具有持久而又强大的生命力。

（二）主要内容

马克思主义是一场巨大、广泛的社会实践。但是伴随着处于社会主义阵营的苏联解体，东欧剧变后，源起于美国的"历史终结论"彻底批判否定了马克思主义在人类历史中的地位。在西方世界，人们对于马克思及马克思主义提出了种种批判性的意见，试图将马克思主义彻底否定。但是，当金融危机爆发以及发生一系列社会危机时，马克思主义再次被西方学者提起，曾经的冷淡批判似乎又开始转热。作者通过对现实问题的分析来批驳此前各种否定马克思的观点，因为那些观点已经左右了大众的主观判断，在很多人那里已经成为结论性的意见。作者正是想通过这本书使人们回归现实问题，重新思考马克思主义的真正意义。

《马克思为什么是对的》一书共有十个章节，针对马克思主义终结论、宿命论、乌托邦论、机械唯物论、阶级痴迷论、暴力革命论、极权国家论、地位边缘论等观点逐个辨析，作者通过丰富的事实论证，力争纠正人们对马克思主义的错误的理解，对否定马克思主义的观点逐个反驳，为我们进一步认识、了解和思考马克思主义开辟了一条新的道路。

伊格尔顿筛选的这十个反马克思主义的观点并不是随意挑选的，这些观点是具有代表性和普遍性的。这十个反马克思主义的观点并不是作者情绪化的宣泄，也并不是非此即彼的意识形态化，它们涉及马克思主义的诸多根本性问题，其中既具有普遍性，也具有学术性。对当下的经济建设有着长远且具操作性的指导意义，为马克思主义作了振聋发聩、掷地有声的辩白，也为读者进一步学习和理解马克思主义提供了新的研究视角。

作者以"辩论式"的写作手法示意人们，采用写事例、讲道理的方法进行驳斥，用马克思主义科学、辩证的方法疏解历史，进行反驳。作者将眼光放置于人类的未来，马克思主义的本质正是要倾覆资本主义带来的人与物质异化的事实——而这也是资本主义越成功、德行越败坏的根本原因。作者在该书中指出，马克思主义理论对于现代社会的重大意义不仅是对资本主义制度全面彻底的揭露，还阐述了辩证唯物主义和历史唯物主义对于当今社会的研究同样具有适用性。该书进一步阐释了在马克思主义理论指导下市场经济体系运作具有相当大的可行性，同时还为马克思主义与可持续发展之间找到契合之处。

伊格尔顿在该书中通过对资本主义的内在痼疾、马克思的理论实质相互对照，论证了为什么马克思是对的这一观点。马克思希望看到的是多样化的社会，马克思"将社会主义视为民主的深入"，不反对社会改革，认为革命可以是和平的，将社会分为两个对立阶级并不是他的主张，从事体力劳动的工人也并非他唯一关注的人群，他关注的是人类对经济的控制力，他并没有盲目崇拜物质生产，他的唯物主义思想与人类秉持的道德和精神理念相符合。当然理论是枯燥乏味的，但这本书不同，它有着学术的严谨，而且内容通俗易懂；它全面地阐述了马克思对当今社会强大的影响力，又不回避问题；深入地表明了当下全球化大背景下马克思主义理论持久而强大的生命力，这对于我们之后学习马克思主义意义深远。

二、重点选文与解读

在当今"和平与发展"的时代主题下，经济全球化趋势不断加深，实力雄厚的西方资本主义发达国家在不断向贫穷落后的发展中国家进行经济上的资本输出和产业转移的同时，也从未停止对其进行政治上的"和平演变"。而近几十年来发展势头迅猛，现已跃升至世界第二大经济体的中国，更是被许多西方发达国家视为"眼中钉、肉中刺"，"中国威胁论"一时间甚嚣尘上。作为一个社会主义国家，新中国自成立以来长期受到西方发达资本主义国家在政治、经济等各方面的压迫和威胁，而随着改革开放以来社会主义市场经济体制在中国的建立和发展，西方发达国家更是抓紧机会，加大对我国"和平演变"政策的力度，不断宣传诸如"马克思主义历史终结论"等荒唐谬论，企图颠覆中国的根本制度和中国共产党的领导。面对越发严峻的国际形势，笔者重点选取了该书中"驳'马克思主义历史终结论'"和"驳'马克思主义实践有害论'"两部分，结合伊格尔顿的观点对这两种谬论做出批判与反驳，从而捍卫马克思主义的科学性与真理性。

（一）马克思主义历史终结论

1. 马克思主义历史终结论主要观点

当今西方学术界中有关"马克思主义历史终结论"的声音此起彼伏，他们认为：在后工业化时代的今天，新兴产业和服务业的崛起正在逐渐降低传统工业的存在感，"阶级"的概念在日益淡化，社会阶级矛盾不断缓和，而马克思主义——一个因工人阶级而存在的思想体系，在"阶级"观念逐步被人淡忘的今天已经绝无用武之地。

2. 对马克思主义历史终结论的批判与反驳

针对上述"马克思主义历史终结论"的相关观点，笔者现从两方面对伊格尔顿在该书中的相关驳论进行解读。

（1）马克思主义是对资本主义的批判。

持有"马克思主义历史终结论"观点的西方学者经常把后工业化时代当作救命稻草。他们认为，经过20世纪70年代西方发达资本主义国家进行的一系列变革后，社会已经进入了后工业化时代，传统工业的比重在不断下降，而以科技创新为主要推动力的通信业、信息技术行业等新兴产业和服务业的比重在不断上升，以往那种工人为工厂过度工作的情况已经得到了很大改善。同时，社会流动性的日益增强和工会制度的日益完善使得工人们的择业就业较之以前更为便利安全，工人权益也更具保障性，这就使得工人们的反抗意识和阶级观念日益淡化，诸如法国里昂工人运动、英国宪章运动之类的大规模工人运动短期内再也无条件发生。另外，近几十年来种族主义和女权运动在西方的不断崛起也冲散了人们对阶级矛盾的聚焦，这也进一步加速了"阶级"的淡化和消失。基于以上原因和传导路径，"马克思主义终结论"的支持者才会大放厥词："马克思的时代结束了。"

然而这种错误论调的支持者忽视了一个重要问题——马克思主义是对资本主义的批判。马克思主义是关于无产阶级和人类解放的科学，而无产阶级之所以想要寻求解放，正是因为他们受到了资本家和资本主义制度的无情剥削与压迫。也正是因为无产阶级在反抗资本家和资本主义的过程中不断地遭遇挫折与失败，他们才会迫切渴望科学的革命理论的指导，马克思主义才会有产生的实践基础和阶级基础。马克思主义是指导工人阶级反抗资本主义的科学，只要资本主义存在一日，其追求工人剩余价值的目的和动机就不会消失，工人们受到的剥削也就不会停止。尽管后工业化时代背景下，西方发达资本主义国家的传统工业比重已逐渐下降，发达国家国内的工业生产日益减少，但这仅仅是资本主义制度内部矛盾的外在表现形式的变化，资本主义制度的贪婪本性和剥削本质并没有发生任何改变。新兴产业和服务业仍旧依靠工人们的剩余劳动才能创造出新价值，传统工业生产在发达国家国内的减少也不意味着传统工业的消失，而是发达资本主义国家利用经济全球化将初级加工业转移至拥有劳动力比较优势的发展中国家的结果。

与马克思主义历史终结论支持者所说的相反,资本主义社会秩序在今天非但没有丝毫软化,反而愈发无情和极端:资本的集中度和侵略性进一步增强、资本主义经济危机的周期不断缩短且破坏性越来越大、财富分配不均的程度进一步增大等。尽管现阶段工人阶级的斗争意识有所减弱,但也不能否认马克思主义在现世的科学性和合理性,正如特里·伊格尔顿所说:"只有在资本主义结束之后,马克思主义才会退出历史的舞台。"

(2) 过时的恰恰是资本主义本身。

资本主义最终的制约就是资本本身,因为资本持续不断的复制正是资本主义无法超越的边界。资本主义再生产的特点是扩大再生产。资本家通过不断占有工人用剩余劳动创造的剩余价值,并将其获得的剩余价值的一部分再转化为购买追加生产资料和劳动力的资本,不断地扩大再生产,从而不断地对工人阶级进行剥削。随着资本积累和资本主义再生产规模的不断扩大,资本主义固有的内在矛盾也就会不断暴露出来,当固有矛盾激化到一定程度时,资本主义的运行机制就会通过经济危机的爆发寻求自动改良的机会,如此循环反复下去。也就是说,资本主义的基本矛盾是无法避免的,资本主义无法实现自身的超越,它最终的制约就是它本身,在不改变社会体制的前提下的资本主义改革是不能从根本上克服资本主义自身的局限和缺陷的。因此,与其说马克思主义已经终结,倒不如说资本主义必将在马克思主义仍发挥其科学性的某一天先于马克思主义走向灭亡。

(二) 马克思主义实践有害论

1. 马克思主义实践有害论主要观点

目前西方学术界中关于马克思主义的另一大谬论是马克思主义实践有害论。持有马克思主义实践有害论观点的学者认为:马克思主义要求消灭资本主义制度,建立社会主义制度的实践必然意味着废除市场经济体制，而市场经济体制的废除必然会致使经济自由的丧失和物资供应的短缺。同时，马克思主义的实践要求通过无产阶级革命消灭资本主义制度，建立社会主义制度，这一过程必然包括着饥荒、困苦、折磨、强制劳动、支离破碎的经济以及可怕压制力的国家机器。总的来说，他们认为马克思主义可能在理论上还有一定说服力，但一旦将其付诸实践，结果往往是无法想象的恐怖、独裁和暴政。

2. 对马克思主义实践有害论的批判与反驳

（1）资本主义存在暴力剥削，社会主义崇尚和平稳定。

马克思曾这样评价过资本主义："资本来到人间，从头到脚，每个毛孔都流着鲜血和肮脏的东西。"[①] 资本主义无时无刻不在对劳动工人的剩余劳动进行压榨与剥削，工人们无时无刻不生活在资本家的强压之下，生活在资本主义的水深火热之中；而资本主义内在基本矛盾的不可调和又会导致资本主义经济危机的周期性爆发，危机爆发之时，饥荒、困苦接踵而来，必将使工人们陷入更大的痛苦之中。

同时，社会主义制度也可以代表社会的繁荣与稳定。以苏联为例，苏联在社会主义建设道路上的探索虽然耗费了巨大的人力、物力、财力，曾经走过不少弯路，但最终也成功改变了本国经济落后的局面。苏联在各个帝国主义列强的虎视眈眈下仍能集中力量发展经济、政治与军事，同时能够建立并维持一套相对完善的社会服务体系，实现充分就业。在第二次世界大战中，苏联更是为世界反法西斯战争和世界反殖民地半殖民地运动做出了巨大贡献。

综上我们可以得出一个结论，资本主义存在暴力剥削，社会主义崇尚和平稳定。

（2）马克思主义对实现社会主义的预设环境与范围。

马克思主义在最初阶段对实现社会主义的预设环境和范围与现实中的社会主义革命实践是不一致的。

马克思从未想过在穷国实现社会主义。他认为："在社会总财富本就

[①] 《马克思恩格斯文集》（第5卷），人民出版社2009年版，第871页。

不多的时候，根本没办法重新分配社会财富，以使所有人都受益。"也就是说，在社会财富积累较少的情况下，财富不可能按照公平原则进行分配，而是会为少数人所垄断，而这一部分财富垄断者又会凭借他们积累的物质财富进一步提高与巩固自己的社会地位，从而使得自己的社会阶级更加稳定。因此在社会财富较为匮乏的情况下，社会阶级不可能消失，无产阶级反抗资产阶级的暴力革命也无法成功。事实上，马克思对一个能够有机会实现社会主义的社会环境的要求是：受教育水平较高的、具备高水平技能的人民，高度发展的科技，开明的自由主义传统以及民主的习惯。

马克思主义者也从未想过在一国内单独实现社会主义。前文提到，在物质匮乏的情况下社会主义是无法建立的，换句话说，社会主义实现的基础是较高的生产力水平和较多的社会财富。而在这样一个国家间分工明确的世界里，一个国家要想实现社会主义，就首先要改变物质匮乏的情况，这就需要全球范围内资源的流动和配置以及国际社会的支持。也就是说，要想实现社会主义的目标，只靠一个国家的生产力是远远不够的，必须要联合各个国家的力量，即马克思主义运动的国际性——这也是马克思主义运动的精髓所在。

除此之外，马克思本人强烈反对教条、压迫与专制。他对压迫和剥削极端厌恶，坚定地拥护言论自由和公民自由，反对当时德国社会民主党的中央集权政治。如果坚持马克思主义实践有害论观点的西方学者仍认为马克思主义的实践必然意味着压迫、剥削、困苦和恐怖，这与马克思本人的观点是相悖的。

（3）社会主义制度并不意味着废除市场经济。

马克思相信，在社会主义革命后的过渡阶段，市场会继续存在，他认为市场具有剥夺性，但同时也不否认它的解放性。事实上，不论是苏俄在战时共产主义政策失败后实行的新经济政策，还是新中国在实行多年的纯公有制经济后建立的市场经济体制，本质上都是对市场在社会资源配置中的基础性和决定性作用的承认。而越来越多的马克思主义者也纷纷表示：市场仍将是社会主义市场经济不可或缺的组成部分。针对市场如何与社会主义相结合的问题，国际上的马克思主义学者曾经给出过两种模式：第一种是市场社会主义，这种经济模式将资源配置形式和社会制度分离开来，一方面主张实行生产资料的公有制；另一方面把市场作为资源配置的主要手段，这也是市场社会主义的主要特点。第二种是参与性经济模式，这种模式充分体现了资源配置和价格制定过程中的民主性，主张由几个主要的市场主体通过讨论与协商共同决定，同时强调国家干预的作用，还主张同工同酬的分配方式。通过对这两种经济模式的畅想和现实中无数将社会主义与市场经济成功结合的实践经验，我们可以看出社会主义制度并不意味着废除市场经济，它也可以与市场经济良好融合，从而促进生产力水平的进一步提高，这也反驳了"马克思主义实践有害论"中关于"僵化的社会主义意味着丧失自由和物资供应的短缺，因为这是废除市场经济的必然结果"的片面观点。

三、当代价值

在经济全球化的时代背景下，西方资本主义国家强盛，其资本主义思想正滋扰人心。当前，对于马克思主义思想的各种质疑和诋毁不断涌现。"马克思为什么是对的？"，无论是在西方国家抑或是中国国内都是一个引人关注的热门问题。相应地，伴随这个时代拷问，出现现代社会对于马克思主义的十种常见的偏见观念，即马克思主义过时论、马克思主义实践有害论、马克思主义宿命论、马克思主义乌托邦论、马克思主义还原论、马克思主义机械唯物论、马克思主义阶级痴迷论、马克思主义暴力革命论、马克思主义集权国家论、马克思主义地位边缘论。《马克思为什么是对的》一书的作者特里·伊格尔顿身为西方新马克思主义研究的代表之一，通过反复研读马克思系列著作对上述质疑和偏见进行总结，并利用大量的历史材料和实证数据逐一进行反驳。在每一节反驳及阐述的最后，伊格尔顿还进一步利用独到的马克思主义见解对当今社会现象进行解释，用诙谐幽默的文笔为读者解读马克思主义思想，并进一步阐明了马克思主义在如今的市场经济体制下仍然有非常重要的指导意义，也同时证明了马克思主义思想与当前可持续发展观的契合关系。这本书的当代价值主要有以下几点：

1. 重审马克思主义的重要指导意义

在互联网大时代背景下，各路思想众说纷纭，其中属资本主义思想的侵袭最为凸显。马克思主义过时论、终结论、还原论、地位边缘论等质疑不断出现，试图挑战马克思主义的重要地位。总的来看，人们总是围绕着马克思主义与当前时代的不适应展开讨论与争辩。书中可以看到，当前反马克思主义者宣称："如今在阶级差异日渐模糊，社会流动性不断增强的后工业化西方社会离，马克思主义绝对没有一点用武之地。"[①] 可能这也是目前最具有影响力的反马克思主义声音，过于强化当前资本主义社会的进步性因而忽略了马克思主义的重要性。但是，就像特里·伊格尔顿在书中一再强调的那样，"只要资本主义还存在一天，马克思主义就必然存在；马克思主义只有在淘汰了它的对手之后，才会自我淘汰"[②]。但据目前最新的形势来看，资本主义还远远没有衰败。相对地，资本主义内部的矛盾依旧激烈，需要马克思主义的进一步指导。仔细研读马克思系列著作可以看出，马克思对于资本主义的批判，并非主观定义。相反，马克思通过什么是资本，什么是商品等基础问题进而引出剩余价值和劳动价值学说；通过深究利润背后的资本主义剥削关系，揭露资本主义者为无情剥夺剩余价值而掩饰的种种手段等。其中的两极分化和阶级矛盾等现象在资本主义体系下会伴随资本主义社会一直存在，并且作为一个"定时炸弹"威胁着资本主义的未来。书中提到，"在马克思看来，资本主义最终的制约就是资本本身，因为资本的不断在生产正是资本主义无法跨越的边界"[③]。马克思曾透彻地分析了资本主义的历史形态和本

---

① ［英］特里·伊格尔顿著，李杨、任文科、郑义译：《马克思为什么是对的》，重庆出版社2018年版，第18页。

② ［英］特里·伊格尔顿著，李杨、任文科、郑义译：《马克思为什么是对的》，重庆出版社2018年版，第7页。

③ ［英］特里·伊格尔顿著，李杨、任文科、郑义译：《马克思为什么是对的》，重庆出版社2018年版，第26页。

质特征,并从中已经预测了资本主义的未来结局,那便是"资本主义必将灭亡"。既然马克思早已洞悉了资本主义不断变化的本质,那么最近几十年的资本主义的形态变化又怎么能武断地否定马克思主义的可信度和重要性呢?此外,需要注意的是,尽管当前反对马克思主义的声音较为猖獗,但我们理应坚守自己的立场,重新深究马克思主义正确思想,夯实基础,避免在资本主义的浪潮中迷失。

2. 重悟马克思主义的精神瑰宝内涵

马克思无疑是全世界无产阶级和劳动人民的伟大导师,他一生追求个人的全面自由发展,并通过广泛阅读大量的历史、哲学、经济等领域的文献,总结归纳出人类社会历史发展的客观规律。马克思理论的重要指导意义是不可泯灭的,但同时由于马克思所处时代的局限性,可能难以用当时的原话给我们现在所遇到的时代发展问题做出明确答复。反马克思主义者一味地围绕着马克思主义时代背景的久远性这一个攻击点进行批判,却没有意识到马克思主义真正的当代现实意义。的确,马克思所处的年代与我们相距甚远,但不得不承认马克思也不是神明,谁也无法预测到一百多年后的社会发展状况,我们也不能强制刻板地认为马克思主义就能够回答世间所有的问题,且这并不是科学的、客观存在的,也并不符合马克思主义的观点。在马克思看来,历史有其发展的客观规律,但是历史进步发展的客观必然性并不是完全自然的,它由人的努力积极推动,表现为历史的客观前提条件是由人自己创造的。

所谓授人以鱼不如授人以渔,细数马克思主义留下来的人类瑰宝,主要有以下四点:第一,马克思真正留下来的是毫不妥协的辩证法精神。如今唯物辩证法一直启迪我们在实践探索中注重"辩证"的观点,肯定"对立"与"统一"的相对性,不断追寻历史发展的真理。第二是毫不怯懦的实践精神。马克思批判了西方形而上学,深入研究并最终解决了思维与存在、实践与理论的关系问题。马克思在《关于费尔巴哈的提纲》

中提到,"过去的一切哲学都是为了解释世界,而问题在于改变世界"①,进而精炼出实践的唯物主义观点。这个世界观强调用实践理解物质世界和精神世界,用实践理解人与环境的关系,用实践理解宗教、人以及社会生活的本质,并用实践改造自然、社会、哲学。马克思主义实践观颠倒了传统的哲学与现实的关系,赋予了哲学新的功能与使命。第三,马克思真正留下来的是毫不动摇的人民立场。马克思一生追求个人全面自由的发展,曾在《青年在选择职业时的考虑》中提出从自由、思考、奉献三个维度把握职业的原则,树立了为人类幸福而劳动的崇高理想。马克思强调人民立场和人民情怀,并时刻关注人的主观能动性。在研究剩余价值理论时,他将人的能力看作生产力,强调剩余价值是人类劳动创造出来的,高度赞扬了劳动者的主体意识和创造意识。对于资本主义内部的矛盾,马克思则正面地、猛烈地进行批判。剩余价值理论的中心思想揭示出,死的过去的资本对活的现在的人及其劳动的剥夺。第四,马克思真正留下来的是毫不放弃的共产主义理想信念。马克思对人类未来充满希望,对共产主义必胜持有信念。对于中国特色社会主义道路上的中国来说,"全心全意为人民服务"一直是中国共产党的宗旨,也是贯穿百年党史的一根红线,更加坚定了中国特色社会主义道路自信、理论自信、制度自信、文化自信。

3. 重读马克思主义系列经典著作

青年人作为新时代思想领域的冲锋者,首先需要牢牢具备科学的价值观、世界观及人生观,阅读经典原著,正确理解马克思主义科学内涵显得尤为重要。当前国内对于青少年的思想教育愈发重视,对于马克思主义思想的宣传进一步强化,但是对于相关原著的阅读和学习则相对缺乏。《马克思为什么是对的》一书中多次引用马克思的原话对各个质疑和污蔑进行击破,从一定程度上强化出原著的重要性。阅读和学习马克思主义相关的所有文献材料之前,需要我们阅读经典原著,形成自己的思维体系,用辩证的观念去学习和吸收。

---

① [德] 卡尔·马克思:《关于费尔巴哈的提纲》,引自《马克思恩格斯选集》(第 1 卷),人民出版社 1995 年版,第 54~61 页。

四、扩展性阅读文献

[1]《马克思恩格斯选集》(第1卷),人民出版社2012年版。

[2] 杜钢清、陈辉、王春辉:《向马克思学什么 纪念马克思诞辰200周年》,国家行政学院出版社2018年版。

[3] 陈先达:《伟大的马克思》,天津人民出版社2018年版。

[4] [德] 施蒂纳著,金海民译:《唯一者及其所有物》,商务印书馆2007年版。

[5] [英] 克拉克著,杨建生译:《经济危机理论:马克思的视角》,北京师范大学出版社2011年版。

[6] 王中保、程恩富:《马克思经济危机理论体系的构成与发展》,载于《经济纵横》2018年第3期。

[7] 刘明远:《马克思经济危机理论的形成与发展》,载于《政治经济学评论》2005年第1期。

[8] 邹诗鹏:《马克思社会思想的三重内涵》,载于《南京大学学报》2020年第1期。

[9] 丰子义:《从唯物史观看中国道路的百年历程》,载于《北京师范大学学报》(社会科学版)2021年第4期。

[10] 姜辉、林建华:《当代中国历史方位和发展阶段的科学判断及其演进逻辑》,载于《中国社会科学》2022年第1期。

五、读 书 心 得

(一) 正确看待马克思主义当代价值

透过当前对马克思的种种质疑可以发现,只有真正理解马克思的当代价值,才能避免将马克思神化的错误行为。在讨论马克思是否终结、是否可以被替代的问题时,福建师范大学经济学院副院长黄瑾教授谈到,"马克思无疑是伟大的哲学家、经济学家,但我们没有理由去严格苛求马克思预测并解决世间所有的社会问题,包括一百多年后的现在。马克思真正想要传授给我们的是众多科学的方法论,教会我们应该如何科学地看待这个世界"。在历史长河中,马克思深入把握历史唯物主义和辩证唯物主义,解剖资本主义的生成方式、运行逻辑以及历史规律,发现了人类社会发展的准则。以知识武装头脑,以实践探索真知,在新时代思想浪潮中为了坚定思想阵地,需要我们正确学习马克思主义观点,领悟马克思主义精神,运用新思想开辟马克思主义新境界。

(二) 甄别借鉴马克思主义基本原理

福建师范大学经济学院张宝英老师在阅读此书时讲道:"马克思学说是一种基于社会现实考察的历史唯物主义。"目前中西方学术界在马克思主义理论研究过程中对于相关概念的外延和本质特性含混不清。《马克思为什么是对的》本意是为马克思的正确性辩护,不过,当伊格尔顿不是从马克思主义的伦理价值而是从"论战策略"来向自己虚构的"谬论"进攻时,他——按照瞿斯权·亨特的说法:就"偏离了马克思"。伊格尔顿在书中为马克思的辩护大体上都是能够自圆其说的。但他在一些问题的论辩策略上的确存在着一些问题,亦即虽然在论证上可以驳倒对方,但使用的论据不够充分有力。尽管该书中存在着一些瑕疵或不够完美的地方,但主要作为一个文学和文化理论家,伊格尔顿对于马克思思想和马克思主义的这种肯定和坚守确是值得我们学习的。

(三) 继承推进马克思主义中国化

"坚持把马克思主义基本原理同中国具体实际相结合、同中华优秀传统文化相结合,用马克思主义观察时代、把握时代、引领时代。"① 随着中国特色社会主义建设的进一步推进,我国各项事业的显著发展和社会的全面进步将能够更为充分地证实马克思的思想是对的。更为坚定地坚持我们的道路自信、理论自信和制度自信将是我们的事业取得最后胜利和成功的法宝,这同时也是苏联的领导人所最缺乏的。张宝英老师在阅读该书后发出深思:"作为一个马克思主义者,今天应该如何?"对于这个问题,每个人都可能有自己的答案。这是社会历史进步的一个标志。不过,我们有一个共同的话题不得不面对:马克思主义旨在改变世界,但马克思的理论旨趣还没有实现,这个世界仍然需要我们去改变。在承担这个使命的过程中,有两个基础性工作需要我们时刻谨记:一是能不能在理论上做到充分的自信。做马克思主义研究要自信,而不是一味退守。这依赖于马克思主义者能否真正在学术上做出让学术共同体尊重的理论创新。二是能不能在实践中创造多样的可能性。只有创造出多样性的可能性,才能推动人们不断地、积极地去改变世界,才会使这个世界更加美好。

【参考文献】

[1] 王仕国、付高生:《习近平新时代中国特色社会主义思想与马克思主义中国化的新发展》,载于《求实》2018 年第 4 期。

[2] 李安君:《马克思主义视域下福山"历史终结论"的批判》,东南大学硕士学位论文,2016 年。

[3] 金民卿:《马克思主义中国化的发生逻辑》,载于《南京大学学报》(哲学·人文科学·社会科学)2015 年第 6 期。

[4] 建新:《改革开放以来马克思主义中国化理论创新的动力与机制研究》,东北师范大学博士学位论文,2013 年。

[5] 刘伟:《在马克思主义与中国实践结合中发展中国特色社会主义政治经济学》,载于《经济研究》2016 年第 5 期。

[6] 王伟光:《马克思主义政治经济学是坚持和发展马克思主义的必

---

① 习近平:《在庆祝中国共产党成立 100 周年大会上的讲话》,载于《求是》2021 年第 14 期。

修课》,载于《经济研究》2016年第3期。

[7] 顾海良:《开拓当代中国马克思主义政治经济学的新境界》,载于《经济研究》2016年第1期。

[8] 肖影慧:《〈共产党宣言〉经典文本思想张力的基本特性——基于〈马克思为什么是对的〉的文本分析》,载于《学理论》2019年第12期。

[9] 胡世祯:《读懂马克思的〈资本论〉》,暨南大学出版社2020年版。

[10] 韦诗业:《党的百年历史昭示"马克思是对的"》,载于《当代广西》2021年第11期。

解读资本主义危机的另一种思路
——读卡尔·波兰尼《大转型：我们时代的政治与经济起源》

黄 瑾　王 敢　吴远泽　郑沿钊　王艺璇[*]

一、写作背景和主要内容

（一）写作背景

1. 生活背景

卡尔·波兰尼是匈牙利著名的哲学家、经济学家、人类学家和经济史学家。波兰尼于1886年出生在奥匈帝国布达佩斯的一个犹太人家庭，一生先后在匈牙利、奥地利、英国、美国、加拿大等多个国家辗转。

第一次世界大战期间，卡尔·波兰尼曾在奥匈帝国的军队服役，后来在大学任教，也曾在维也纳一家财政新闻报社担任编辑。在"一战"爆发前，波兰尼对于此次战争的看法还是非常不成熟的，他并不认为这是侵略。但是经历了生死考验和血与火的磨难之后，他看到了战争最为残酷的一面。对于战争的认识，也成为波兰尼在他日后写就的《大转型》

---

[*] 黄瑾，福建师范大学经济学院教授、博士生导师；王敢，福建师范大学经济学院经济思想史专业博士生；吴远泽，南京师范大学金陵女子学院会计学专业研究生；郑沿钊，福建师范大学经济学院经济学本科生；王艺璇，福建师范大学经济学院理论经济学研究生。

一书中重点关注和讨论的问题，他认为战争的恐慌让世界的一切意义消失殆尽，这也是造成世界最严重苦难的原因之一。

1919年，波兰尼从布达佩斯逃到了维也纳，一方面是为了健康考虑；另一方面想要在政治上退居二线。波兰尼在维也纳的日子也是一种流亡生活，但是波兰尼被维也纳发生的巨大转变所吸引。当时的维也纳正在进行制度改革，工人阶级夺取了政权，维也纳社会民主主义取得突破性的进展，正在发生着深刻的社会政治转型。波兰尼把这段时期描述为他思想形成过程中的重要经历，他看到在高度发达的工业条件下，道德和知识水平得到空前提高，社会制度的保护使维也纳经受住了严重的经济危机所带来的磨难，人民大众的生活从住房到医疗保健各方面都达到了前所未有的水平。

1933年，由于希特勒上台与奥地利本土汹涌的法西斯浪潮，《奥地利经济学家》的出版商对容留一位突出的社会主义者作为杂志编辑感到很有压力，因此要求波兰尼主动辞职。不久，波兰尼离开维也纳，前往伦敦，靠做记者和家教谋生，并在工人教育协会谋得一个讲师的职位。他当时的讲义为《大转型：我们时代的政治与经济起源》一书的完成打下了基础。然而，直到1940年他前往佛蒙特州获得本宁顿学院的教职时才开始撰写这部著作。

波兰尼的一生，经历了金本位制的崩溃、充分就业的瓦解、法西斯独裁的崛起以及两次世界大战的人间惨剧。可以说波兰尼目睹了19~20世纪上半叶西方资本主义社会由繁荣滑向灾难的历史过程，他的大转型是对其所经历和面临的既往与现实所进行的深入的、根本性的思考。①

2. 学术背景

波兰尼的《大转型：我们时代的政治与经济起源》一书问世于1944年。回望1914~1944年这一时期，因西方列强在全世界扩张导致的国内外矛盾激化和政治经济利益纠葛，欧洲乃至世界经历了最为动荡不安的

---

① 黄春春：《社会与市场——重读波兰尼的〈大转型：我们时代的政治经济起源〉》，载于《经济研究导刊》2012年第18期，第241~242页。

30年。经历了萧条的灾难性起伏、通货的巨大波动和共产主义苏联的崛起,在两次世界大战的炮火中已经千疮百孔的欧洲,主张社会主义和计划经济应当取代资本主义和市场经济越来越成为当时众多思想家的坚定信念。社会主义构成了知识分子对未来社会的美好憧憬。同时,资本主义也开始自我救赎。不少学者在反思之余,致力于修正古典自由主义,试图为资本主义找寻新路。有形的战争硝烟四处弥漫,无形的思想角力拉开序幕。

毫无疑问,20世纪40年代的人们是站在了"重大挑战交汇的关节点上"。而这一关节点必然涉及三个亟待讨论的议程:其一,两次世界大战因何而起?其二,如何看待资本主义的困境和社会主义的兴起?其三,新政治经济秩序何以重建?在对这些问题的探索中,涌现了多个有影响力的研究成果。①

1914年第一次世界大战爆发,两年后列宁的《帝国主义论》成书。在该书中,列宁运用马克思主义的观点,解释了战争与资本主义困境的根源,提出了马克思主义的解决办法——社会主义革命。列宁的帝国主义理论自诞生之后,就一直是马克思主义者对上述问题最权威的解释,自然也就对1916年之后的世界产生了重大影响。列宁的帝国主义论认为资本垄断代替自由竞争是帝国主义时代最具标志性的特征;由资本垄断形成的金融寡头,在全面操纵国内社会经济和政治生活的同时,对外实行着财富的掠夺和领土的扩张,致使革命与战争成为帝国主义时代的两大主题。

凯恩斯从理论上论证了均衡的偶然性,并提出了恢复均衡的国家干预主义政策。凯恩斯主义的理论基础就是有效需求不足论,他认为消费和投资需求的不足是经济危机爆发的根本原因,而要消除生产过剩,恢复充分就业,政府就必须采取干预政策刺激总需求。凯恩斯认为,危机的原因正是在于解除或放松监管,正是在于没有发挥国家干预的作用。

---

① 张潇爽:《重述波兰尼的当代意义——马克思的国家理论何以重要》,载于《国外理论动态》2019年第12期,第74~75页。

经济危机是推行自由主义的必然产物。

新自由主义反对国家和政府对经济进行过多干预,强调市场对于经济调节的基础性作用,它包括一系列学派和理论。这些学派认为,挤出效应、政策时滞等因素的存在使国家干预经济无力,国家和政府对宏观经济进行过多干预反而会成为经济混乱的根源。新自由主义提倡自由竞争的市场经济,认为经济在"看不见的手"的支配下能够达到供求均衡从而实现资源的最优配置。

而波兰尼的《大转型:我们时代的政治与经济起源》也是这一时期的思想成果,它与上述当今世界的主流思想既有相同之处,又有不同之处,带有独特的智慧色彩。

(二) 主要内容

这本书的逻辑大致如下。首先就是波兰尼提出一个问题:19世纪的文明为什么会瓦解?波兰尼认为,1815~1914年间在欧洲基本上没有战争出现,可以称得上百年和平,但是接下来就连续出现两次世界大战,为什么呢?通过对社会史的考察,波兰尼发现,发生于19世纪末20世纪初的这场时代大转型及所带来的社会苦难的根源在于"自我调节的市场"。"引发灾变的根源在于自由主义经济建立自我调节市场体系的乌托邦式的努力。"① 这一努力导致原本"嵌入"社会之中的经济产生了"脱嵌"于社会的倾向,"社会市场"逐渐演变成了一个"市场社会"。对这两个词的最通俗的理解就是看哪个词语在前边,哪个要素就起主导作用。比如社会市场,就是社会规则制约市场的运行。社会市场的最早出现,就是古代人找个人多的地方进行物物交换,这个地方就叫市场,也叫集市。为了加强对市场的管理,政府制定了若干个规章制度,让人们的交易行为有了规范,使交易更加合理,使交易双方都能受益,简单来说,

---

① [英] 卡尔·波兰尼著,冯钢、刘阳译:《大转型:我们时代的政治经济起源》,当代世界出版社2020年版,第28页。

市场在社会的规范下运行,市场的原则不超出它的边界。而市场社会则把经济的竞争原则应用到社会的所有环节,让社会遵照市场的规则运行,这时候,市场已经不再受社会规制的约束,反过来成为约束社会的力量。

经过这一演变,自发调节的市场经济开启了这场转型的苦难。然而,在自发调节的市场经济体系不断扩张,对社会造成冲击的同时,同步的反向保护运动也正在进行中。这就是波兰尼所说的"双向运动"。"双向运动"犹如拉扯橡皮筋,市场运动的力量越大,所引起的社会反向运动也就越强烈。

波兰尼反对的是一个不受限制的、完全放任的市场,他认同市场经济作为一种资源配置的方式,可以激发经济的活力与效率,但前提是国家要对市场进行有效的规制和监管。为了使市场能够发挥平等、自由地交换商品的作用,需要政府提供完备的法律和制度环境。针对以哈耶克为代表的新自由主义者对"国家干预"、对"计划"会"通往奴役之路"的质疑,波兰尼最后在书中回应到,"只要他是真诚地试图为所有人创造更多的自由,他就无须惧怕权利或计划会转而与他作对,并毁坏他以它们为工具正在建立的自由"①。

二、重点选文与解读

(一) 19 世纪文明的瓦解源于自由市场经济的解体

波兰尼在该书开篇便讨论 19 世纪这个自由世纪终结的原因。传统的解释包括:殖民扩张中的利益冲突、世界经济的周期性大萧条、金本位制的崩溃、布尔什维克主义的出现、欧洲各国外交手段的失误等。波兰

---

① [英] 卡尔·波兰尼著,冯钢、刘阳译:《大转型:我们时代的政治经济起源》,当代世界出版社 2020 年版,第 265 页。

尼认为，尽管这些因素的确都产生了重要的影响，但仍未触及转变发生的核心部分。为此，波兰尼提出了自己的看法：整个问题的根源实际上在于自我调节的市场。资本主义无限扩张的基因推动着社会形态的快速变化，尽管世界贸易的开展和自由市场的扩张在一定程度上促进了19世纪短暂的和平，但这种和平本质上十分脆弱。随着均势体系的变化，各国为了独善其身纷纷选择转向贸易保护主义，最终导致整个资本主义体系的土崩瓦解。

波兰尼认为资本主义时代的市场—社会关系与之前的传统社会有着关键性的差别。在现代资本主义社会以前的所有社会体系中，经济生活都通过社会伦理道德机制约束和嵌入社会关系中。前资本主义时代的市场虽然早就存在，但是一直处在依附于社会伦理关系的从属地位，直到资本主义时代来临，旧有的社会组织被摧毁，新生的市场机制逐渐脱离了社会的约束。

为了更好地解释这种差别，他提出了"嵌入"（embeddedness）这个概念。嵌入是波兰尼理论中最重要也是最富创造性的概念之一，是其对当代社会经济思想的重要贡献之一。通过对"嵌入"的分析，波兰尼对正统经济理论将经济与社会割裂，并鼓吹追求利益最大化的市场理性是人类天性的观点提出了批判，促进了人们从社会、经济、历史、政治以及文化观念等多角度对经济制度化进程的研究。波兰尼强调非经济因素，尤其是社会关系在经济制度演化中的特殊重要作用。

关于自我调节市场的发展，波兰尼还讲到经济的"脱嵌"。

19世纪以来，伴随着工业化进程，在机器大工业的推动下，欧洲出现了人类有史以来的第一次大转型，即出现了区别于以往任何历史时代的以自我调节市场为主导的、非嵌入性的新型经济体制。19世纪后市场运行的逻辑与之前的社会运行模式有着本质区别，自我调节市场体系是以价格机制为主导，市场自动调节供应与需求。自我调节市场体系将盈利作为一种普世的衡量标准，置于一切社会关系、行为和意识形态之上。自我调节市场的经济让社会（社会而不是范围更小的社会关系）从属于市场运行的逻辑。总之，与以往的经济从属于社会相反，社会被嵌入在市场经济体系之内。

那么，经济思想家们是如何看待自由市场经济的呢？一方面，自由主义经济学者如亚当·斯密和大卫·李嘉图等人鼓吹自由市场和贸易的力量，认为市场体系有着内在的优越性和进步性，即便他们承认市场机制有时需要政府的协助以克服偶发的失调，但他们仍将经济体视为一个自我调节的整体的连锁性市场，仍将社会看作市场的附属品，将社会关系嵌入在经济体制中。另一方面，大卫·休谟、亚当·弗格森等思想家则认为从长远来看把这种商品货物和人力劳动进行自由买卖的原则将使得资本主义社会在道德上和精神上十分贫乏，最终难免落入经济衰退的深渊。波兰尼也认可资本主义市场的道德缺陷，他从生活及历史的角度出发，证明了自由市场经济观念是不符合社会现实的，会对整个社会体系造成致命的后果。

波兰尼认为，经济"脱嵌"于社会的尝试是不可能成功的，在自我调节市场经济体制之下，经济因素对整个社会存续与否有着至关重要的作用。而一旦市场机制脱离了社会制度和文化传统的约束，那么将导致社会关系在人类发展中的主导地位丧失，社会与经济、文化、政治之间的关系将错乱，整个社会将被其毁灭。

（二）自我调节的市场是一个"彻头彻尾的乌托邦"

首先，自发调节的市场不是自发产生的。波兰尼认为"干预主义"是市场体系建立的重要原因，自我调节市场不是在市场的独自努力下就可以实现的，政府在市场经济的转型中起着至关重要的作用。若仅凭事物自然发展，自由市场永远不会形成。在市场体系建立之前，经济自由主义需要国家干预，清除全国性劳动力市场建立的障碍；而自由市场一旦建立，也需要动用国家的力量使之得以维持。为了建立和维持其自我调控的市场体系，自由放任并非经济自由主义的一贯原则，而是随时可能需要国家的介入，即使是诉诸内战的暴力也在所不惜。

其次，自我调节的市场违背了社会关系和传统道德，给人类社会带来灾难性的后果,因此,必然会遭遇社会自我保护运动,从而使自我调节市场成为一个空想的体制。自我调节市场撼动了人类生存的自然和社会环境,严重威胁了社会的进步,于是社会必然对自我调节市场发起直接的、对抗性的自我保护运动。

波兰尼对现代社会危机及社会自我保护的分析,有很大一部分是从欧文那里获得的灵感。波兰尼曾经高度赞扬欧文,没有哪一个思想家比他更为先进地深入到工业社会的领域中来,波兰尼认为欧文发现了社会的真实存在,认为欧文是唯一认识到人类的可能性不是被市场的法则所限制,而是被社会本身的法则所限制的人,正是他独自觉察到了在市场经济的面纱背后那个正在浮现的实在(reality)——社会。欧文理论的观点的基础是将人作为一个整体,随着现代工业时代的来临,人性产生了一系列的变化,除非这一趋势受到立法等反向力量的反抗,否则人类将受到物欲的奴役。欧文这一保护性反映的思想成为波兰尼后来社会反向运动理论的基础。20世纪30年代,波兰尼前往伦敦生活,在与这个资本主义经典故乡的相遇中,他更便利地观察到英国严重受到了城市和市场的驱使,工业、金融和经济利益对于英国的政治生活产生了决定性的作用。对英国市场社会及其经济历史的观察和研究,使他产生了对自由市场体系的厌恶和批判。

波兰尼认为,自我调节市场体系将三种原本并非商品的实体——劳动力、土地和货币——变得像普通商品那样用于市场营销,使其可以标价并进行买卖。波兰尼称劳动力、土地和货币为虚拟商品,因为这三个要素在市场上的供给量在根本上是不可能由市场价格来调节的,"劳动仅仅是与生俱来的人类活动的另外一个名称而已……实际的货币,仅仅是购买力的象征……三者之中没有一个是为了出售而生产出来的。劳动、土地和货币的商品形象完全是虚构的"[①]。

波兰尼指出,虚拟商品的人道性质和存在方式决定了任何试图达到

[①] [英]卡尔·波兰尼著,冯钢、刘阳译:《大转型:我们时代的政治经济起源》,当代世界出版社2020年版,第73页。

绝对市场社会的努力都必然受到社会反向运动的阻挠,正如布洛克精彩的比喻:让市场脱嵌就好比拉伸一条巨大的橡皮筋,让市场得到更大程度自治的努力,同时也增加了张力的程度。随着进一步的拉伸,或者橡皮筋绷断——意味着社会解体——或者恢复到更嵌入的状态。

波兰尼指出,社会通过两个方面的活动来进行自我保护:一是社会立法运动,以社会保障制度的确立为核心,兴起于19世纪直到"二战"之后,以《斯品汉姆兰法案》为代表,该法案试着给劳工设定一个最低收入的标准,这个最低收入正好可以满足一个家庭的食品需求。当工资低于最低收入标准时,专用的公共基金将补足差额部分。虽然劳工的实际收入一直可以满足温饱,但是我们发现他们的工资是在下降的,原因就在于这个补助没有明确的节制。工人干多干少都差不多,所以工人的懒惰倾向就这样被培养起来了,雇主可以不受限制地降低工人的工资,然后工人也不着急,反正有公共的资金补助,两者相加正好可以解决温饱问题。《斯品汉姆兰法案》最直观的影响就是直接减少了因为没有工作而不得不前往城镇出卖劳动力的农民数量——既然无论工作与否都能获得生活保障,自然无须在失业时背井离乡去找工作,可见该法案是十分符合地主利益的。这一法案自1795年建立到1834年被废除,在40年间有效地阻止了劳动力市场化的发展,直到最终被力量不断增长的资产阶级所废除。《斯品汉姆兰法案》充分体现了社会与市场的双向运动关系,它是地主主导的旧社会对市场的反向运动,但最终又被市场的运动所推翻。

二是不断兴起的民主主义运动和社会主义运动。例如欧洲三大工人运动,即法国里昂丝织工人两次起义、英国宪章运动、德国西里西亚纺织工人起义。由于受资本逐利动机所驱动,资本家不断地剥削工人,资产阶级不断剥削无产阶级,社会被置于市场的控制之下,因此,无产阶级爆发了各种反抗资产阶级、维护自身利益的运动。

综上所述,波兰尼认为社会自我保护运动的宗旨在于重新将市场置于社会的嵌入体系之下,或将市场的作用控制在社会能够制约的范围内,以避免市场恶性膨胀,防止人类社会最终走向毁灭。因此,这种经济

"脱嵌"于社会的尝试是不可能成功的，一个完全自我调节的市场体系只能是空想，不可能存在。

(三) 自我调节的市场触发了社会保护的反向运动，由此形成了自由市场与社会保护之间的双向运动（double movement）或双重运动

在分析了市场本应"嵌入"社会中的结构，以及社会为对抗市场"脱嵌"发起的自我保护运动之后，波兰尼指出，市场的自我调节倾向导致了市场的"脱嵌"与社会的自我保护运动形成两种相反的力量，波兰尼称之为"双重运动"。在这一理论的基础上，波兰尼形成了分析资本主义制度特征及其文明演化进程的核心框架。

波兰尼认为，双向运动是"它可以体现为据社会中两种组织原则的行动，它们各自设定有自己独特的制度化目标，各有明确的社会力量的支持，各有特殊的运作方法。一种是经济自由主义原则，目标是自我调节市场的确立，它依仗商业阶级的支持，主要以不干涉主义和自由贸易作为手段。另一种是社会保护原则，目标是对人和自然以及生产组织的保护。它依仗直接受到市场有害行动影响的群体——主要但不仅仅是工人阶级和地主阶级——的各种各样的支持，并以保护性立法、限制性社团和其他干涉手段作为自己的运作手段"①。换句话说，社会存在双重运动，经济越是努力脱嵌于社会，越会受到来自社会的反方向的抵制。市场天然由两种互相对立的运动组成，即努力扩张市场的自由放任的运动和抵制经济脱嵌的运动。我们可以举一个很简单的例子：当自我调节的市场出现危机时，就连资本家也想干预市场运行，以此保护经济正常发展，降低自身利益的损失。

波兰尼指出，市场与社会的"双重运动"使人类的发展陷入一个

---

① [英] 卡尔·波兰尼著，冯钢、刘阳译：《大转型：我们时代的政治经济起源》，当代世界出版社 2020 年版，第 139~140 页。

"市场体系的死结",一方面,自我调节市场的扩张会导致人性被吞噬、道德的沦陷和社会关系的破坏;另一方面,社会对自我调节市场的干预和规制则阻碍了市场化进程、损害了市场体系、打乱了工业秩序,以另一种方式危害社会。例如我们前面所说的《斯品汉姆兰法案》虽然保护了劳动力不受市场扩张的侵害,但是同时也限制了劳动力的自由流动从而阻碍了劳动力的市场化进程。

波兰尼认为,"双重运动"两方面力量的张力使得以市场经济为基础的资本主义社会陷入混乱,并导致了一系列只属于近代资本主义社会的现象,比如社会主义、干预主义、法西斯主义等。

双向运动昭示了市场文明的先天性矛盾,自我调节的市场从来都只是"乌托邦",其自身本就是难以持续的,注定造成严重的破坏,在市场化进程中,我们必须要有持久的警觉和提防,这就是波兰尼的思想带给我们的反思。

(四) 自我调节市场的终结、社会保护和规制的强化并不意味着自由的终结,反而是自由的重生

虽然波兰尼对市场社会持批判态度,但是他对市场社会的批判并不是由于它的经济基础,而是因为它是以逐利为根本动机的。因此,波兰尼反对自由主义者的自我调节市场体系能够调节社会关系并促进社会不断进步的观点,他对未来理想社会的期待是从外部对市场进行干预和制约,即对市场进行符合社会利益的干预,将市场的作用重新限制在社会可控的范围内。

波兰尼在分析了资本主义存在的问题及问题产生的原因后,提出了他自己对于解决资本主义问题的方法,即在对市场进行干预的基础上呼吁道德层面的人的自由觉醒。

西方自由主义经济学家例如哈耶克认为,法西斯主义集权主义在20世纪的风行应当归咎于集体主义和计划。他坚定地反对计划经济,认为在计划经济之下,生产和生活资料都掌握在政府手中,由政府统一进行

分配，个人的生存所需不受自我掌控，自由永远无法获得保证。失去个人的经济自由后，对自由的侵害也将不可避免地蔓延和扩展到更广泛的领域，集中管理由此将逐渐侵害到个人的自由并最终导致极权主义和独裁的后果。哈耶克的自由观包含了这么一个逻辑，即先保障了人类个体的自由，才有人类整体的自由。

但波兰尼重新界定了自由的概念，他认为自由不是免于义务和责任，相反地，是在妥善履行了义务和责任而实现的社群主义—社会主义意义上的自由。波兰尼认为，自由主义最关键的错误是将自由界定为消极的个人权利，试图用简单的市场逻辑把自由退化为崇尚纯粹的私有化或市场化，用市场化的眼光看待复杂的社会。这种自由在实际生活中，只对社会中上层阶级开放，而弱势群体只会遭受更深重的责难和打击。波兰尼认为在追求自由的道路上不必过于担忧权力和计划的使用，只有抛弃了自由主义那种狭隘的个人主义视角，才有机会得到所有人共同分享的更大的自由。波兰尼认为，对市场经济的干预可以使这个时代拥有前所未有的自由，法律的和实际的自由能以比过去任何时候都更广泛、更普遍的方式存在。

尽管波兰尼提出了对未来社会的解决之道，却仍然逃不出空想的范畴，并没有指出具体的实践路径，这是由波兰尼的阶级局限性所决定的。

三、当代价值

（一）诺斯对波兰尼的批判

在介绍这本书的当代价值之前，先简要讨论诺斯对波兰尼的批判。波兰尼在《大转型：我们时代的政治与经济起源》中提出了"社会—市场双向运动理论"，并指出需要"国家干预"来摆脱这一循环。因此，在该书中，社会、市场和国家是三个十分重要的概念。这里主要针对两个方面进行分析，一是诺斯批判波兰尼关于市场的观点，二是诺斯批判波兰尼缺乏一种国家理论。

1. 关于市场的观点

诺斯认为波兰尼将市场只理解为集贸市场式的定价型市场，这种市场必须以能够明确进行定义和行使的产权为条件，各方进行买卖交易的产品价值必须是可测量的，以等价方式进行交换，并有一种机构监督这种交易的实施，比如常见的商业贸易形式都是定价型市场的表现。贴近我们生活的，比如菜市场、农贸市场，更高层次一些比如黄金交易市场，包括国与国之间的这种贸易往来，都是定价型市场的表现形式。双方对自己的产品有独立的产权，并且能根据市场确定其价值，再用货币进行交换买卖。

但诺斯把市场定义为一种自愿的契约性交换，这种定义方式对市场的定义范围更广。比如在古代，我国与外邦的交往方式与今天不同，往往以更多的财富和商品价值与外邦进行交换。我国当时看重的并不是一种经济利益，而更多的是一种政治观念的散播和国力的宣扬。这种交换并不等价，无法纳入定价型市场的范畴，而在诺斯的关于市场的观点中，就可以将其纳入市场范围。因为双方是出于自愿原则进行交易的。从原始社会到金银作为一般等价物被确定下来的这个时期中，部落之间进行交换只能依靠经验和惯例。这种惯例就形成了部落之间自愿的契约型交换。

诺斯定义的市场范围大于"定价型市场"[①] 定义的范围，而且诺斯认为产权理论、国家理论和意识形态理论决定了整个市场系统具体的形态及结构，市场体系最终发挥的作用是由这三者决定的。如果按照诺斯的思路，市场经济及其扩张运动的恶果，很大程度上是因为产权、国家和意识形态本身或它们的相互作用机制出了问题，而不是波兰尼所说的市场无限制扩张才带来的巨大破坏性。这些"为市场"的权利安排建构出

---

① 王水雄：《"为市场"的权利安排 VS. "去市场化"的社会保护——也谈诺思和波兰尼之"争"》，载于《社会学研究》2015 年第 2 期。

现了问题，市场经济才产生了恶果。

2. 关于国家理论

在波兰尼的分析框架中，国家是发挥着重要的作用的，而且国家有着两种截然相反的身份和角色。第一种是在市场体系建立之前，国家发挥作用，清除建立全国性劳动力市场的障碍，建立之后继续用国家的力量维持市场体系。这时的国家是反社会的国家。第二种是在力图抵制经济脱嵌的保护性反向运动中，国家发挥着重要的作用。比如一些社会保护性的立法、限制市场垄断的法规，都体现着国家对于社会的保护。这时的国家是社会的国家。但是诺斯指出波兰尼并没有解释为什么国家可以变换这样两种看起来是对立的角色。

诺斯进一步指出波兰尼没有建立一套国家理论，没有一个明确的国家内涵的界定。国家在波兰尼的分析框架中作为最重要的解决问题的主体，他却没有讲清楚国家到底是什么，而且为什么是国家而不是其他的什么组织能承担起这样的角色也没有说明。这一切使得后续一切的分析思路和解决方案都显得没有说服力。

虽然诺斯对于波兰尼有上述批判，但诺斯也指出"波兰尼的基本直觉是正确的"[①]，这种基本直觉包括对社会主义式的干预主义的赞同，坚持将一国经济和政治间的关系放置于国际关系的背景中看待等。

（二）波兰尼思想的当代价值

1. 提供了一种理论分析框架——"双向运动"框架

双向运动是指市场的自由无限制扩张与社会保护之间的运动。陈伟光教授的《逆全球化现象的政治经济学分析——基于"双向运动"理论的视角》就以双向运动为分析框架，对当今的逆全球化现象进行了政治经济学分析。这个框架既分析了不断演进的经济全球化进程，也研究了

---

① 王水雄：《"为市场"的权利安排 VS."去市场化"的社会保护——也谈诺思和波兰尼之"争"》，载于《社会学研究》2015 年第 2 期。

在其发展壮大的同时伴随着出现的逆全球化思潮和种族主义。

这种分析框架还被用来解释市场化改革与社会保护政策之间的关系。王绍光教授的《大转型：1980年代以来中国的双向运动》就以波兰尼双向运动为分析框架，向我们介绍了我国主要在20世纪80年代之后发生的变化。自1978年改革开放以来，我国经济增长速度越来越快，市场化改革不断推进，各行业、各领域开放度也越来越高，整个社会享受到了市场化带来的经济增长红利。"虽然中国经济在过去四分之一个世纪高速增长，但一味追求GDP高增长率也带来一系列严重的问题。""大规模下岗失业、就学难、就医难，各类事故频发，让千千万万的人痛感经济与社会安全的缺乏。"① 严重的社会问题的出现引起了社会的不安和政府对于社会保护的重视。力图抵制经济"脱嵌"的保护性反向运动就发起了，它体现在对社会保护政策前所未有的重视程度上。20世纪90年代末之后，中国政府开始注重兼顾公平，相关社会政策开始大量出现。完全不同于90年代中期以前部分浮于表面的社会政策，新的社会政策是具体的、实实在在的行动，给中国社会带来了翻天覆地的变化，主要目的一是缩小不平等，二是降低不安全水平。"在1990年代短暂地经历了'市场社会'的梦魇之后，中国已出现了蓬勃的反向运动，并正在催生一个'社会市场'。"② 在社会市场中，政府可以通过再分配的方式，将市场重新"嵌入"社会伦理关系之中。

2. 对资本主义多样性的研究产生了影响

我们在分析中通常把资本主义国家的资本主义制度看成一样的，但实际上各个国家的资本主义都存在差异，并不是完全相同的，并且不同的资本主义制度对于增长、效率和创新等方面的影响也不同。因此持资本主义多样性观点的学者就认为既然市场必须被嵌入，那么就不会只存在单一的嵌入模式，资本主义会因为市场嵌入对象的制度结构的不同而呈现出多样化的特征。比如，美国、法国、德国、日本及其他资本主义

---

①② 王绍光：《大转型：1980年代以来中国的双向运动》，载于《中国社会科学》2008年第1期。

国家在市场嵌入模式上就存在巨大的不同。

3. 提供了批判自由主义的新视角

我们以前学习的对于自由主义的批判，更多的是一种传统视角。比如针对理性经济人假设进行的批判，他们认为自由主义的假设忽视了现实的人的真实行为。现实中人的决策是有限理性的，他们的理性会受到约束。一方面当事人的计算能力有限，人并不像所假定的经济人那样全知全能；另一方面当事人进行理性计算是有成本的，不可能无休止地计算。在理性约束下，当事人无法找到最优解。因此完全理性的经济人假设是不存在的，现实中的人只存在有限理性。

还有针对市场的完全自发调节的批判，例如凯恩斯学派。他们认为受外部性、垄断、信息不对称等因素的影响，现实中的市场并不能像上帝"看不见的手"一样，使社会福利自动达到最优，存在着市场失灵，因此国家对经济的干预是必要的，不存在完全的自由。

也有针对自由主义采用的静态均衡分析方式进行的批判。传统的分析思路是将各种类别的经济主体同质化处理，然后通过简单加总计算出某一时刻相应的效用最大化。而批判者认为对经济主体的定义应该更真实化，要强调个体的差异性和多样性。应该将经济系统视为一个复杂的动态过程，没有所谓的静态均衡，要从动态视角进行分析，将静态均衡转变为更加符合实际的动态过程。

波兰尼对自由主义的批判与传统视角完全不同，他主要是从以下三点出发。首先他认为自由主义宣称的自我调节市场经济是一个彻头彻尾的"乌托邦"。一方面是因为以市场为主体进行自我调节的经济模式有其历史特殊性，只有在特定的情况下才会产生。另一方面社会的自发保护运动会起一个反向的作用，这种干预也使得彻底的自由调节不可能完全实现。这与传统批判不同的地方在于，传统批判以自由市场存在为前提，批判其一些假设理论不符合于现实情况，需要对原有假设进行重新评测。但波兰尼强调的是这种自由调节市场本身存在的可能性。在波兰尼的观点中，这种市场只在特定情况下才会产生，而且即使产生，也一定不是完整彻底的。其次，波兰尼还重点抓住了自发调节市场会对社会造成的巨大破坏和摧毁,包括文化、政治、道德、自然等各方面。波兰尼认为自由市场的发展必然导致人类及社会的毁灭,只要这种被自由市场所主宰的秩序继续存在,那么人类及其社会就会继续沿着这条毁灭自己的轨迹继续前行。传统批判只强调了市场失灵,其危害仅仅是社会福利无法达到最大化。但在波兰尼的批判中,他更深刻地认识到,市场的危害性不可能仅仅限制在经济上,一定会波及社会、文化等人们生活的方方面面。最后,波兰尼还认为无论是从社会整体利益出发,还是从经济本身所具有的社会意义和自然属性来说,经济都只能是人类生活的一部分,它只有被嵌入于社会的整体,才能获得自己的意义和价值,决不能与社会脱嵌,因此不可能完全自由。

(三) 波兰尼思想的缺陷性

1. 波兰尼对欧文空想社会主义过于推崇

波兰尼在该书中是极为推崇欧文空想社会主义的。在书中的很多地方都可以看到波兰尼对于欧文空想社会主义的引用。波兰尼认为欧文是唯一认识到市场经济背后社会存在的人,更将其赞许为那个时代最睿智的人。在对工业文明的理解上,波兰尼认为"只有他对工业拥有鲜活紧密的实践接触,也只有他同时具有内在洞察力。在向工业社会王国的挺进过程中,没有一个思想家比罗伯特·欧文走得更远"[1],这些话能看出波兰尼对欧文及其思想的大力推崇。

欧文是 19 世纪初期空想社会主义的代表人物。他的思想带有空想社会主义者的普遍缺陷性。空想社会主义者更倾向于从道德上揭露资本主义社会的弊端和设计未来社会的蓝图,而不了解社会发展的客观规律和资本主义的本质。除了空想社会主义的普遍缺陷性外,欧文空想社会主义还极其强调环境的作用,认为应通过建立良好环境,形成良好氛围来

---

[1] [英] 卡尔·波兰尼著,冯钢、刘阳译:《大转型:我们时代的政治经济起源》,当代世界出版社 2020 年版,第 133 页。

对人的道德进行影响，从而建设和谐的新社会。

欧文空想社会主义的缺陷性于其实践中缺乏可操作性。马克思也指出，有一种唯物主义学说，认为人是环境和教育的产物，因而认为改变了的人是另一种环境和改变了的教育的产物——这种学说忘记了：环境正是由人来改变的，而教育者本人一定是受教育的。因此，这种学说必然会把社会分成两部分，其中一部分高出于社会之上（例如在罗伯特·欧文那里就是如此）。① 欧文没有认识到环境的改变和人的活动的一致性，只有革命的实践才能改变社会环境。在当时的环境下，只有革命才能进行彻底的社会变革。仅仅依靠欧文主义所诉诸的道德力量是无法改变社会现状的，更不会出现波兰尼在书中所提及的"只要找到正确的方法，人类的生存方式就可以重建，这样一种信念使运动之根能层层穿透，达到使个性本身得以形成的人格层面上"②。仅靠一种信念，很显然不能带来改变社会的运动，这样的社会变革是无法实现的。

2. 波兰尼对旧社会过于推崇，没有正确把握历史发展规律

波兰尼在书中介绍了西美拉尼西亚的库拉圈（the Kula ring）贸易。库拉圈贸易是一个大致构成环形的特罗布里恩诸岛上土著人进行的库拉贸易活动。他们会定期进行大型的远航，按顺时针方向把某种贵重物品运输给居住在其他岛屿的居民，还有一些远航队则是按逆时针方向把另一些贵重物品运到其他岛屿上。这些贵重物品会环游全岛，而且这样传送一圈有时可能要花数十年时间才能完成。③ 波兰尼认为"西美拉尼西亚的库拉圈，虽然以互惠原则为基础，确实是人类已知的最为精致复杂的贸易交易形式之一"④。反而认为用最先进的市场组织，以精确的会计核算为基础的市场贸易实现不了库拉圈贸易所达成的成就。

波兰尼在字里行间还表露了这样的态度：原始文明似乎要优于工业

---

① 《马克思恩格斯选集》（第1卷），人民出版社2012年版，第38页。
② ［英］卡尔·波兰尼著，冯钢、刘阳译：《大转型：我们时代的政治经济起源》，当代世界出版社2020年版，第175页。
③ ［英］卡尔·波兰尼著，冯钢、刘阳译：《大转型：我们时代的政治经济起源》，当代世界出版社2020年版，第50～51页。
④ ［英］卡尔·波兰尼著，冯钢、刘阳译：《大转型：我们时代的政治经济起源》，当代世界出版社2020年版，第50页。

文明，乡村生活似乎要优于城市生活，农业活动和松散的作坊似乎要优于现代工厂，非市场关系似乎要优于市场关系，甚至部落似乎要优于现代组织。简单来说就是，传统的原始文明似乎要优于19世纪的自由市场经济和工业革命所塑造的现代文明。但历史的发展是具有客观规律性和不可逆转性的，工业文明取代原始文明是符合历史发展规律的。虽然在其发展过程中出现了社会的秩序混乱与文明的破坏，也正如波兰尼所说，所获得的进步必然是以社会紊乱为代价的。但不可否认，资本主义工业文明也推动了人类生产力的发展，带来财富的增长和文明的进步。历史规律是不可逆的，而且本质上是向前发展进步的。

3. 波兰尼的改良主义倾向

波兰尼批判了资本主义社会和自由市场的种种弊端及缺陷，强调了国家在保护社会中的重要作用，但他也同大部分资本主义学者一样存在着改良主义的缺陷。

对于市场对社会带来的破坏，波兰尼认为国家需要发挥作用来保护社会，但若想从根本上改变资本主义市场经济对于社会的冲击只有进行彻底的革命。波兰尼回避了最具有矛盾冲突的地方，回避了社会根本矛盾。因此，无论是从他的立场态度，还是从他给出的政策建议来看，都只是表层的、不彻底的，是无法改变社会现状的。

四、扩展性阅读文献

[1] [英]哈耶克著，王明毅、冯兴元等译：《通往奴役之路》，中国社会科学出版社2015年版。

[2] [美]诺思·道格拉斯著，陈郁、罗华平等译：《经济史中的结构与变迁》，上海人民出版社1994年版。

[3] [英]欧文著，橡象峰译：《欧文选集》（上卷），商务印书馆1965年版。

[4]《马克思恩格斯选集》（第1卷），人民出版社2012年版。

［5］马骏：《经济、社会变迁与国家重建：改革以来的中国》，载于《公共行政评论》2010 年第 1 期。

［6］陈刚：《波兰尼对自由主义市场乌托邦的批判》，载于《江海学刊》2009 年第 3 期。

［7］王水雄：《"为市场"的权利安排 VS."去市场化"的社会保护——也谈诺思和波兰尼之"争"》，载于《社会学研究》2015 年第 2 期。

［8］葛浪：《有关欧文空想社会主义的思考与评价》，载于《湖南省社会主义学院学报》2015 年第 1 期。

［9］刘拥华：《市场社会还是市场性社会？——基于对波兰尼与诺斯争辩的分析》，载于《社会学研究》2011 年第 4 期。

［10］王绍光：《大转型：1980 年代以来中国的双向运动》，载于《中国社会科学》2008 年第 1 期。

［11］包刚升：《反思波兰尼〈大转型〉的九个命题》，载于《浙江社会科学》2014 年第 6 期。

五、读书心得

读书心得一

初读波兰尼的《大转型：我们时代的政治与经济起源》，便深感晦涩难懂，这与波兰尼思想体系的复杂不无关系，不过更多地受自身水平所限，面对这样一部集经济学、社会学于一体的著作，身为入门者的我仿佛遇见了一座高山，无法逾越。在同学们、学长和老师的帮助下，一步一步地向这座高山攀登，一点一点地理清波兰尼复杂深邃的思想。作为学过政治经济学的本科生，作为中国特色社会主义下的人民，我们从小对于社会主义一词有着直接的体会。波兰尼自诩是社会主义者，他的逻辑出发点是对自我调节市场的批判，他通过对工业革命历史的梳理，加以社会学的分析，得出自我调节市场"脱嵌"于社会，注定是一个"乌托邦"，一味追求这个不存在的自我调节市场只会给人类带来无尽的灾难的结论。因此，人们应该对自我调节市场加以限制，当然他并不否定市场的作用，这一点，确实做到了西方经济学者难得的反思。不过，这个"欧文"式的社会主义者，对于建立他理想中的社会主义更多充满了"空想"性质，不能拿出切实可行的方案。因此，读完本书，我最大的感受是视野更加开阔，思想更加开放，思维更加理性，对于资本主义及其历史发展有了更深入的了解，特别是市场社会如何发展的历史，这对于人类社会发展而言是无比重要的，直到今天我们仍在探讨有关于市场的话题。最后，我想说，名著并没有那么可怕，读名著也是做学问的一项必不可少的工作，在读名著过程中会遇到许多难题，此时就要通过"问"达到"学"，通过这样循环往复、螺旋式的上升，去不断攀登学术的高峰。（郑沿钊）

读书心得二

波兰尼的作品是带有深厚的历史底蕴和人文关怀的。在阅读了《大转型：我们时代的政治与经济起源》一书后，我开阔了新的视野、获得了新的观点，通过查阅大量资料，增强了自己搜集信息的能力，了解了不同学者的不同观点，极大地增加了自己的知识储备。波兰尼是一位极度关注社会的学者，他的分析视角都是从社会的视角出发，对市场和资本主义进行了批判。在书中，他清晰地认知了经济在进步的同时也对社会有一种极大的摧毁性与破坏性。波兰尼的双向运动分析框架可以很好地分析当下全球化与逆全球化的进程，因此，其思想不可谓不具有智慧与远见。因此，站在波兰尼的肩膀上学习，我收获颇多，尤其对社会有了全新的理解。比如战争的爆发，其危害性不仅是经济上的损失、生命的消亡，更在于对一个种族传统文化的破坏与摧毁。这种社会上的危害比经济上的冲击危害更长久，更无法治愈。因此，这让我对我国目前的经济发展有了更深刻认识，对国家的经济政策有了更深刻的理解。我国目前追求高质量发展，这一战略决策的智慧性和卓越性是不言而喻的。只有在社会可持续发展的基础上，经济发展才能延续。经济和社会必须是相互融合、和谐共进发展的。（王艺璇）

读书心得三

《大转型：我们时代的政治与经济起源》不光给我们提供了看待社会转型的方法，更深层次地为我们提供了以社会的视角看待思想和理论本身的思维方式。波兰尼以冷峻的眼光揭示了市场的神话本身不过只是社会构建的产物。我们生活在一个错综复杂的时代。全球化及其引发的社会反冲渗透着每一寸空间，社会被包络于双向运动所织就的细密的网格之中，一时间也竟难以分清向度。无论是国际制度、财富分配还是社会道德，都面临着前所未有的挑战。在21世纪的今天，可能会有很多人质疑，阅读一部旨在反省19世纪西方文明的"大转型"的著作是否必要。然而，《大转型：我们时代的政治与经济起源》却用自身诠释了贴合时代的意义。卡尔·波兰尼为了解释和平向战争的演变，他具有反思性地考察了推动近代西方文明发展的因素，力求用一种令人乐观的过去揭示出其内在矛盾与限度。他那对"自我调节市场"意识形态的批判，以及由此延伸出来"还市场于社会"的号召，对于我们思考今天的经济生活仍具有重要的意义和价值。（吴远泽）

后　　记

本书是福建师范大学马克思主义政治经济学读书会的阶段性活动成果，也是福建省本科高校教育教学改革（"十四五"教育科学规划本科高校教改专项）——"中国特色社会主义政治经济学拔尖学生培养计划2.0的探索与实践"的阶段性成果。

马克思主义政治经济学是马克思主义的重要组成部分，也是我们坚持和发展马克思主义的必修课。习近平总书记强调，我们要运用马克思主义政治经济学的方法论，深化对我国经济发展规律的认识，提高领导我国经济发展能力和水平。① 作为我国南方地区坚持马克思主义经济学教学与科研的重要阵地，福建师范大学经济学院传承和发扬"最美奋斗者"、我国著名马克思主义经济学家、福建师范大学文科资深荣誉教授、原校长陈征教授，中央马克思主义理论研究和建设工程首席专家、我国著名马克思主义经济学家、福建师范大学文科资深教授、原校长李建平教授学习、研究和传播马克思主义的光荣传统，自2016年9月开始着手筹备福建师范大学马克思主义政治经济学读书会，并于同年10月19日开展第一次活动。

福建师范大学马克思主义政治经济学读书会以高水平政治经济学师资队伍和国家级重点教学基地——福建师范大学国家经济学基础人才培养基地为依托，形成了本、硕、博三级学生团体互动学习平台，不断引导青年学生将马克思主义内化于心、外化于行，做坚定的马克思主义学

---

① 《习近平谈学好用好马克思主义政治经济学》，党建网，2021年1月26日，https://baijiahao.baidu.com/s? id=1689918417465886194&wfr=spider&for=pc。

习者、研究者和传播者。截至2022年9月，福建师范大学马克思主义政治经济学读书会已坚持开展60期专题读书会活动，积极开展"中国特色社会主义政治经济学十讲""习近平经济思想在福建的孕育与实践"系列讲座，"百年党史砺初心，踔厉奋进新征程"党史学习教育等系列品牌活动。2019年率先在学生马克思主义政治经济学读书会校级社团中设立功能性党支部，2021年以来获得福建省本科高校党支部工作"立项活动"优秀成果二等奖、福建省高校辅导员工作精品项目、福建省高校思想政治工作精品项目、校"三全育人"综合改革试点项目立项、校思想政治工作优秀案例等荣誉，连续两年被评为校十佳社团，相关老师被评为校学生社团优秀指导教师。部分活动内容被人民网、学习强国等平台报道，获得了强烈的社会反响。

历经六载，福建师范大学马克思主义政治经济学读书会活动成效显著：一是以读促育，注重将"课堂思政"与三全育人相结合。实施以学院党政思政干部团队为主抓、专业一对一导师团队为主导、经济学教研室教师团队为主教、校内外名师专家团队为主讲的"一体四翼"全员育人工程。二是以读促研，注重将"课程思政"与学习研习相结合。读书会先后邀请中国人民大学原校长刘伟、南京大学原党委书记洪银兴等国内外著名专家学者进行讲学，先后邀请厦门大学、曲阜师范大学等校外高校参与研读，运用新思想诠释马克思经典著作，运用马克思经典著作深化新思想。2021年，读书会成员累计发表论文100余篇，其中在学校认定的B类刊物、CSSCI期刊等核心期刊上发表论文10余篇。三是以读促长，注重将"课程思政"与成长成才相结合。读书会立足中国经济发展思想，着眼当代中国鲜活的马克思主义政治经济学，通过系列"学马、读马、研马、用马"活动，培养出一批优秀的青年马克思主义学者，包括第十二届全国大学生年度人物丁中贤、"中国大学生自强之星"刘欣瑜、首届全省"最美大学生"陈钰心等优秀学子共计20余人。四是以宣促读，注重将"课程思政"与网络宣传相结合。读书会注重系列活动的宣传工作，通过发送公众号推文，发布线上动态等形式推动线上学习交流。发布在学院微信公众号上的每期读书会活动推文，篇均阅读量达200

以上，得到了学院广大学生的长期关注。

福建师范大学马克思主义政治经济学读书会现已成为一个颇具影响力的优秀学习组织团体。福建师范大学原校长李建平教授也多次赞扬读书会形式新、平台新，是学习马克思主义经典著作和理论的重要阵地。读书会将会以积极、健康的内容和活泼多样的形式，通过多层面组织引导学生多读书、读好书，加强学生对马克思主义政治经济学的理论学习，投身于时代要求，积累实践经验，提高学术研究能力，加深对中国特色社会主义市场经济的理解，为学生今后发展打下更加坚实的基础；同时丰富校园文化，体现学院专业特色，通过带动更多同学"学马、知马、懂马"，培养一批批坚定马克思主义信念的青年学子，将马克思主义的真理火炬代代相传。

2020年9月至2021年1月，福建师范大学马克思主义政治经济学读书会以"阅读国外经典经济学文献"为主题开展活动，本书是此次活动的书面成果。选择这一主题的原因，正如习近平总书记在2016年5月17日哲学社会科学工作座谈会上所强调的，国外哲学社会科学的资源"可以成为中国特色哲学社会科学的有益滋养"①。国外经典经济学文献所揭示的诸多问题及其理论论域是对全球资本主义时代的回应和延展。读书会研究它们，是希望探究它们的理论内容，并以它们作为参考性资源进而对中国特色社会主义建设事业的重大实践问题展开开放性的探讨。在2020~2021学年第一学期中，师生们共读了16部外国经济学名著名篇。每本名著名篇由1名福建师范大学经济学院政治经济学教研团队老师指导，由2~4名福建师范大学马克思主义政治经济学读书会成员参与，师生共同阅读、讨论、开展讲座并撰写完成读书报告。为了帮助读者更好地阅读和理解所选著作的内容，本书各篇都扼要介绍了著作的写作背景和主要内容，对重点选文进行解读，深入探讨著作的当代价值，提供与著作相关的扩展性阅读文献，并由学生分享读书感想。本书卷帙浩繁，

---

① 《大力推进新文科建设创新发展》，载于《光明日报》2021年9月17日，https://baijiahao.baidu.com/s?id=1711094874092157019&wfr=spider&for=pc。

由福建师范大学经济学院黄瑾教授、戴双兴教授、黎元生教授、陈晓枫教授、杨强教授、魏国江教授、罗正月教授、郑蔚副教授、叶琪副教授、白华副教授、陈美华副教授、陈伟雄副教授、张宝英副教授、孙晓军博士、陈凤娣博士、许彩玲博士以及博士研究生、硕士研究生、本科生等六十余人提供各篇内容,并由郑蔚副教授核定体例、统校全书。本书在写作过程中可能还存在不足之处,敬请专家学者和广大读者批评指正。

《外国经济学名著名篇选读》
编写组
2022年9月